Und ewig lockt der Orient

Reisen am Rande der Sahara

Harald Stöber

Und ewig lockt der Orient

Reisen am Rande der Sahara

– Zeitdokumente ab 1971 –

Engelsdorfer Verlag
2010

Bibliografische Information durch
die Deutsche Nationalbibliothek:
Die Deutsche Nationalbibliothek verzeichnet diese Publikation in der Deutschen Nationalbibliografie; detaillierte bibliografische Daten sind im Internet über http://dnb.d-nb.de abrufbar.

ISBN 978-3-86268-057-3

Titelfoto:
Eine Berberfamilie, die eine Höhlenwohnung
in Matmata ihr Eigen nennt

Coverrückseite:
Jüdische Kinder in Hara Srira,
deren Ahnen bereits vor 2.600 Jahren nach Djerba kamen.

Hergestellt in Leipzig, Germany (EU)
www.engelsdorfer-verlag.de

19,50 Euro (D)

Ein Fremder
ist blind,
obwohl er
zwei Augen hat.
Orientalische Weisheit

Gewidmet meiner
lieben Familie und
allen Orientfreunden.

Inhaltsverzeichnis

Gesamtübersicht

In den heißen Sommermonaten die nordafrikanischen Maghrebländer und Ägypten als Individualtouristen zu bereisen, setzt Gesundheit und Durchhaltevermögen voraus, und es gab Situationen bei 50 Grad im Schatten, die zu höchster Vorsicht mahnten oder sogar zum Verzicht beispielsweise auf die geplante Tour in den Süden Algeriens zwangen. Hinzu kam noch der viele Ärger über Rücksichtslosigkeit im Straßenverkehr, Sturheit und Steinattacken, mit denen nicht von vornherein zu rechnen war.

Es überwogen jedoch die positiven und interessanten Aspekte, welche die Freude am Orient nicht zunichte machten, was aber auch daran lag, dass ich Vieles wohl aufgrund meiner allgemeinen Reiseerfahrung eher wegstecken konnte, als ein „afrikanisches Greenhorn". Bleibt als Fazit, dass der Orient einerseits fasziniert und „ewig lockt", andererseits aber auch verdammt schwierig sein kann, sofern man auf die Geborgenheit, die eine Reisegruppe bietet, verzichtet. Das aber sollte man tun, um den Orient wenigstens halbwegs verstehen zu können.

Dieser Reisereport, den ich bewusst unterhaltsam, offen und spannend formuliert habe, beginnt mit Tunesien im Jahr des Herrn 1971, zu einer Zeit, als das Land erst am Anfang seiner totalen Öffnung für den Tourismus stand. Dort faszinieren die heilige Stadt Kairouan, die römischen Hinterlassenschaften und die Sahara-Oasen. In Ägypten steht man beinahe sprachlos vor den gewaltigen Pyramiden, lässt den Stadtmoloch Kairo über sich ergehen und bewundert das blaue Band des Nils.

Das königliche Marokko bietet eine Überfülle an Sehenswürdigkeiten, insbesondere großartige Städte wie Fès, Meknès, Rabat, Marrakesch und Chechaouen, man kann sich an enorm viel Römischem und an großartigen Landschaften erfreuen, insbesondere im Hohen Atlas und in den Saharagebieten östlich dieses Gebirges, das sogar Wintersport ermöglicht. Das sozialistische, teils auch fundamentalistische Algerien war zu jener Zeit beziehungsweise in der Mitte der Siebziger Jahre noch heruntergekommen sowie politisch gefährlich instabil und deshalb relativ schwierig zu bereisen. Aber auch dieses Maghrebland hat viel Römisches, Französisches und Arabisches zu bieten, das verblüfft: Es gibt Theater, das monumentale

Sèlène-Grabmal (Tochter der Nofretete) und die Kathedrale St. Augustin mit dem Sarkophag dieses Heiligen.

Auf Malta und Gozo glaubt man Arabisch zu hören, hat fast den Eindruck, alle Ortschaften hätten sich seit Jahrhunderten eingemauert und macht mit prähistorischen Tempelanlagen Bekanntschaft, die einst von legendären Riesen errichtet wurden. Auf den multikulturellen Seychellen erlebt man, was „moderne Sklaverei" bedeutet, wie angeblich paradiesische Resorts aussehen und wie schnell eine Urlaubskasse leer sein kann.

Die letzte Tour in 2007 ging noch einmal nach Tunesien, und war speziell auf die Insel Djerba, die abseits komfortabler Resorts viel Überraschendes bietet, vor allem altjüdische Diaspora-Gesellschaften, die dort bereits seit 2.600 Jahren existieren, aber von Urlaubern kaum besucht werden – abgesehen von der Synagoge La Ghriba, die vor ein paar Jahren das Anschlagsziel islamischer Terroristen war.

1. Kapitel
TUNESIEN

Diese aus heutiger Sicht eher bescheidene Reise ins nordafrikanische Tunesien war als Urlaubsreise gedacht, auf der wir uns von der Alltagshetze einmal tüchtig erholen wollten. Dass mir dies weniger gründlich gelang, als meiner Frau und den beiden uns begleitenden, damals erst 9-jährigen Zwillingsbuben, lag daran, dass es mich „in die Wüste“ zog und ich außerdem ein paar Tage lang heftige Verdauungsstörungen hatte – typisch für Nordafrika im Sommer!

Für mich war die Hauptstadt des Landes, Tunis, nichts grundsätzlich Neues mehr, da ich bereits Mitte der 50-er Jahre schon einmal das Glück gehabt hatte, als schlichter Fahrradtourist von Palermo aus per Handelsschiff hier gewesen zu sein, zu einer Zeit, in der die französische Herrschaft über dieses Land bereits in den letzten Zügen lag. Aber das Tunis von damals, das ich seinerzeit noch ohne Fotokamera betreten hatte, fand ich nicht mehr vor, denn mir schien, als hätte ich 1971 zum ersten Mal meinen Fuß auf tunesischen Boden gesetzt.

Unser Ziel war diesmal Sousse – das alte Hadrumetum. Sousse ist heute mit etwa 90.000 Einwohnern die drittgrößte Stadt des Landes und Ausgangsort für die meisten interessanten Touren ins Innere. Um neben Wüste auch ein wenig punische, römische, byzantinische und arabische Geschichte zu schnuppern, unternahm ich von hier aus ein paar Ausflüge und zwar nach Monastir, El Djem, Sfax, Gabès, Matmata, Chenini, Douz und Kebili. Dies waren Besuche, die mich sehr beeindruckten und die in mir den Wunsch weckten, später noch viel mehr von dieser faszinierenden nordafrikanischen Welt kennenzulernen.

So von heute auf morgen fiel die Entscheidung nicht einen 2-wöchigen Urlaubsaufenthalt in Tunesien zu buchen, denn schließlich ging es auch um die Finanzierung dieses Vorhabens, zumal Reisen dieser Art damals noch verhältnismäßig teuer waren; vier voll zahlende Urlauber hinterließen Spuren! Sei's drum, meinten wir schließlich, und schon war das EDV-mäßig gegliederte Anmeldeformular von NUR (Neckermann & Reisen) ausgefüllt, unterschrieben und zur Post gegeben. Unser Wunschtermin für den Abflug ab München-Riem war der 28. Juli 1971; zurückreisen wollten wir zwei Wochen später, also am 11. August 1971.

Die Buchungsbestätigung aus Frankfurt ließ nicht lange auf sich warten, so dass wir es bald schwarz auf weiß lesen konnten: Die angegebenen Termine gingen in Ordnung, das ausgesuchte Hotel Justinia in Sousse stellte uns ein ausreichend großes Zimmer zur Verfügung, und die Vollpension war ebenfalls gesichert. Der Reisepreis belief sich insgesamt auf knappe 3.000 Mark, seinerzeit eine stolze Summe für einen so kurzen Urlaub in Tunesien!

Während Hilde, meine bessere Hälfte, in ihrer damaligen Eigenschaft als Hausfrau keine Terminprobleme hatte und auch die Kinder sich ihrer Großen Ferien erfreuten, war's bei mir schon schwieriger, denn es galt, die mir anvertraute Bundesgeschäftsstelle des VDA in der Münchener Bräuhausstraße organisatorisch auf meine Abwesenheit vorzubereiten. Dank des guten Willens meiner sechs Mitarbeiter und nicht zuletzt auch dank des Verständnisses des VDA-Vorsitzenden konnten anstehende Verbandsaktivitäten wegen meines Urlaubs umdisponiert werden.

Für Hilde war es ein Spaß, für uns die im Urlaub benötigten Utensilien zu beschaffen und in Form mehrerer Gepäckstücke zusammenzustellen. Da fehlten weder Bademäntel noch Sonnencreme, Badehosen oder Tauchschnorchel. Ich beschaffte mir etwas Landeslektüre, kaufte frische Dia-Filme und achtete auf Reisepässe, Flugtickets, Landeswährung und DM und nicht zuletzt auf die leider noch notwendig gewesenen Pockenimpfungen. Aber all diese Vorbereitungsmaßnahmen erledigten wir gern, schließlich freuten wir uns doch sehr auf diese hauptsächlich für die Kinder abenteuerliche Urlaubsreise in ein Maghreb-Land.

Endlich war Samstag, also Abreisetag. Auf ins Land der Sonnenstrände, der Souks, Moscheen, heißen Wüsten und grünen Oasen, verwitterten Arabern, bunt behangenen Berbern und zahllosen historischen Stätten aus längst vergangenen Zeiten! Nach dem Studium bereits weniger Informationsschriften war mir klar, dass zwei Wochen Tunesien für einen interessierten Reisenden viel zu kurz sind, dass dieses mit nur 125.000 Quadratkilometern halbmal so große Land wie die Bundesrepublik weit mehr bietet, als man in mageren zwei Wochen zu erfassen vermag. Und dennoch kann der bewegliche Urlauber vieles von dem sehen und erleben, was dieses relativ kleine Land namhaft gemacht hat – und dies sind beileibe nicht nur die insgesamt über tausend Kilometer langen Badestrände!

Wir mussten am Abreisetag ziemlich zeitig aufstehen, war uns doch der Abflug mit 8.50 Uhr angegeben worden. Unser Carrier sollte die Bavaria-Fluggesellschaft München sein, die bereits seit mehreren Jahren im Auftrag großer Reiseunternehmen sonnenhungrige Großstädter in die attraktiven Mittelmeerurlaubszentren fliegt. So wussten wir, dass auch unsere Flugreise nach Tunis für diese Gesellschaft nichts weiter als eine Routinegelegenheit sein würde – beruhigend für uns Gäste!

Ein beschwerliches Herumfragen, um zum richtigen Schalter zu gelangen, entfällt hier, da der Fluggast ohneweiteres anhand der Beschilderung sehen kann, welche Richtung er einzuschlagen hat. Man hält sich, nachdem der Eingang hinter einem liegt, linker Hand und gelangt so problemlos auch zum Schalter der Bavaria. Bereits von Weitem war über der Abfertigungstheke ein Schildchen mit der Aufschrift „BV 370“ zu erkennen, das also war unsere Theke für den Flug in die heiße Sonne.

Seinerzeit hatten politische Wirrköpfe die Luftpiraterie noch nicht erfunden, und das Gemetzel an israelischen Olympioniken hatte auch noch nicht stattgefunden. So ging die Abfertigung reibungslos, schnell und ohne diskriminierendes Herumfummeln an Armen, Beinen, Hüften und Bäuchen über die Bühne. Es wurden auch keine Gepäckstücke auseinander genommen oder elektronisch durchleuchtet, und der alleswissende BKA-Computer wurde noch nicht gefragt, ob der Herr Schulze oder die Frau Maier eventuell moderne Pistolenhelden mit politischem Auftrag sein könnten. Das waren noch Zeiten!

Unser Fluggerät, eine blauweiße Boeing 727 der Bavaria, stand bei ruhigem Sommerwetter nur 50 Meter vor dem Abfertigungsgebäude, so dass kein Zubringerbus benötigt wurde beziehungsweise die Gäste – ausnahmslos Tunesienurlauber – zu Fuß die Maschine erreichen konnten. Auch dies gehört übrigens seit den bösen Jahren der Luftpiraterie längst der Vergangenheit an, denn zu Fuß darf der Fluggast heute sein Luftgefährt nicht mehr erreichen. An der schon leise summenden Maschine angekommen, knipste ich die ersten Urlaubsfotos von den Kindern und Hilde, bevor wir – die Reisegastnummer 0002706076342 und folgende – an Bord gingen, um sogleich von adretten Stewardessen die Plätze gezeigt zu bekommen.

Die Maschine war bis auf den letzten Platz gefüllt. Als es kurz vor 9 Uhr war, hieß es „Anschnallen, die Sitzlehnen in aufrechte Position bringen und nicht rauchen!“ Nun fühlten wir's dann auch in der Magengegend, dass der Start bevorstand. Wenige Minuten später hob das schwere Vehikel nach langem „Anlauf“ wuchtig von der Piste ab, um bereits kurze Zeit später die vorgeschriebene Flughöhe von 9.000 Metern erreicht zu haben. Hilde und die Kinder überstanden tapfer, aber dennoch gespannt diese immer etwas kritische Phase, aber auch ich war wieder einmal erleichtert, als der Ansage zu entnehmen war, dass man es sich jetzt wieder bequem machen könne.

Unter uns zog langsam und gleichmäßig die wunderschöne, teils schneebedeckte Alpenlandschaft hinweg, die braun-grünen Täler hoben sich krass von eisbedeckten Felsriesen ab, dunkle Seen, winzige Wohnflecken, dunkelgrüne Wälder, zerklüftete Gletscher, haarfeine Straßen und eine schier unendliche Föhnweite machten jenes Panorama aus, das man fasziniert in sich aufnimmt, das man sich stundenlang ohne zu ermüden betrachten könnte. Es folgte auf unserer 1.500 Kilometer langen Flugreise die oberitalienische Tiefebene, deren Weite unendlich zu sein scheint, denn es trübte keine Wolke den Himmel. Über uns tiefblaues Firmament. Etwa eine Stunde später steuerte der Kapitän Sizilien an, Italiens größte Insel ganz im Süden. Welch eine Sicht! Die Maschine flog entlang der Westküste, so dass wir die ganze Insel bis hinüber zum Vulkan Ätna überblicken konnten. Es war ein Blick wie auf eine riesige Reliefkarte, nur weiter, schöner, ja geradezu atemberaubend – jedenfalls für mich.

Nach einer weiteren Viertelstunde konnten wir bereits die nordafrikanische Küste sehen, und kurz darauf wurde uns die bevorstehende Landung in Tunis avisiert. Jetzt hieß es abermals: „Anschnallen, Sitzlehnen hochstellen und Lunten aus!“ Der Kapitän setzte sehr früh zum Landemanöver an, zog seine Maschine beinahe im Tiefflug um Tunis herum, so dass wir bereits jetzt einen ersten optischen Eindruck vom Land gewinnen konnten, und setzte wenige Minuten später perfekt auf die Piste – Tunesien war erreicht.

Erleichtert und gespannt auf den Verlauf der vor uns liegenden Wochen verließen wir bei strahlender Sonne am makellosen Himmel die Boeing der Bavaria und gingen zu Fuß hinüber zur Abfertigungshalle. So weit der Blick über das Flughafengelände auch reichte – aber unsere Maschine war zu dieser Zeit tatsächlich die einzige hier! Was uns sofort angenehm auffiel, war die köstliche Luft: warm, würzig und unter die Haut gehend, so ganz anders, als bei uns zu Hause, eine Luft zum Erholen!

Die Abfertigungshalle – ein sehr einfaches, keinerlei Komfort bietendes Zweckgebäude – war schnell erreicht, und auch die Zoll- und Passkontrollen waren dank der überraschend zügigen Arbeitsweise der tunesischen Staatsorgane bald erledigt, so dass uns schon eine halbe Stunde nach der Landung die für Sousse zuständige NUR-Reiseleiterin in Empfang nehmen konnte. Nachdem sie ihre Gäste auf der langen Computer-Liste abgehakt hatte, führte sie uns zum wartenden Sousse-Bus vor die Halle.

Wenn ich bei dieser Gelegenheit mal einen Gedankensprung nach Indien oder Nepal machen darf, so muss ich heute sagen, dass diese beinahe perfekte Organisation, wie wir sie soeben auf unserer Hinreise nach Tunesien erlebt haben, für die meisten zwar sehr angenehm ist, doch für den Individualreisenden – und das sollte man in Asien sein! – bleibt nichts übrig. Er fühlt sich zu sehr an die Hand genommen.

Nun begann unsere Busreise ins 150 Kilometer südlich von Tunis gelegene Sousse und zwar über Hammamet, dann entlang der „Tunesischen Riviera" und über Entidaville. Auf dieser Fahrt, die wir in einem modernen Mercedes-Bus zurücklegten, bestätigte sich mir die blumige arabische Umschreibung dieses Landes, nämlich die, dass Tunesien ein springendes Pferd sei, das seinen Kopf im Grünen, die Flanken im Wasser und den Schweif im Sand habe.

Die Fahrt ging zunächst durch eine grüne fruchtbare Landschaft, in der vor allem die unzähligen Orangen- und Olivenbäume den landwirtschaftlichen Reichtum dieses Landes garantieren. Hier oben gedeihen aber auch Tunesiens hervorragende Weine, breiten sich herrliche Korkeichenwälder aus und findet der Besucher üppige Blumengärten – dies alles unter einem Himmel, aus dem es im Jahr nur an 60 bis 80 Tagen regnet. Jeder Quadratmeter fruchtbaren Bodens wird für den Anbau genutzt, so dass man zunächst den Eindruck gewinnt, als sei Tunesien alles andere als ein nordafrikanisches Wüstenland am Rande der Sahara.

Unsere Fahrt auf der schmalen, aber doch recht guten Hauptverkehrsstraße in den Süden endete zunächst einmal in Hammamet, jener kleinen Stadt im Norden des Golfes von Hammamet, die im Vergleich zu manch anderer Stadt Tunesiens zwar nur auf einen unbedeutenden geschichtlichen Rang verweisen kann, die aber heute umso größere Bedeutung für den Tourismus – der ergiebigsten Devisenquelle – hat. Hier findet der Urlauber nicht weniger als zehn Kilometer besten Sandstrand und eine unvergleichliche Atmosphäre erstaunlich sauberen arabischen Lebens. Hier in Hammamet kommen Romantiker und Badefanatiker ebenso auf ihre Kosten wie Ruhesuchende und jüngere Erlebnisreisende – man braucht sich hier nur die richtige Ecke auszusuchen. Hier also war Endstation für ein Dutzend Bleichgesichter aus Deutschland, die in der Nähe Hammamets in einer neuen Bungalow-Siedlung abgesetzt wurden.

Unser Bus setzte nach kurzem Aufenthalt die Fahrt in südliche Richtung auf der Küstenstraße fort, so dass wir Gelegenheit hatten, die schönen weiten Strände zu sehen, die nur selten von kleinen Hotels oder Ferienbungalows unterbrochen wurden. Doch hielt der Bus hier nicht mehr, denn für alle Mitreisenden war nun Sousse das Ziel. Allmählich lockerte immer öfter die dichte Bepflanzung auf, die mit Steppengras und wilden Dornbüschen bestandenen bräunlichen Flächen wurden größer und überwogen bald, so dass sich nun unverkennbar der fruchtbare Norden unseren Blicken entzog und sich das versteppte Mitteltunesien öffnete. Oft reicht diese derbe, mit Buschwerk und Alfagras bewachsene Steppe bis ans Meer heran oder bis zu kleinen, vom Tourismus noch verschonten Ansiedlungen der Einheimischen. Landschaftlich liegt diese Küstenstraße wirklich sehr schön.

Nach über dreistündigem Unterwegssein vom Flughafen aus erreichten wir in den frühen Nachmittagsstunden Sousse beziehungsweise unser Ziel.

Sousse

Sich mit der Geschichte dieser drittgrößten Stadt am Rande des größten Olivenanbaugebietes des Landes zu befassen, wäre sicher reizvoll, weil es offensichtlich noch Lücken gibt, die ausgefüllt werden müssten. So liegt beispielsweise die Stadtgründung noch im Dunkeln. Man weiß lediglich, dass es sich um eine der frühesten phönizischen Gründungen handelt, also um eine Gründung gegen Ende des 13. Jahrhunderts vorchristlicher Zeitrechnung. Zu dieser Zeit landeten phönizische Seefahrer auf der Fahrt von

Kleinasien nach Andalusien am Golf von Tunis und legten mehrere kleine Handelsplätze an, unter anderem auch einen an der Stelle des heutigen Sousse. Jahrhunderte später wurde dieser Handelsplatz unter den Römern, die vom 2. Jahrhundert v. Chr. bis ins 5. Jahrhundert n. Chr. hier herrschten, ausgebaut und Hadrumetum genannt. Die Römer errichteten hier viele stolze Bauten, von denen man aber nur noch Bruchstücke bzw. Baureste entdecken kann. Die beherrschende Architektur ist heute eindeutig arabisch, doch blieb auch Sousse dennoch nicht ganz vom langweiligen modernen Baustil verschont.

Unübersehbar sind die Hochbauten neuerer Hotels, die wie Fremdlinge das Meer weißer arabischer Wohnbauten überragen. Doch klugerweise wurden nicht alle Hotels in und um Sousse im modernen Hochbaustil errichtet, sondern teilweise auch in niedriger maurischer Bauweise, so dass wenigstens sie das harmonische Stadtbild nicht stören, sondern eher bereichern. Das von uns gebuchte Hotel Justinia am Boulevard Hedi Chaker, der entlang des Strandes führt, gehört mit seinen sechs Stockwerken leider zu den geschmacklosen neuen Kästen inmitten arabischer Niedrigbauten. Aber die Vorteile für den Urlauber liegen auf der Hand: Er braucht nur die Küstenstraße zu queren und schon spürt er den Strandsand zwischen seinen Zehen, der aber in den Hochsommermonaten tagsüber meist nur mit schützenden Sandalen betreten werden kann, weil heiß wie eine Herdplatte!

Dass die Registrierung der neuen Gäste und die Verteilung auf die gebuchten Zimmer reibungslos verlief, hatte ich erwartet, denn auch hier waren deutsche Kräfte zur Stelle. Uns wurde in der fünften Etage ein großes Zimmer mit vier Schlafstellen zugewiesen, von denen sich zwei in einem etwas erhöhten fensterlosen Raum befanden, der über eine Stiege erreichbar war. Die Einrichtung des Zimmers war einfach, zweckmäßig und sauber. Als angenehm empfanden wir den geräumigen Balkon zur Meeresseite hin, von dem aus wir viele Kilometer tintenblaues Meer überschauen konnten, das weit draußen irgendwo im Dunst mit dem Himmel verschmolz. Fast täglich beobachteten wir von hier oben Frachtschiffe, die den Hafen von Sousse ansteuerten, oder weiter in südliche Richtung nach Sfax fuhren.

Im Vordergrund dehnt sich der breite Sandstrand aus, der zur nördlichen Seite hin unendlich schien und nach Süden durch eine Hafenmole begrenzt ist. Natürlich war dieser Strand vor unserem zentral gelegenen Hotel stark frequentiert, dies jedoch keineswegs nur von sonnenhungrigen Urlaubern, sondern gleichermaßen auch von Einheimischen. Weiter nördlich gelegene Hotels der gehobenen Mittelklasse und Spitzenhotels verfügen jedoch über hoteleigene Strände, die von Einheimischen nicht benutzt werden dürfen. Unser Hotel gehörte dagegen zur unteren Kategorie und besaß lediglich eigene Sonnenschirme.

Wir hatten uns schnell eingerichtet und dann beschlossen, noch heute den Strand und das Meer zu testen. Aber da mussten wir zunächst einmal die Erfahrung machen, dass die Hochsommersonne Nordafrikas unerbittlich ist, denn wir konnten weder die Straße barfuß queren noch den Sandstrand ohne Schuhe betreten – alles glühte vor Hitze! Doch dann kam die ersehnte Abkühlung im Meer, eine Wohltat für all jene, für die zirka 35 Grad im Schatten ein bisschen zu viel sind.

„Orientalische Abenteuer" am Badestrand von Sousse.

Strand und Meer ließen aber dennoch keine Wünsche offen. So waren die Liegeplätze sauber und trotz der zentralen Lage nicht überfüllt. Das hier seichte Wasser war unglaublich sauber (ich hoffe, es ist es auch heute noch!) und starke Brandungen, die einem das Schwimmen vermiesen könnten, traten nicht auf. Außerdem hatte das Wasser eine äußerst angenehme Temperatur, denn beim Hineinspringen blieb einem vor ungewohnter plötzlicher Kühle nicht gleich die Luft weg, aber dennoch spürte man eine bis unter die Haut gehende Abkühlung. Lustig wurde es für uns, als wir bemerkten, dass das Wasser salzhaltig ist und uns demzufolge hervorragend trug. Wir konnten uns weiter draußen, wo es keine Oberflächenwellen mehr gab, minutenlang auf den Rücken legen und uns fast ohne Schwimmbewegungen treiben lassen.

Unsere beiden Kinder brauchten nur wenige Minuten, um sich mit dem ihnen völlig fremden „Element Meerwasser“ vertraut zu machen. Sie hatten rasch begriffen, wie man sich mit Schnorchel und Unterwasserbrille verhält, um möglichst viel vom Meeresgrund sehen und die kleinen Fische beobachten zu können. Oft brachen sie in hörbares Staunen aus, denn was sie dort unten mit ihren Kinderaugen entdecken konnten, war für sie neu und faszinierend. Trotz der für sie ungewohnten Situation zeigten sie keine Sekunde lang irgendwelche Ängste. Sie schwammen so sicher, als hätten sie nie etwas anderes getan, als sich im salzigen Meerwasser zu tummeln.

Auch Hilde, die an sich nicht zu den tapferen Meeresschwimmerinnen zählt (die Fische könnten ja ins Bein beißen!), fühlte sich sehr wohl, sie war ausgelassen wie selten zuvor und machte keinen Hehl daraus, dass sie es herrlich fand, von den seichten kühlen Wellen aufgehoben und wieder neidergedrückt zu werden. Und in der Tat: Für uns alle war das Baden hier ein riesiges Vergnügen, ein Erlebnis besonderer Güte, das wir uns so schön gar nicht vorgestellt hatten.

Zurück im Hotel. Da wir Vollpension gebucht hatten, gab’s am heutigen Ankunftstag ein reichhaltiges Begrüßungsessen, das allerdings mit einheimischer Küche nichts zu tun hatte, denn die Köche produzieren hier das, was sie während ihrer Ausbildung in mitteleuropäischen Unternehmen, meist in Deutschland oder Frankreich, gelernt hatten. Was der Urlauber hier an Mahlzeiten und Getränken erhält, lässt ihn fast vergessen, dass er sich in Nordafrika befindet, denn selbst der rote Wein oder das Selterwasser ist ihm hier so vertraut wie zu Hause. Nur die Bedienungskräfte sind alles andere als heimisch. Es handelt sich durchweg um junge Arabersöhne, denen man Flinkheit, Sauberkeit und Höflichkeit im Ausland beigebracht hatte. Dass sie für unsere Begriffe allzu oft und unmissverständlich die Hände für Bakschisch aufhalten, liegt ihnen sozusagen im Blut, das sollte man geschickt überspielen und ihnen nicht als Unhöflichkeit ankreiden. Umso mehr sollte anerkannt werden, dass sie ihre Gäste in recht gutem Deutsch, Englisch und Französisch bedienen können.

Das Schlafen war in diesem Hotel leider problematisch, nicht deshalb, weil etwa die verrückte Musik einer Diskothek unten gestört hätte – die wurde gegen null Uhr abgeschaltet –, sondern es waren die Einheimischen draußen vor dem Hotel, die täglich bis in die tiefe Nacht hinein die Straße bevölkerten und absolut keine Rücksicht auf ruhebedürftige Urlauber nahmen. So drang oft bis weit nach Mitternacht das tausendfache Palaver rauer Männerstimmen, das der keifenden Frauen und plärrende Kinder zu uns ins Zimmer. Hinzu kam das unaufhörliche sinnlose Gehupe der Autos, die hier nur zum Vergnügen pausenlos um Häuserblocks herumgefahren wurden. Unsere Kinder merkten von diesem Zirkus gottseidank nichts, aber uns selbst ging dieser verdammte Lärm sehr an die Nerven. – Als ich ein paar Jahre später nochmals hier war, hatte sich die Situation gründlich gewandelt, denn die Straße war für den Autoverkehr gesperrt worden, und die Polizei sorgt dafür, dass sich nachts nicht mehr so viele Einheimische hier versammeln.

Bereits von einem der westlichen Balkone aus hatten wir gesehen, dass es sich bei Sousse um alles andere als um eine verträumte Kleinstadt handelt, denn soweit das Auge reicht, breiten sich die mit unzähligen arabischen Häusern bebauten Flächen bis hin zum Horizont aus – ein interessantes Bild, denn es ist dank der erhöhten Lage der Médina (oder Alt- beziehungsweise Araberstadt) mit der Kashba (der Zitadelle) ganz und gar nicht gleichförmig. Anhand unseres kleinen Stadtplanes hatten wir schnell herausgefunden, wo die markanten Punkte zu finden waren beziehungsweise welche Richtung wir einzuschlagen hatten, um sie problemlos zu erreichen.

Bereits am nächsten Morgen nach der Ankunft machten wir uns auf, die Médina von Sousse zu besuchen, also jenen Teil der Stadt, den man auch heute noch als arabisch bezeichnen kann, denn hier verschandelt noch kein modernes Hotel das homogene Stadtbild. Europäisch sind hier nur die Europäer selbst, denen man in der großen Souk-Straße auf Schritt und Tritt begegnet.

Vom Hotel aus hielten wir uns linker Hand, um in die Avenue Habib Bourguiba zu gelangen, die am Farhat-Hached, dem Zentrum von Sousse, endet. Die genannte Avenue ist die Hauptstraße der Stadt, die den Besuchern wie Einheimischen alles bietet, was begehrt wird: beste Läden, moderne Kunstgewerbe-Boutiquen, hübsche Cafés, gute Restaurants, Teppichgeschäfte, Banken und Bars. Lustig sind oft die von Hiesigen entworfenen Beschilderungen in deutscher Sprache, denn meist hatte man nur ein Wörterbuch zur Hand und keinen hilfreichen Sprachkundigen. So bot ein Teppichgeschäft wie folgt seine Waren an: „Geschäft für Teppiche von Kairouan und für alle Sorten Kunst Handwerk allem.“ Versteht doch jeder!

Bemerkenswert ist, dass der fremde Besucher hier weder auf den Straßen, noch in den Hotels oder am Strand von Verkäufern ungebührlich bedrängt wird. Natürlich wird einem hin und wieder von einem Verkäufer zugerufen, dass er es für uns zum halben Preis macht, aber nur, weil wir's sind, aber da lacht man nur und geht weiter. Etwas konkreter werden da die Strandläufer, die nicht müde werden, ihre bleichgesichtigen Opfer so lange zu beschwatzen, bis endlich etwas gekauft wird. Am Strand muss man vorsichtig sein, denn diese ausgekochten Burschen, die meist ein gutes Verkaufsdeutsch sprechen, sind hartnäckig und versuchen stets, an den normalen Preis erst einmal eine Null zu hängen. Wer drauf reinfällt, so denken die meisten, ist selber schuld.

Hat man die Habib Bourguiba Avenue hinter sich – eine sehr großzügig angelegte, von hohen Palmen bestandene Renommierstraße –, so gelangt man zum Zentrum Hachet, in dessen Nähe sich Bahnhof und Hafen befinden. Quert man den weiten Platz, der ständig von reichlich undiszipliniert fahrenden Pkw, Lkw, Bussen, Kamel- und Ochsenkarren belebt ist, gelangt man direkt in die Altstadt – in die Médina.

Die Médina von Sousse, die von einer größtenteils noch erhaltenen riesigen Stadtmauer aus dem 9. Jahrhundert n. Chr. umgeben ist, stellt trotz viel Tourismus noch immer echtes arabisches Leben dar, denn 80 oder gar 90 Prozent dieses etwa 700 mal 500 Meter großen Altstadtgebietes werden von ausländischen Besuchern überhaupt nicht berührt und infolgedessen auch nicht beeinflusst. Aber selbst in dem gleich am Eingang beginnenden Haupt-Souk gibt es nur so viel Europäisches, wie sich verkaufen lässt. Die Souks hier zählen mit zu den reizvollsten in Tunesien, denn der fremde Besucher kann buchstäblich alle einheimischen Waren erwerben beziehungsweise erhandeln.

Es sind hauptsächlich die vielen alten Gegenstände, die man sich hier zu niedrigen Preisen erhandeln kann, an denen sich der wirkliche Interessent kaum sattzusehen vermag. Da findet man uralte Bügeleisen, eiserne Laternen, Schwerter und Schusswaffen aller Art, Bilder, Webstühle und Gedrucktes. Aber auch das Auge wird verwöhnt, wenn es die knalligen Tücher sieht, die im leichten Winde vor den Geschäften wehen, wenn es die vielen Korbgeflechte und schönen Messingarbeiten bewundert, die in Dutzenden kleiner Läden zu haben sind. Hinzu kommen die Menschenmassen, die sich unaufhörlich durch die engen Einkaufsstraßen schieben und nicht zuletzt die vielen, mit Melonen, Krügen oder Brennholz hoch beladenen Eselskarren, die sich ebenfalls auf abenteuerliche Weise hindurchzwängen.

Nicht weniger beeindruckend und des Studiums wert sind die Gesichter der Menschen hier, denen man sich unaufhörlich widmen könnte. Da sind die stoppeligen alten Männer, die vor ihren Häusern oder Geschäften gemächlich an ihren Wasserpfeifen saugen, deren verschmitzte Augen den Fremden aufmerksam mustern und die gern zurückzwinkern, wenn man ihnen zunickt. Die Gesichter der Frauen sind weniger ergiebig, denn oft sind sie tief verschleiert, und wenn sie ausnahmsweise einmal frei sind, hängen ihre Augen nur an schönen Stoffen, glitzernden Armreifen und Freundinnen.

Die Kinder hier sind – wie überall auf der Welt – lebhaft, unbekümmert, dem Fremden gegenüber aber anständig und meist zurückhaltend. Niemals habe ich in Tunesien kranke, unterernährte oder übermäßig schmutzige Kinder gesehen, demzufolge auch keine lästigen Bettelkinder, wie man sie zum Beispiel in Indien auf Schritt und Tritt trifft. Aber auch hier müssen sie den Eltern zur Hand gehen, Wasser holen und im Geschäft mithelfen. Soweit ich beobachten konnte, tun sie das aber gern, und ihr wohlgenährtes Aussehen lässt darauf schließen, dass sie nicht überfordert werden.

In Eingangsnähe zur Médina befindet sich ein historisches Ribat und gegenüber die Große Moschee – beides Anziehungspunkte, die man in Sousse besucht haben muss.

Wir besichtigten zunächst das Ribat, eine islamische Wehrburg, die gegen Ende des 8. Jahrhunderts n. Chr. angelegt wurde. Für ein paar Groschen konnte sie ohne Führer betreten werden, doch zeigt das Innere nichts, was auf die frühere Funktion des Ribats hingewiesen hätte, denn sämtliche Gänge, Nischen und Höfe sind restlos leer. Und dennoch: Dieses Ribat, das innen wie außen mächtige Steinsäulen und -quader aufweist, hat für Tunesien große Bedeutung, zählt es doch zu den markantesten Profanbauten aus dieser frühen Zeit in Nordafrika. In dieser Festung hausten in klösterlich einfachen Zellen die Soldaten Allahs, die diesen Platz gegen allerlei Bösewichte zu verteidigen hatten.

Der Besuch der in der Nähe liegenden Großen Moschee lohnte sich kaum, denn das von mächtigen hohen Mauern umgebene Innere ist weitgehend schmucklos, der Hof ist kahl, die „Gebetsteppiche" sind nur einfache Bastmatten und die maurisch geschwungenen Bögen in der Gebetshalle bestehen lediglich aus einfachen Ziegeln ohne jede ornamentale Ausschmückung. Architektonisch interessant sind jedoch die zahlreichen steinernen Doppelsäulen zum Hof hin und auch die innen zum gedrungenen Minarett hinaufführende Treppe. Anerkennung verdient hier vor allem die Liberalität, mit der die Moschee-Wächter gut umzugehen vermögen, denn auch anständig gekleidete Frauen aus dem „ungläubigen Norden" dürfen diese heilige Stätte betreten. Der Islam ist eine Männerreligion, weshalb oft selbst muselmanische Frauen keinen Zutritt haben.

Da wir uns mit der Besichtigung der Souks, des Ribats und der Großen Moschee noch nicht zufrieden gaben, durchstreiften wir an einem der folgenden Tage ohne unsere Kinder, die wir am Strand getrost sich selbst überlassen konnten, nochmals die quirlige Altstadt mit dem Ziel, die hochgelegene Kasbah zu erreichen. Als wir die Einkaufssträßchen hinter uns hatten, wurde es plötzlich ruhig, beschaulich und orientalisch trotz fehlender Geschäfte: Dort wurde ein überladener Esel von einem Burschen mit allerlei Tricks zum Aufstieg gezwungen, zwei verwitterte Araber feilschten lauthals um den Preis eines jungen Hammels, und quicklebendige Kinder spielten in den engen Gassen ohne befürchten zu müssen von einem Fahrzeug überfahren zu werden. Ab und zu gelang uns ein Blick in den Innenhof eines Wohnhauses. Diese sind alle sehr klein, doch die Frauen verstehen es seit jeher, diese winzigen Oasen mit blühenden bunten Blumen zu schmücken und für erstaunliche Sauberkeit zu sorgen. Nur in den Gassen selbst geht es nicht hygienisch zu, weil es keine Kanalisation gibt und Abwässer aller Art in dafür vorgesehenen Rinnen zu Tal fließen.

Oben bot sich ein unverbauter Blick über die ganze Stadt. Sie liegt einem zu Füßen bis hinüber zum Hafen, wo ununterbrochen Schiffe mit Olivenöl und anderen Produkten des Landes beladen werden. Dahinter sahen wir das tiefe Blau des Mittelmeeres und darüber einen so klaren Sonnenhimmel, wie man ihn bei uns leider nur selten antrifft.

Unser nächstes Ziel wären eigentlich die frühchristlichen Katakomben gewesen, die von hier oben aus zu Fuß erreichbar sind, doch am geschlossenen Kasbah-Museum wurde uns gesagt, dass zurzeit auch diese Katakomben nicht zugänglich seien. Warum, darauf gab es keine Antwort. Es wäre schon interessant gewesen jene düstere Stätte zu besichtigen, die nicht weniger als 15.000 Gräber in langen unterirdischen Gängen aufweist.

Wieder am Strand, den wir mochten und so oft wir Lust hatten auch besuchten. In besonders guter Erinnerung blieb uns das Abenteuer eines Kamelritts entlang des Meeres, den uns ein alter knöchriger Araber aufschwatzte, der aber von uns erst den Zuschlag bekam, als wir den Preis für einigermaßen akzeptabel hielten. Der Ausritt mit Hilde und den Kindern war allerdings sehr kurz, was vielleicht auf den stark gedrückten Preis zurückzuführen war, aber ein doppelter Preis hätte wohl auch nur einen Miniritt von vielleicht 15 Minuten gebracht. Aber meine Drei hatten jedenfalls einen Riesenspaß, den ich gern auf Farbdias festhielt. Ich selbst hatte vor, später einen richtigen Wüstenritt per Kamel zu unternehmen, weshalb ich heute auf einen Strandritt verzichtete.

Beiläufig möchte ich an dieser Stelle einen Blick auf die Miturlauber werfen, die sich oft verdammt skurril in diesem arabischen Teil unserer Welt bewegen. Da brachte eine Frau doch tatsächlich ihre gewohnte Frühstücksmarmelade mit, gaben sich andersartige Männer herzliche Stelldichein und gelangweilte Schwedinnen bekamen Stielaugen, wenn ihnen in der Hotelhalle oder am Strand scheinbar ungebundene Männer über den Weg liefen. Snobismus wird erst recht in diesem Mittelklassehotel – wann und wo immer es möglich ist – zur Schau gestellt, doch das beschränkt sich nicht nur auf unser Hotel, sondern übergeschnappte Wohlstandsbürger trifft man allenthalben selbst in den Souks, denn auch dort kann man ja zeigen, dass der Geldbeutel dicker als der eines jeden kleinen arabischen Kaufmannes ist. Nein, das ist nicht unsere Welt!

Ich gebe zu, dass wir gottseidank nicht zu jenen Urlaubern gehören, denen außer der Pendelei zwischen Hotel und Strand und angeberischem Geldausgeben sonst kaum mehr etwas einfällt, denn ist es nicht ein Jammer, dass die meisten Besucher nicht einmal Moscheen und Souks sehen? Und wenn sie sich vereinzelt mal außer Hotelsichtweite bewegen, kann man unschwer und mit Groll im Magen beobachten, wie taktlos man oft den Einheimischen begegnet, sich nichts dabei denkt, lauthals nach kühlem Bier, Bratkartoffeln, Koteletts und Sauerkraut zu schreien – um nur diese typischen Beispiele zu nennen.

Ich hatte es mir zur Übung gemacht, allabendlich ausgedehnte Strandspaziergänge zu machen, denn ich fand bald heraus, dass sie mir sehr gut bekamen und gen Norden insofern ein Vergnügen waren, als ich den langen Strand bis zum Sonnenuntergang fast für mich allein hatte. Wenn ich Lust verspürte, sprang ich ins seichte Wasser und schwamm im Dämmerlicht weit hinaus, so weit, dass kein Laut mehr zu mir dringen konnte und absolute Stille um mich herum herrschte. Dies bei abendlichem Himmel und reinster Luft ist ein Erlebnis, das im Gedächtnis bleibt.

Von stetem Reiz sind für mich Häfen, so dass ich natürlich auch den von Sousse kennenlernen wollte, der wegen ein- und auslaufender Olivenschiffe für das Land und für die Stadt Sousse von außerordentlicher Bedeutung ist. Bereits um 1900, als Sousse nicht mehr als zirka 8.000 Einwohner hatte, wurden hier 40.000 Hektoliter Olivenöl jährlich nach Marseille verschifft. Der Besucher gewinnt auf den ersten Blick jedoch nicht den Eindruck eines besonders geschäftigen Olivenhafens, sondern eher den eines Fischerhafens, weil Fischkutter jeder Größe überwiegen und es dominiert Fischgeruch. Doch bei genauerem Hinsehen erkennt man auch eine Reihe ausländischer Frachter, die in erster Linie die wertvollen Landesprodukte an Bord nehmen.

Wir saßen abends auf unserem Balkon und beobachteten das Treiben auf der Straße, als unverkennbar arabische Trommel- und Flötenmusik zu uns herauf drang, Musik, bei der man unwillkürlich im Takt mitzuckt, obwohl man diese Töne eigentlich nicht als Ohrenschmaus bezeichnen kann, doch sie ziehen an. Wir gingen den harten Klängen nach und gelangten zu einem dicht umlagerten erhöhten Aufbau, unter dessen Dach eine junge rundliche Araberfrau ungezwungen einen Bauchtanz vorführte. Das Publikum – überwiegend natürlich Männer – ging freudig-erregt, händeklatschend, singend und wippend mit und scherte sich nicht um uns einzige fremden Besucher.

Hier also wurde nichtkommerzieller Bauchtanz gezeigt nur weil es Spaß machte und man unter sich war. Diejenigen, die in den Bauchtanz hochrangige kulturelle Werte hineininterpretieren, sind bestimmt keine Araber, denn für einheimische Männer und Frauen ist der Bauchtanz nichts als ein wirksames Mittel, sich auf erotischem Sektor zu gegenseitigen Höchstleistungen anzuregen. Da wackelt am Körper alles, was wackeln kann, da schießen bei bestimmten Trommelschlägen blitzschnell die Hüften hoch und es rinnt der Schweiß, als gelte es überflüssiges Wasser loszuwerden.

Zum Straßenbild von Sousse gehören auch die Berberfrauen, die man anhand ihrer bunten verspielten und dunklen Kleidung von den im Allgemeinen weiß oder zumindest hell gekleideten Araberinnen unterscheiden kann. Man sagt fälschlicherweise, dass es sich dabei um die Zigeuner Nordafrikas handelt, doch beim genaueren Hinhören erfährt man, dass es sich um Reste nichtsemitischer Stämme handelt, die noch heute ganz Nordafrika in einer geschätzten Stärke von zirka 6 Millionen bewohnen. Es sind sozusagen die Ureinwohner des nördlichen Afrika, die sich trotz arabischer Überflutung ihr Volkstum und ihre eigene Sprache erhalten haben. Doch hier in Tunesien trifft man Berber nicht überall, denn ihre Hauptsiedlungsgebiete liegen in den Gebirgen Marokkos und Algeriens. Berberfrauen lassen sich ebenso ungern knipsen wie andere Frauen Nordafrikas, dass es mir dennoch gelang, eine Schöne von vorn aufs Bild zu bekommen, machte mich fast ein bisschen stolz.

Aber Stolz und gute Urlaubslaune wurden bei mir jäh auf den Nullpunkt gedrückt, als ich eines Tages ein böses Rumoren im Unterleib verspürte, das nichts Gutes ahnen ließ. Dann war es soweit: Noch während des Abendessens befiel mich plötzlich eine höchst unangenehme Übelkeit, dass ich fast vom Stuhl gekippt wäre. Ich schleppte mich mühsam zur Toilette und dann hinauf ins Zimmer, wo ich willenlos aufs Bett fiel und für den Rest meines Urlaubs schwarz sah. Die folgende Nacht werde ich so schnell nicht vergessen, denn bald hatte ich es aufgegeben die Sitzungen zu zählen. Schrecklich! Dass die Kinder und Hilde von einer derart kräftezehrenden Verdauungsgeschichte verschont blieben, war ihr Glück, denn – ich übertreibe nicht – so etwas haut einen unweigerlich um.

Ich erinnere mich, dass ich am nächsten Tag zwar nichts essen konnte, aber ich fühlte mich dank eingenommener Medikamente bald wieder besser, konnte am Tag darauf leichtes Brot mit Marmelade essen und wagte mich am dritten Tag wieder ins Wasser. Ich hatte mein Problem innerhalb von vier Tagen überwunden und fühlte schnell wieder den Wunsch irgendetwas in „Sachen Entdecken“ zu unternehmen, denn ich hatte längst herausgefunden, dass es sich in Tunesien lohnt tiefer ins Land hineinzuschauen.

Unser Hotel war darauf eingestellt, es seinen Gästen so bequem wie möglich zu machen. Vor allem bot es auch fakultative Touren an, die man für relativ wenig Geld an der Rezeption buchen konnte. Eines dieser Angebote war eine zu früher Stunde angesetzte Busfahrt zum sogenannten Kamelmarkt am Stadtrand von Sousse, der wöchentlich einmal – und zwar sonntags – stattfindet und für die hiesige Bevölkerung jeweils das wichtigste Ereignis der Woche darstellt. Ursprünglich war dieser Markt tatsächlich ein reiner Kamelmarkt – es wurden eben nur Kamele gekauft, verkauft oder getauscht. Heute bietet dieser in ganz Nordafrika übliche Markt alles, was ein Araberherz begehrt. Dass der Kamelmarkt von Sousse inzwischen auch zu einem Touristenziel geworden ist, versteht sich angesichts der verwirrenden Vielfalt bunten und daher fotogenen Markttreibens von selbst.

Am Markt angekommen – es dürfte morgens erst gegen 6 Uhr gewesen sein – wurde ich insofern angenehm überrascht, als ich sah, dass ich hier auf eine arabische Welt traf, wie man sie sich bunter und exotischer kaum mehr vorstellen kann. Die wenigen Touristen gingen in der riesigen Menschenmenge unter und beeinträchtigten keineswegs diese orientalische Kulisse. Angenehm war ferner, dass sich der Fremde auch hier unbehelligt bewegen kann, dass ihm niemand aufdringlich irgendetwas andrehen will, dass er ungehindert seine Bilder knipsen und seine Filmkamera surren lassen kann.

Wie gesagt – hier sind die Araber beziehungsweise Tunesier unter sich. Unaufhörlich drängt man sich von Angebot zu Angebot, prüft kritisch knallige Stoffe, ungewaschene Wolle, bunt bestickte und bedruckte Tücher, kunstvolle Flechtwaren, unübersehbare Mengen bemalter Tonwaren, reich verzierte Messingteller und -behälter, gemahlene und noch ungemahlene Gewürze, Seifen, Meterstoffe, Konfektionswaren für Männer, Frauen und Kinder, Schuhe, neue und Jahrzehnte alte Kleinmöbel, echte und unechte alte Gewehre und Pistolen. Etwas abseits dieses Marktteiles findet schließlich der eigentliche Kamelmarkt statt, auf dem zur Zeit unserer Ankunft schätzungsweise zwei Dutzend Kamele feilgeboten wurden. Doch beschränkte man sich auch hier nicht nur auf diese genügsamen Wüstenschiffe, sondern belebt wurde die Szene auch durch Lastesel, die hier nicht weniger eifrig, kritisch und schlitzohrig gehandelt wurden.

Wer als Besucher keine Gelegenheit hat, sich die einheimische Landbevölkerung weit abseits der Städte anzusehen, der sollte auf jeden Fall diesen Markt besuchen, denn hier trifft man die mit ihren Schafen herumziehenden Berberfamilien und die hartgesottenen derben Wüstensöhne mit Gesichtern wie strapaziertes Leder und mit Händen, als wollten sie einem beim Handschlag gleich den ganzen Arm abreißen. Hier kann man die Frauen dieser Naturburschen in Aktion sehen und sich ein bisschen darüber wundern, wie eifrig, teilweise auch fanatisch sie um Preisvorteile ringen.

Unseren Kindern gefiel es hier ebenso gut wie Hilde und natürlich mir, der ich von Kindesbeinen an gedanklich sowieso eher mit der orientalischen Welt verbunden bin als mit der eigenen mitteleuropäischen. Woher das kommt, vermag ich leider nicht zu sagen – es ist einfach so. Und wie gut ich mich im Orient zurechtfinde, habe ich auf mehreren Reisen in den vielen folgenden Jahren häufig erfahren dürfen.

Unseren Kindern freilich lief auf diesem Kamelmarkt oft eine Gänsehaut über den Rücken, denn die noch ungegerbten Schafs-, Kamel- und Rinderfelle stanken selbst gegen den Wind, Unmengen lästiger Fliegen peinigten nicht nur die unsanft gefesselten Tiere, sondern eben auch die Kinder beziehungsweise die Besucher. Und dass sich die Landbevölkerung alles andere als hygienisch sauber hält, sieht man auf den ersten Blick, da braucht man nicht erst zu sehen, wie sich müde Wüstensöhne genüsslich auf die stinkenden Felle legen und ein Schläfchen halten. Bei Hilde hatte ich den Eindruck, als würde ihr dieser Marktrummel trotz der nicht angenehmen Gerüche recht gut gefallen.

Monastir

In allen größeren Straßen von Sousse, in jedem Geschäft, das etwas auf sich hält – überall strahlen die glücklichen zufriedenen Gesichter des Präsidentenpaares Bourguiba. Grund dafür war der bevorstehende Geburtstag Habib Bourguibas, des tunesischen Staatspräsidenten auf Lebenszeit, ein Ereignis, das jährlich mit großem Aufwand begangen wird. Ich gewann in Sousse und natürlich im Heimatort Monastir des Geburtstagskindes den Eindruck, als ob tatsächlich das ganze Volk und nicht nur ein ausgewählter Freundeskreis Anteil an diesem Fest nehmen würde.

Monastir ist eine kleine Stadt mit 22.000 Einwohnern 20 Kilometer südlich von Sousse direkt am Meer. Dieser Ort zählt nicht nur wegen seiner landschaftlich exzellenten Lage am tiefblauen hier stets ruhigen Mittelmeer zu den Perlen des Landes, sondern sie selbst ist ansehnlich – weil großzügig angelegt, sauber, grün und mit wichtigen Bauwerken versehen. Die Anfänge Monastirs gehen bis in die punische Zeit zurück, so dass man das Alter auf mindestens 2.000 Jahre schätzt (genauere geschichtliche Angaben liegen nicht vor). Aus dieser sehr frühen Zeit ist Gebautes jedoch nicht mehr vorhanden, so dass für den Besucher die Zeit Monastirs sichtbar erst im Jahr 796 n. Chr. beginnt, in jenem Jahr, als der Statthalter der Abbassiden ein gewaltiges Ribat – eine islamische Klosterburg – anlegen ließ.

Die kurze Strecke von Sousse nach Monastir entlang der schönen Küste war per modernem Bus schnell zurückgelegt, doch bevor wir endgültig in die Stadt fuhren, wurde an einem beeindruckenden botanischen Garten – zwischen Meeresufer und Straße gelegen – Halt gemacht. Dieser halbstündige Aufenthalt hat sich gelohnt, denn uns wurde eine Überfülle tropischer Sträucher und Bäume gezeigt, die ein Nicht-Botaniker in ihrer erstaunlichen Vielfalt kaum beschreiben kann. Wie uns vom deutschen Reisebegleiter erklärt wurde, habe man sich bei der Anlage dieses frei zugänglichen Gartens bewusst auf Gewächse des Landes beschränkt, die hauptsächlich aus den Steppen Mitteltunesiens und den Wüstengebieten des Südens stammen. Man muss kein Fachmann sein um zu erkennen, dass es sich hierbei um äußerst widerstandsfähige Arten handelt, deren gedrungene Stämme und dorniges Geäst jedem heißen Wüstensturm trotzen können. Von besonderer Zartheit sind dagegen die vielfarbenen Blüten, die wie freche I-Tüpfelchen überall zu sehen sind.

Die Stadt ist klein und daher auch für den ortsfremden Besucher gut überschaubar. Es bedarf keines langen Kartenstudiums um herauszufinden, wo sich Monastirs Sehenswürdigkeiten – das Ribat, die Große Moschee und das Bourguiba-Mausoleum – befinden. Unser Bus wurde zwischen dem Ribat und dem Gefängnis, das selbst von außen sehenswert ist, geparkt, so dass die Gruppe zunächst einmal hinüber zum Ribat geführt wurde – dem geschichtsträchtigsten Bauwerk dieser Stadt.

Unser Fremdenführer, übrigens ein aufmerksamer fließend Französisch sprechender junger Mann aus Deutschland, war mit Grüppchen schon oft hier, so dass er nicht mehr lange über erklärende Texte zum Ribat nachdenken musste. Als wir im Hof der mächtigen Wehrburg standen und von übermächtigem Mauerwerk umgeben waren, begann jeder zu ahnen, welch erstaunliche geschichtliche Vergangenheit dieses Bauwerk und Monastir selbst hat. Monastir, so hörten wir, leitet seinen Namen von einem frühchristlichen Monasterium – einem Kloster – ab, das vermutlich an dieser Stelle stand und von den Arabern später Monastir genannt wurde. Die strategisch wichtige Lage bot keinem Geringeren als Cäsar die Möglichkeit, hier seine Truppen zu sammeln, um Ägypten und die schöne Kleopatra zu erobern. Das Ribat wurde schließlich ausgebaut, um das Land namens Ifriquia gegen die Ungläubigen – also die Christen – zu verteidigen.

Trotz oder wegen vieler An- und Umbauten zählt dieses Wehrkloster zu den imposantesten Hochburgen des Islam, denn von einem Rundturm aus bietet sich ein phantastischer Blick auf die Stadt mit ihrem altertümlichen Gefängnis im Vordergrund, dem daneben liegenden Hauptplatz mit Bourguibas Mausoleum und der dahinter sich befindlichen Großen Moschee. Gen Süden zieht sich der herrliche palmenbestandene Strand, die breite Küstenstraße und der Hauptteil der niedrigen weißen Häuser der Stadt, gen Norden sieht man nur weißen Strand und blaues Meer. – „Drei Tage im Ribat von Monastir öffnen den Zugang zum Paradies“, verheißt eine alte

Weissagung, die Tausende frommer, aber nichtsdestoweniger kriegerischer Asketen im Dienst des Propheten hierher führte.

Keine 100 Meter vom Ribat entfernt befindet sich das Mausoleum Bourguibas, ein noch nicht fertiggestellter prächtiger Marmorbau mit mächtiger Zentralkuppel, einem verspielten, mit teuersten Marmorplatten ausgestatteten Innenhof und einer sogenannten Grabkammer, die – von buntem Licht durchflutet und äußerst aufwendig marmorverkleidet – später einmal den Leichnam des allseits geliebten Staatspräsidenten aufnehmen wird. Uns Europäern wird es wohl rätselhaft bleiben, warum sich ein noch lebender Präsident eine derart pompöse Grabstätte errichten lässt. Dass Tunesien diesem Mann praktisch alles verdankt, nämlich seine Unabhängigkeit von der Kolonialmacht Frankreich und nicht zuletzt jahrzehntelange innere Stabilität und relativen Wohlstand, weiß das Volk offensichtlich zu schätzen.

Hinter diesem Mausoleum, das mittlerweile zu einer der Sehenswürdigkeiten des Landes avancierte, befindet sich ein zugänglicher islamischer Friedhof, auf dem ich Gelegenheit hatte, mir Grabsteine und deren arabische Inschriften etwas genauer anzusehen. Überrascht hat, dass die Muselmanen hier keinen großen Wert auf die Instandhaltung ihres Friedhofs legen, denn es waren nicht nur die Wege vernachlässigt, sondern auch die Grabstätten selbst, denn oft hatten sich die beschrifteten Platten verschoben und verkantet, ohne dass sie wieder in ihre ursprüngliche Lage zurückversetzt worden wären. Dabei handelt es sich nicht etwa um einen historischen Platz, für den sich niemand mehr zuständig fühlt, denn an mehreren Stellen waren frisch ausgehobene Gruben zu sehen, in die die Verstorbenen stets mit dem Kopf in Richtung Mekka gelegt werden.

Ebenfalls zu Fuß erreichbar ist die aus dem 9. und 11. Jahrhundert n. Chr. stammende Große Moschee von Monastir, die – wenn man das Mausoleum verlässt – schnell erreichbar ist. Doch zu unserem Bedauern war sie verschlossen, durch das reich verzierte Eisentor aber einsehbar. Gut zu erkennen waren die aufwendige Marmorverkleidung der Innenwände und die des weitläufigen Bodens. Ob es sich bei den wenigen in lange weiße Gewänder gehüllten Männern nur um Besucher oder um Imame (islamische Priester) gehandelt hatte, vermöchte der clevere Fremdenführer nicht zu sagen. Er vermutete, dass die Große Moschee wegen der heute hier stattfindenden

Geburtstagsfeierlichkeiten mit Bourguiba verschlossen gehalten wurde. Safety first!

In Monastir findet jährlich ein farbenprächtiges Folklorefest statt, dessen Ruf weit über die Landesgrenzen hinausgeht. Dieses Fest fällt stets mit dem Geburtstag des Landesvaters zusammen, der es sich nicht nehmen lässt, sich bei dieser Gelegenheit auch der Öffentlichkeit zu zeigen. So stand uns ein weiterer Höhepunkt dieses eintägigen Besuches in Monastir bevor, den wir nach Belieben wahrnehmen konnten. Uns wurde lediglich erklärt, wo Bourguiba mit dem offenen Wagen durchfahren würde, so dass wir uns selbständig machen konnten.

Die breite nach Süden führende Küstenstraße in der Nähe des Ribats hatte ich schnell erreicht und erkannt, dass es schwierig werden würde, zu dieser vorgerückten Stunde noch einen ordentlichen Stehplatz zu ergattern. An den Seiten drängten sich bereits Abertausend jubelnder, singender und klatschender Menschen, die alle gespannt auf die Durchfahrt ihres Präsidenten warteten. Die Polizei sorgte streng für Ordnung und ließ nur in Ausnahmefällen mal jemand durch die hermetische Abriegelung schlüpfen, damit man zur anderen Straßenseite gelangen konnte. Und ich? Ich sah zunächst überhaupt keine Chance, mich dicht hinter die Absperrung postieren zu können, um Bourguiba möglichst nah aufs Bild zu bekommen.

Als ich ein kleines Loch entdeckte, nutzte ich die Gelegenheit und mogelte mich hindurch, stand auf einmal vor der Absperrung und traute meinen Sinnen nicht: Kein einziger Uniformierter nahm Anstoß an meiner Dreistigkeit! So blieb ich kurzentschlossen außerhalb der Absperrung und marschierte geradewegs – vorbei an verdutzten Offizieren in Galauniformen – auf verschiedene Folkloregruppen zu, die offensichtlich auf ihren Auftritt vor dem Präsidenten warteten.

Hier war Vieles davon zu sehen, was Afrika, Asien und auch Europa an folkloristischen Bonbons zu bieten hat. Es ist dies eine Überfülle farbenprächtiger Gewänder und ausgesuchter exotischer Männer und Frauen, eine Prachtschau, die man sich als Fotograf oder Filmer – wenn man zu dieser Zeit schon mal in Tunesien weilt – keinesfalls entgehen lassen sollte. Da wirbelten indische Tänzer umher, deren Gewänder zu den aufwendigsten hier gezeigten gehörten, stolzierten hochgewachsene, hagere Wüstensöhne von fernab lebenden Stämmen mit umhängenden Schwertern und Trommeln herum, musizierten und tanzten schwarzafrikanische Mädchengruppen und zeigten dabei ihre natürliche Grazie. Rumänische und polnische Gruppen bewiesen eindrucksvoll, dass auch sie ihre traditionsreichen Volkstänze vollendet beherrschen. Ein Wermutstropfen freilich fiel auch in dieses schöne Bild, denn Fidel Castro hatte ein gutes Dutzend junger Frauen in khakifarbenen Uniformen der Guerillas entsandt, die allerdings nur herumstanden und außer Marschieren und eingepaukten Kampfesgrüßen sonst nichts weiter vorführten.

Plötzlich wurde die Menge unruhig, nachdem zuvor ein kleiner Wagenkonvoi mit Polizisten durchgefahren und verkündet worden war, dass in wenigen Minuten der Wagen des Präsidenten anrollen würde. Mir klopfte ein bisschen das Herz, denn noch immer befand ich mich ungehindert außerhalb der Absperrung, wo sich eigentlich nur autorisierte Personen – meist Uniformen – aufhalten durften, aber ich durfte tatsächlich weiter bleiben. Wenig später war sie dann zu sehen – die wuchtige schwarze Staatskarosse des Präsidenten, sie rollte langsam auf mich zu.

Ich blieb und hatte so die einmalige Gelegenheit, dicht neben den Präsidentenwagen zu kommen und Bourguiba, der aufrecht stehend seinen jubelnden Untertanen zuwinkte, aus allernächster Nähe zu sehen. Mein erster Eindruck war, dass er mir sehr blass und abgearbeitet vorkam, aber sonst genauso aussah, wie ich ihn von Bildern her kannte. Der Wagen stoppte nicht, sondern fuhr langsam – flankiert von einem Dutzend kräftiger Bewacher – durch das laut jubelnde Menschenspalier. Ich schien aus Gründen, die mir verborgen blieben, wohl eine Art Sonderstellung einzunehmen, denn niemand hinderte mich daran minutenlang direkt neben Bourguiba einherzugehen, ich hätte ihn ohneweiteres berühren können. Nachdem ich meine Fotos gemacht hatte, setzte ich mich vom Präsidentenwagen wieder ab und beobachtete noch ein bisschen die Menge, wie sie Hochrufe ausstieß, klatschte, sang und natürlich – neben Gruß- und Wunschtransparenten – auch politische Parolen ausrief: „Freiheit für Palästina!“

Kairouan

Ist es nicht so, dass man aufpassen muss, bei diesem Namen nicht ins überschwängliche Schwärmen für den Orient zu geraten? Kairouan – ein Name, der auf der Zunge zergeht! Dass ich mir hier in Tunesien auch einen meiner alten Jugendträume erfüllen wollte, nämlich Kairouan zu besuchen, stand für mich von vornherein fest. Hätte es von Sousse aus nicht einen bequemen und preiswerten Hotelbus zu dieser besonders heiligen Stadt des Islam gegeben, wäre ich per „local bus" gefahren, denn dieses Erlebnis wollte ich mir keinesfalls entgehen lassen.

Die nur 60 Kilometer lange Fahrt auf schmaler Straße ging genau nach Westen. Sie führte größtenteils durch gewelltes Steppenland, dessen überwiegend kahle Oberflächen nur hier und da von ein paar Schafsherden belebt wurden. Die winzigen Ortschaften, die wir selten sahen, waren noch so gut wie ausgestorben, denn erst im letzten Winter hatte Tunesien hier eine der schwersten Überschwemmungskatastrophen seiner Geschichte erlebt. Es fielen den unerbittlichen Wassermassen riesige Hammelherden und Tausende wertvoller Kamele zum Opfer, Dörfer und Straßen wurden fortgespült und Hunderte Menschen fanden den Tod. Als unser Bus diese traurige Landschaft durchfuhr, war von der Sintflut zwar direkt nichts mehr zu sehen, denn längst hatte die sengende Sonne Nordafrikas das Wasser verdunsten lassen, aber die Dörfer waren noch weitgehend menschenleer. Als ich Jahre später nochmals hier war, hatte diese Gegend die Flutkatastrophe längst überwunden und überall herrschte wieder das übliche orientalische Treiben.

Der erste Besuch galt einem Teppichmuseum, einem bescheidenen, aber umso inhaltsreicheren Gebäude mit wertvollsten Stücken aus vergangenen Zeiten. Wenn auch deren Zustand oft nicht mehr der beste war, so konnte aber selbst der Laie erkennen, dass es sich einmal um wahre Prachtstücke gehandelt haben muss. Die Teppiche aus Kairouan und Umgebung gehören seit eh und je mit zu den besten des Landes, weshalb es eine Selbstverständlichkeit war, im Anschluss auch eine der großen Teppichknüpfereien zu besuchen.

Wir wurden durch mehrere enge Gassen geführt, die so tief-orientalisch waren, dass viele der Teilnehmer zunächst Hemmungen hatten, sich hier ungezwungen zu bewegen, so knipste man erst, als der Fremdenführer es ausdrücklich erlaubte; nicht nur die niedrigen weiß getünchten Häuser mit ihren der Straße zugewandten winzigen glaslosen Fenstern und schmalen niedrigen Holztüren muteten vielen Touristen etwas unheimlich an. Es sind auch die Menschen hier, die im Gegensatz zu jenen in Sousse und Monastir einen verschlossenen stillen, aber freundlich-zurückhaltenden Eindruck machen.

Unterwegs wies der junge arabische Fremdenführer, der ein erstaunlich gutes Deutsch beherrschte, auf einen mit arabisch aussehenden Schriftzeichen behauenen Stein hin, der sich im Mauerwerk eines angeblich historischen Hauses befand. Das hier, so meinte der junge Mann, sei keine arabische Schrift, denn die könne man ja lesen, es handele sich stattdessen um eine noch nicht identifizierte, wahrscheinlich sehr frühe orientalische Schrift, die darauf schließen lasse, dass in dieser Gegend in grauer Vorzeit ein Kulturvolk sesshaft war, von dem man noch nichts wisse. Hier dürften Zweifel angebracht sein, denn ich habe nirgends einen Hinweis finden können, dass es in Tunesien heute noch Rätsel dieser ungewöhnlichen Art geben soll.

Wir erreichten eine Teppichknüpferei, die sich irgendwo im Häusermeer dieser Stadt befindet und ohne Führung für den Fremden wahrscheinlich unentdeckt bleiben würde. Hier sitzen an uralten Knüpfgestängen sehr junge Frauen, meist wohl noch Mädchen, die mit äußerst flinken Händen blitzschnell einen kunstvollen Knoten nach dem anderen knüpfen und so in wochen- und monatelanger Arbeit – je nach Größe – die wertvollen Kairouan-Teppiche entstehen lassen. Der Arbeitsraum ist dunkel, primitiv eingerichtet und stickig, so dass es mir schien, als sei es unmenschlich, diese jungen Arbeiterinnen hier täglich zwölf und mehr Stunden hocken zu lassen. Doch anzusehen war den fleißigen Knüpferinnen nichts, sie lächelten uns zu, nickten zur Begrüßung und ließen sich geduldig auf die arbeitenden flinken Finger schauen.

Natürlich stand jetzt ein Treffen mit dem Eigentümer dieser angeblich halbstaatlichen Firma auf dem Programm, der sich in einem Schauraum von seiner freigiebigen Seite zeigte und zunächst einmal jedem sein Wunschgetränk – Limonade, Coca, Bier, Tee, Wasser – auftischen ließ. Von angestellten Jungs wurde auf sein Geheiß hin ein Teppich nach dem anderen vor uns ausgerollt und vom Chef auf Deutsch erläutert. Bei jedem Teppich – auf Arabisch Tapis – nannte er auch den Preis, wobei er hoch und heilig versicherte, dass man in Deutschland dafür gut und gern das Doppelte zahlen würde. Dass im Preis, den er nannte, die Fracht und sogar Zollgebühr enthalten sei, verstehe sich ebenfalls von selbst. Wer's glaubt, kennt den Orient nicht!

Der Manager wies immer wieder darauf hin, dass die Qualität eines Teppichs entscheidend von der Anzahl der Knoten pro Quadratmeter abhängen würde. So weise beispielsweise ein hervorragendes Stück nicht weniger als 250.000 Knoten pro Quadratmeter auf, dieser Teppich sei dann ein Superieur – eine hochwertige Ware. Auch hinsichtlich der unterschiedlichen Muster und Farben wurden wir aufgeklärt und erfuhren, dass die Mergoums Rautenmuster auf einfarbigem Grund haben, die Kilims sich aus mehrfarbenen Wollstreifen zusammensetzen und die Zerbiyas stets ein umknüpftes Zentralmotiv mit geschmackvollen Rand-Arabesken aufweisen. Dass dem cleveren Teppich-Manager tatsächlich drei mittelgroße Exemplare abgekauft und bar bezahlt wurden, überraschte mich nicht.

In Kairouan fing alles mit Okba Ben Nafi an, jenem Emir, der hier im Jahr 671 n. Chr. mit seinem Heer rastete, seinen Degen in den Boden wuchtete und genau an dieser Stelle eine Wasserader anstach. Heute hat man diese Wasserstelle, die wir als nächsten Punkt anliefen, mit einem einfachen Gebäude umgeben, in welchem Tag und Nacht ein weißes Kamel mit verbundenen Augen um den Brunnen herumläuft und dabei unaufhörlich das hölzerne Schöpfrad in Bewegung hält. Hört man längere Zeit das tapsende Kamel und das gleichmäßige Ächzen und Stöhnen dieses uralten Holzrades, meint man, sich gar nicht mehr im Heute zu befinden, sondern zurückversetzt in biblische Zeiten. Kairouan ist noch reinster Orient, hier protzten weder die Römer noch andere Fremde mit ihren Kolossalbauten, und der Besucher aus Europa glaubt zu träumen, sofern er noch einen Sinn dafür hat.

Absoluter Mittelpunkt der Stadt und eines der drei heiligsten Zentren des Islam ist die Große Moschee, deren wuchtiges Minarett inmitten des niedrigen Häusermeeres schon von Weitem zu erkennen ist. Kairouan ist unbestritten das Mekka Nordafrikas, was nicht zuletzt auch auf dem Glauben beruht, dass das Wasser des soeben besuchten historischen Brunnens unterirdisch mit den heiligen Wassern von Mekka in Saudi-Arabien verbunden sein soll. Sieben Pilgerfahrten nach Kairouan ersetzen dem frommen Moslem eine Pilgerreise nach Mekka, obwohl er hierfür nicht den ehrenvollen Titel „Hadschi“ erwirbt.

Die Stadt blühte, wurde zum Handelszentrum, an dem sich wichtige Karawanenwege kreuzten, fiel jedoch eines Tages herumziehenden Nomadenstämmen zum Opfer, die im Jahr 1057 die Stadt niederbrannten und dadurch ihre Hauptfunktion endgültig einbüßte. Geblieben ist jedoch Kairouan bis auf den heutigen Tag als große Trutzburg des Islam, als heilige Stadt Nordafrikas.

Die Große Moschee, die wir nun besuchten, trägt den Namen des Stadtgründers Sidi Okba. Es ist überflüssig darauf hinzuweisen, dass es sich hierbei um einen Ort handelt, der eigentlich von „Ungläubigen“ nicht betreten werden darf. Aber die Tunesier sind in dieser Hinsicht erstaunlich liberal; stünde diese heilige Moschee beispielsweise in Marokko, wäre ein Hineinkommen undenkbar. Es genügt in Kairouan eine vom Syndicat d'Initiative ausgestellte und leicht zu erhaltende Erlaubnis und eine ordentliche Bekleidung und man hat Zutritt. „Ungläubige“ Männer und Frauen, deren Kleidung nach Meinung der Wächter nicht passend ist, erhalten am Eingang einen ärmellosen weißen Kaftan, der Besucher flugs in einen beinahe echten Araber verwandelt. Das Fotografieren und Filmen ist hier drinnen übrigens auch erlaubt.

Die Große Moschee des Sidi Okba in Kairouan, dem sogenannten Mekka Nordafrikas.

Der weite Innenhof, in dem mal aus Furcht vor einer Pest lange Zeit ein ganzes Reiterregiment campierte, weist in seiner Mitte einen jetzt trockenen Marmorbrunnen auf und ist von Wänden und Gängen umgeben, die von nicht weniger als 420 antiken Säulen gestützt werden. Besonders eindrucksvoll ist die Vielfalt dieser Säulen in der großen Gebetshalle, die dem Besucher beinahe glauben lässt, er befände sich in einem Säulenwald. Der sich am Kopf der Halle befindliche Mihrab – die nach Mekka weisende Gebetsnische – ist reich mit Fayencekacheln, die aus Bagdad stammen, geschmückt. Bewundernswert sind auch die schönen ornamentverzierten Steinbögen zwischen den Säulen sowie die übergroßen, aus geschnitztem Holz bestehenden Türen sowie das ausgezeichnet erhaltene Lalla-Mihama-Tor. – Hier gewesen zu sein, ist schon ein großes Erlebnis! Mich hatte dieser Besuch derart beeindruckt, so dass ich es nicht unterlassen konnte, 1976 nochmals hierherzukommen.

Sehenswert ist in Kairouan auch die sogenannte Barbier-Moschee mit Namen Sidi Sahab, der eine eigenartige Geschichte nachgesagt wird. Uns erklärte der Fremdenführer natürlich allen Ernstes, dass es sich deshalb um einen sehr heiligen Ort handele, weil sich hier drei Barthaare des Propheten Mohammed befänden. Aber eine andere später gehörte Version besagt, dass dieses Gebäude so wenig eine Moschee sei, wie Sidi Sahab ein Barbier war. Dieser heilige Mann habe angeblich nur ein einziges Mal einer Rasur des Propheten beigewohnt, von ihm drei Barthaare an sich genommen, die er dann zeitlebens bei sich getragen habe. Über seiner im 7. Jahrhundert angelegten Grabstätte wurde später diese mehrmals umgebaute und erweiterte Gedenkstätte errichtet. Das mit schönen Kacheln ausgestattete Innere hatte durch die verheerende Überschwemmung, die bis hinein nach Kairouan reichte, stark gelitten, denn bis zu einer Höhe von einem Meter waren alle Kacheln abgefallen und noch nicht wieder angebracht worden.

Abseits dieser Moschee befindet sich jenseits der begehbaren alten Stadtmauer ein alter muselmanischer Friedhof, auf den uns der Führer besonders hinwies, denn hier ruhen in 200 Gräbern die Mitglieder einer einzigen Familie. Mir bot sich von hier oben aus ein schöner Blick über den Friedhof hinweg auf die kahlen Hügel der Umgebung, auf denen nur hier und da ein paar wild wachsende gedrungene Laubbäume und Dornenbüsche existieren. Zur anderen Seite hin konnte ich Kairouan mit der Großen

Moschee im Mittelpunkt überblicken, ein wahrhaft orientalisches Bild, denn hier störte kein einziger moderner Hochbau die Szene. Über der Stadt flimmerte die Mittagshitze, die selbst den Einheimischen arg zu schaffen machte; denn wenn es nicht unbedingt sein musste, hielt man sich nicht in der Sonne auf, sondern verkroch sich in die Häuser. Am meisten litten die Touristen, die sich im Allgemeinen nur dazu aufraffen konnten, sich das Allerwichtigste dieser Stadt anzusehen; sonst hockten auch sie nur bier- und colatrinkend entweder im AC-Bus oder in irgendeinem schattigen Straßencafé – bei 40 Grad im Schatten ist das ja verständlich.

El Djem

Die von unserem Hotel Justinia offerierte große Rundfahrt – Sahara-Tour genannt – hatte mich vom ersten Tag an interessiert, als mir eine individuell aufgemachte Reisebeschreibung in die Hand fiel. In ihr wurde anhand zahlreicher Laienfotos und flotter Texte diese stramme 2-Tagestour dargestellt und beschrieben. Dies schien also etwas für mich zu sein, aber nichts für Frau und Kinder, die zogen es verständlicherweise vor, sich am Strand und im Wasser zu aalen. Kurzentschlossen buchte ich diese „Abenteuer-Tour“ und freute mich auf meine erste direkte Fühlungnahme mit dem „Naturwunder Sahara“.

Zunächst wurde El Djem besucht, ein äußerst historischer kleiner Flecken 70 Kilometer südlich von Sousse, den jeder Tunesienbesucher gesehen haben sollte, der sich für Geschichte interessiert. Die Fahrt ging wieder im hoteleigenen Reisebus über eine schmale Straße, die jedoch nur wenig befahren war, so dass unser Fahrer – ein etwas rundlicher, ganz typischer Tunesier – nicht allzu oft auf entgegenkommende oder überholende Fahrzeuge zu fluchen brauchte. Rechts und links der Straße hohe Palmen und kahle Halbwüstenlandschaft, keine Plantagen mehr, keine bewohnten Oasen, kein Wasser und über dem Ganzen eine erbarmungslose Augustsonne. Die in Kühlboxen mitgenommenen alkoholfreien Getränke wurden binnen kürzester Zeit bis auf einen kleinen Restbestand dezimiert, so dass der tunesische Fremdenführer schließlich rationieren musste. Es handelte sich bei ihm übrigens um das genaue Gegenteil des Fahrers, denn er war jung und drahtig, deutsch sprechend und viel wissend; der Fahrer hingegen rundlich, nur arabisch sprechend, doppelt so alt und ausgesprochen humorvoll. Aber diese beiden Unikums verstanden sich bestens und halfen sich eifrig und gekonnt gegenseitig – wann immer es angebracht war.

Nach einer guten Stunde Fahrt hatten wir El Djem, das genau zwischen Sousse und Sfax liegt, erreicht und festgestellt, dass es hier – weit ab vom Meer – sehr heiß war. Doch angesichts des sich vor uns auftürmenden römischen Amphitheaters war dies bald verdrängt, denn das Theater spendete uns innen wie außen wohltuenden Schatten. Welch ein Riesenbau, der sich gewaltig aus ebenem Wüstenplateau erhebt!

Kaum waren wir von einheimischen Kindern entdeckt worden, strömten sie mit „echten römischen" Gegenständen herbei, boten uns – selbstverständlich immer zum halben Preis – alte Gewehre, Pistolen, Säbel, Schalen, Münzen und Inschriften auf Steinen an. Sie überschütteten uns sehr aufdringlich mit Angeboten und wurden dabei so manches „echte Stück" auch los. In Wirklichkeit, so meinte der Fremdenführer verschmitzt, sei alles nur geschickte Imitation. Aber die Geldstücke auch?

Das römische Amphitheater El Djem fasste einst 35.000 Zuschauer, die Gladiatoren, Löwen und Bären sterben sehen wollten.

Nun wurde uns erklärt, dass es der römische Prokonsul Gordiamus war, der um die Wende des 2. zum 3. Jahrhunderts n. Chr. im damals völlig unbedeutenden Thysdrus dieses Amphitheater errichten ließ. Hier sollte dieser Konsul im hohen Alter zum Kaiser gekrönt werden. Vielleicht war das der eigentliche Grund für diesen Riesenbau, denn auch damals gab es hier nichts weiter als ein paar verlorene Häuser in der Wüste. Ziemlich unklar ist zudem, von wo eigentlich jene 35.000 begeisterten Zuschauer hergekommen sein sollen, um dem vergnüglichen Schauspiel der ungleichen Kämpfe zwischen Gladiatoren, wilden Löwen und Bären beizuwohnen. Es sollen pro Vorstellung jeweils 500 Gladiatoren gewesen sein, die sich den Kämpfen stellten, aber am Ende allesamt zerfetzt wurden.

Später soll dieses Theater zur Festung umfunktioniert worden sein, und zwar von der sagenumwobenen Berberprinzessin Kahénna, die sich hier bis zuletzt den arabischen Eindringlingen widersetzt hatte. In diesem Zusammenhang dürfte die Feststellung erlaubt sein, dass also die Araber den Berbern ihre Ländereien genauso brutal entrissen haben, wie die Europäer den Indianern in Amerika alles nahmen.

Wie wir sehen konnten, fehlt etwa ein Drittel des riesigen oval angelegten Baues. Diesen Teil hatte Mohammed Bey etwa um 1650 abtragen lassen, damit seine Soldaten ungehindert eindringen konnten, um räuberische Banden aufzustöbern, die sich in den vielen verwinkelten unter- und oberirdischen Gängen und Nischen festgesetzt hatten. Doch diese Version als Erklärung für das „große Loch" wird nicht von jedermann akzeptiert. Eine Legende besagt, dass hier kein einziger Skorpion am Leben blieb! Außerdem wird erzählt, dass die Bewohner der näheren und weiteren Umgebung für ihren Häuserbau Steine des Theaters verwendet haben sollen, doch solche Dörfer sind weit und breit nicht zu finden. So verworren, wie die Geschichte dieses grandiosen Bauwerks auch sein mag, eines steht unumstößlich fest: Mit 148 Metern Länge, 122 Metern Breite und 36 Metern Höhe war dieses römische Theater das größte ganz Nordafrikas.

Unser Aufenthalt in El Djem war zeitlich großzügig bemessen, so dass sich jeder – wenn er wollte – das Theater wie auch die Umgebung noch auf eigene Faust ansehen konnte, doch haben die meisten wegen der Backofenhitze dankend auf zusätzliche Rundgänge verzichtet. Aber ich war noch unternehmungslustig genug und streifte deshalb mit zwei anderen jüngeren Leuten durch die Anlage, die im Innern ein in der Tat gespenstisches Bild bot. Wir krochen durch die steinernen Löwenkäfige, kletterten in die finsteren Gänge sowie durch große und kleine Räume, deren Bedeutung uns nicht erklärt worden war. Von oben hatten wir übrigens freien Blick hinunter auf die heutige kleine Siedlung El Djem und darüber hinaus bis weit ins hitzeglühende Steppenland.

Sfax

Auf der selben Straße ging nach 2-stündigem Aufenthalt unsere Fahrt weiter in den Süden, denn das nächste Ziel war die zweitgrößte Stadt Tunesiens: Sfax. Die Stadt zählt zwar nur 120.000 Einwohner, doch sieht der Besucher sofort, dass es sich hierbei um alles andere als um eine verträumte Araberstadt handelt; denn hier begegnet einem auf Schritt und Tritt insbesondere außerhalb der alten Médina aktives quirliges Leben, das teilweise verblüffend modern ist. Welch ein Gegensatz zu Kairouan!

Sfax liegt 150 Kilometer südlich von Sousse am Rand eines für tunesische Verhältnisse wohlhabenden großen Gebietes, dessen Verkehrsstränge hier zusammenlaufen. Hier treffen sich alle Routen des Sahel mit den großen Straßen nach Süden und Norden. In der Hafengegend stehen riesige Ölpressen und Verladeanlagen, um jährlich die Früchte von über sieben Millionen Olivenbäumen dieser Gegend zu verarbeiten und zu verschiffen. Außerdem werden hier in jedem Jahr 65.000 Tonnen Alfgras und 200.000 Tonnen Phosphate aus den Bergwerken der Gafsa-Provinz verschifft. Darin liegt der relative Reichtum dieser Stadt begründet, einem Handels- und Wirtschaftszentrum, das für das Land von höchstem Rang ist.

Die Geschichte von Sfax geht bis auf das antike Taparura zurück, aus dessen Steinen die Kasbah und einige Moscheen errichtet wurden. An die glanzvolle Epoche der Aghlabidenherrscher erinnert die aus dem 9. Jahrhundert n. Chr. stammende Stadtmauer und die Große Moschee. Der wirtschaftliche Aufschwung begann bereits im 10. Jahrhundert, denn schon damals lieferte Sfax Olivenöl und hochwertige Stoffe. Wie die ganze Küste Tunesiens erlebte auch Sfax um die Mitte des 12. Jahrhunderts einige Jahre lang die ungeliebte Herrschaft der aus Sizilien herübergekommenen Normannen.

Wie uns auf einem Rundgang durch die Neustadt der Fremdenführer erläuterte, habe Sfax im letzten Weltkrieg durch Luftangriffe schwere Schäden erlitten, deren Behebung das alte Stadtbild leider sehr verändert habe. Durch den Wiederaufbau bekam die Neustadt moderne Züge, so dass man heute breite palmenbestandene Straßen mit guten Restaurants, Cafés und vielen Geschäften vorfindet.

Wir gingen über die besonders breite laubbaumbestandene Avenue Hedi Chaker bis zu jenem Platz, der die Neustadt von der Médina trennt. Hier dominiert das Monumentaltor Bab Diwan, durch das man die Altstadt erreicht. Diese Médina ist sehr farbig und rangiert vielleicht noch vor jener in Sousse. Das mag vielleicht daran liegen, dass Sfax doch überwiegend von Wohlhabenden bewohnt wird, deren Geldbeutel trotz magerem Tourismus für Dinge reicht, von denen die meisten Tunesier nur träumen. Man findet hier in dieser Médina hervorragende Einkaufsmöglichkeiten, denen man sonst nur noch in Tunis begegnen kann.

Aber trotz aller moderner geschäftlicher Anzeichen ist die Altstadt von Sfax nach wie vor eine arabische Altstadt, in der es ungemein enge fremdartige Gässchen gibt, wo Männer und Frauen überwiegend ihre Landeskleidung tragen und wo es die üblichen kleinen Cafés gibt, in denen man in Ruhe seinen Tee oder Kaffee schlürft und über Gott und die Welt palavert. Dass unter diesen günstigen Vorzeichen die fremden Besucher völlig ungeschoren bleiben, versteht sich. Sfax ist keine Touristenstadt, Andenken dreht einem hier niemand an und zum halben Preis wird dem Fremden auch kein „echtes römisches Stück" untergejubelt.

Um Interessantes zu entdecken, muss man hier schon genauer hinschauen. Da gibt es zum Beispiel die skulpturgeschmückten Türen und Tore, deren steinernes Rankenwerk einen für Sfax typischen Stil zeigt, und hin und wieder kann man auch wunderschöne Innenhöfe erspähen, deren bunte Blumen im wohltuenden Kontrast zu den an sich nur weißen und grauen Häusern stehen. Mitten in der Médina befindet sich die Große Moschee, die im Jahr 849 begonnen wurde, deren Bauzeit aber viele Jahrzehnte in Anspruch nahm und dadurch stillos geblieben ist.

Am Ende dieses kurzen interessanten Besuches von Sfax stand uns noch etwas Zeit zur Verfügung, die ich nutzte, um mir den Hafen anzusehen. Dass er nicht zugänglich war, bedauerte ich, doch musste ich mich fügen. Offensichtlich ist der Hafen von Sfax so etwas wie ein streng behütetes nationales Heiligtum, das Fremde womöglich entweihen könnten! Ich versuchte zwar am Haupttor eine Besuchsgenehmigung zu bekommen, aber da ging überhaupt nichts. Mir blieb lediglich ein Blick durchs eiserne drei Meter hohe Gitter – und was wurde da gerade beladen? – ein russisches Handelsschiff. Natürlich ist da das Betreten des Hafens verboten.

Gabès

Nun lag eine längere Strecke vor uns: die Fahrt entlang der Küste ins knapp 150 Kilometer von Sfax entfernte Gabès. Gabès ist trotz seiner 30.000 Einwohner eigentlich nichts weiter als eine schöne grüne Oase, eine allerdings sehr große, so dass der Besucher diese Bezeichnung nur schwer über die Lippen bringt. Dieser Flecken ist eine gute Laune der Natur, denn gleich hinter Sfax beginnt die Halbwüste, in der außer wilden knochenharten Sträuchern und wenigen Palmen nichts mehr wächst.

Wir durchfuhren den Ort ohne Besichtigungsstopp, denn wirklich Sehenswertes gibt es hier nicht, es sei denn, jemand wollte sich heiße staubige Einsamkeit und den Flair von nicht weniger als 300.000 Dattelpalmen einsaugen und hätte das Bedürfnis, sich die einfachen Häuschen der Oasenbewohner nebst den Bewohnern selbst näher anzuschauen. Dies hätte sicherlich seinen Reiz, wenn hierfür mehr Zeit zur Verfügung stünde; hier könnte ich glatt ein paar Tage verbringen.

Gabès ist doch in mancherlei Hinsicht von Bedeutung. Es ist das Tor zur Sahara, denn direkt hinter dieser riesigen Oase beginnt die faszinierende Weite der größten Sand- und Geröllwüste der Welt. Nur wenige Kilometer östlich endet der Chott el Djerid, ein 50 Kilometer langer trockener Salzsee, an dessen Südseite sich haushohe Sanddünen auftürmen, die den eigentlichen Beginn der Sahara markieren. Der Ort selbst besteht eigentlich aus zwei Dörfchen, Djara und Petit Djara, wobei es sich um echte alte Araberflecken handelt, deren Besuch sich jedoch laut Fremdenführer angeblich nicht lohnen würde. Da die Araberviertel teils auf steilen Hügeln liegen, glaube ich eher, dass sie aus Bequemlichkeit dem Besucher nicht gezeigt werden. So konnten wir nur vom Bus aus das alte Gabès sehen.

So geschichtslos Gabès auch heute aussehen mag, es steckt aber dennoch Einiges drin. Der Ort war ursprünglich eine Handelsniederlassung der Phönizier, und nach dem Untergang Karthagos bemächtigte sich der Numidierkönig Massinissa des Hafens und verhalf den Römern dazu, ihn als Kolonie mit Namen Tacapea ihrem Imperium einzuverleiben. Der römischen Literatur kann man entnehmen, dass es früher hier nur eine einzige natürliche Wasserquelle gab, die zwar reichlich spendete, doch durften die Einwohner nur zu festgesetzten Zeiten Wasser schöpfen. Diese Art der gerechten Wasserverteilung wurde in Gabès und anderen südtunesischen Oasen Jahrhunderte hindurch beibehalten.

Eine Köstlichkeit ist der flache weißsandige Strand, der für zwei Stunden unser nächstes Ziel war. Der Bus durchfuhr auf sandigen Wegen weitläufige Dattelbaum- und Palmenviertel und parkte am Ende eines Weges 20 Meter vor dem Meer. Einen geeigneteren Platz hätte man sich kaum wünschen können! Binnen weniger Minuten befanden sich die meisten bereits im Wasser und ließen sich das kühlende Nass genüsslich um ihre verschwitzten Körper gleiten. Ich schwamm weit hinaus, konnte aber noch lange den feinsandigen sauberen Boden unter meinen Füßen spüren. Auffallend, dass das Wasser hier noch um einige Grade wärmer als in Sousse war, aber es kühlte uns dennoch etwas ab.

Nach dem wohltuenden Bad wurden unter einem schattenspendenden Palmendach Lunchpakete mit reichlich Inhalt verteilt, alkoholfreie Getränke herumgereicht und über einem Rost Würstchen gebraten (wir hatten ja Vollpension gebucht). Für die beiden tunesischen Begleiter war das ein anstrengender Job, denn keine einzige der mitfahrenden Frauen rührte auch nur einen Finger, um den geplagten Männern etwas hausfrauliche Arbeit abzunehmen, im Gegenteil, für die eine war's Getränk nicht kalt genug und für die andere waren die Würstchen nicht durchgebraten. Diese und ähnliche negativen Erfahrungen schreckten mich ab, so dass ich beschloss, später möglichst nur noch individuelle Touren zu unternehmen. Wer beispielsweise meine Asien-Reiseberichte kennt weiß, dass ich mittlerweile längst aufs Solo-Reisen schwöre. Ich weiß genau warum!

Matmata

Dass der Fahrer plötzlich auf Beeilung drängte, mochte manchem nicht gefallen, denn nach dem guten Essen wäre ein nochmaliges Bad angenehm wenn auch nicht gesund gewesen. Aber das Programm musste eingehalten werden! Was uns nun bevorstand, war die unmittelbare Bekanntschaft mit der Sahara, weshalb die meisten der Teilnehmer diese Tour ja gebucht hatten.

Die Fahrt ging jetzt wieder ins Landesinnere und zwar zunächst nach Matmata, einem der merkwürdigsten Ortschaften des Landes. Was diesen Wohnflecken – diese Bezeichnung ist bei Matmata durchaus zulässig – so anziehend macht, versuchte uns der Fremdenführer bereits im Bus zu erläutern. Doch das, was er sagte, hörte sich ziemlich unglaubwürdig an. Sollte es dort tatsächlich noch ein paar Hundert in Erdhöhlen lebende Familien geben, oder handelt es sich hierbei um einen gehegten Geck für Touristen?

Nach dem Verlassen der Oase Gabès umfingen uns kahle braun-gelbe Hügel, die nur noch selten ein paar letzte wild wachsende Palmen trugen. Etwas später führte die schmale Straße in die nördlichen Ausläufer des Djebel Demer, einem in Höhe von Matmata beginnenden sich nach Süden hinziehenden Bergzug. Auch hier ragen aus dem trockenen Boden nur vereinzelt ein paar niedrige Palmen, die ganz überwiegend in Senken stehen, wo sich das Regenwasser des Winters am längsten halten kann. Für den Menschen – so jedenfalls der Augenschein – handelt es sich hier um eine lebensfeindliche Gegend, die man nur per Landrover oder Kamel durchquert, aber nicht bewohnt.

Doch – wie so oft – täuschte auch hier zunächst der erste Eindruck, denn nun wies ein Straßenschild darauf hin, dass es nur noch ein paar Kilometer bis Matmata wären. Aber selbst nach weiteren zehn Minuten suchte ich vergebens nach weiß getünchten Araberhäuschen mit einer Moschee in ihrer Mitte. Der Bus hielt dann vor einem „Höhlenhotel", dessen Eingangstor nichts weiter ist als ein lehmverputztes Loch, doch konnten wir uns davon überzeugen, dass es diese Höhle im wahrsten Sinne des Wortes in sich hat.

Wir betraten eine kleine leere Vorhalle, um dann in einen nach oben offenen Hof zu gelangen. Hier verzieren in schweren Tontöpfen gepflanzte bunte Blumen das grau-braune Einerlei der Wände. Hinter dem Hof liegen verschiedene Räumlichkeiten, von denen uns für eine Zwischenmahlzeit der größte Raum zugewiesen wurde.

Wir befanden uns also inmitten einer von früheren Bewohnern aufgegebenen Höhlenbehausung, die jetzt als bescheidenes sauberes Restaurant geführt wird. Die Idee der Wüstenbewohner, zum Schutz gegen die Tageshitze und gegen die Kälte der Nacht sozusagen in die Erde zu gehen, hielt ich für recht sinnvoll, denn hier drinnen war es wirklich angenehm kühl, so dass es manchem der Reiseteilnehmer graute, sich aus dieser wohltuenden Frische wieder raus in die Hitze zu begeben. Aber es half nichts, denn wer mehr von Matmata sehen wollte, musste jetzt aktiv werden.

Wir hatten erfahren, dass man sich hier in der ganzen Umgebung selbständig und gefahrlos umschauen konnte, doch gehörte ich zu den Wenigen, die sich auch tatsächlich dazu entschlossen hatten, die zur Verfügung stehende Stunde draußen zu verbringen. Die meisten zogen es vor, sich drinnen im Hotel kühl zu halten, um für die Weiterfahrt wieder fit zu sein. Ist verständlich, denn 45 Grad im Schatten sind hart!

Wie erwähnt, liegt Matmata in hügeligem Gelände und ist weit auseinandergezogen, keineswegs hat man den Eindruck, sich in einem Ort zu befinden. Draußen war's sehr heiß, windstill, und die Sonne brannte ungemein intensiv. Gut zu erkennen waren schmale Sandpfade, die sich durch die weite Landschaft schlängeln, und hin und wieder sah ich auch ein paar Bewohner, die – seitlich auf ihren Packeseln sitzend – irgendwelches Transportgut beförderten oder zu einen Brunnen gingen, um mit vollen Tonkrügen wieder zurückzukommen. Selbstverständlich werden Arbeiten dieser Art nur von Frauen erledigt! Kamele, die gerade nicht benötigt wurden, lagen dösend in der prallen Sonne. Wie diese Tiere liegend die enorme Hitze vertragen können, bleibt mir ein Rätsel, aber sie können's und schwitzen nicht einmal!

Ungeachtet des tiefen Staubes marschierte ich auf irgendeinem der Pfade in Richtung einer kleinen Palmengruppe, in deren Schatten sich ein paar Leute aufhielten und offensichtlich nur ruhten. Gleich daneben glaubte ich auf einmal einen Krater vor mir zu haben, ein zwanzig Meter tiefes Loch, das aber alles andere als ein totes Vulkanloch war. Es handelte sich um die Behausung einer großen Familie, deren Kinder am Boden dieses Kessels munter herumtollten, mir nach oben lachend zuwinkten und mich zu sich riefen. Ich stieg eine schmale Lehmtreppe hinunter und hatte bald den Boden erreicht. Ein Blick nach oben flößte mir Respekt ein, denn zwanzig Meter aus dieser Perspektive sind beachtlich! Ringsherum hatte man von den Innenwänden aus die Räume aus dem Lehmboden herausgebuddelt, die teilweise auch untereinander verbunden sind, aber auch von außen über Strickleitern oder winzige Lehmtreppchen erreicht werden können.

Eine Berberfamilie, die ein Höhlenwohnung in Matmata ihr Eigen nennt.

Der Familienvater – ich schätzte, dass er ein Dutzend Kinder hatte - zeigte mir bereitwillig den großen Wohnraum, der nach unseren Begriffen natürlich bescheiden eingerichtet war, dafür aber angenehm kühl und keineswegs muffig. Die Wände waren weiß getüncht, auf dem Boden lagen Wolldecken und Felle, die Mutter nährte ein winziges Baby und war gleichzeitig damit beschäftigt, einem etwas größeren schlafenden Kind die lästigen Fliegen vom Gesicht zu wedeln. Araberfrauen bekommen Kinder, solange es Allah will!

Später ließ ich mir erklären, dass diese Bewohner meist nur noch wegen der Touristen in ihren Wohnhöhlen blieben, weil sie längst erkannt hätten, dass dies einträglicher sei als in stillosen, aber komfortableren Fertighäusern zu wohnen. Zu modernen Häusern würde kein Tourist kommen und gegen Entgelt filmen, aber Höhlenbewohner in Tunesien – das sei was! Nun, ich konnte es dem Guten nicht ganz glauben, dass die restlichen paar Dutzend Familien nur wegen der Touristen in ihren traditionellen Behausungen geblieben waren, denn zumindest jene Familie, der ich einen Besuch abstatten konnte, hielt nicht die Hände für ein paar Millimes auf, die schien noch echt zu sein.

Vor uns lag jetzt noch eine Stunde Fahrt bis zur Oase Douz, einer zwar kleinen, aber wichtigen Oase. Wieder sahen wir nur Wüstenlandschaften, deren Aussehen – zumal gegen Abend – von besonderem Reiz war. Der Himmel färbte sich allmählich smaragdgrün, und die immer röter werdende Sonne tauchte das Gelb, Grau und Braun der Stein- und Geröllwüste in sanfte Mischfarben. Dann wurde die Fahrt beschwerlicher, denn nach 50 Kilometern hörte die geteerte schmale Straße auf und die wellige Piste begann. Als der Bus auf der Höhe des Chott-o-Tarfa war und sich immer mühsamer über die für einen Bus ziemlich gewagte Piste voranarbeitete, stand die Sonne bereits so tief, dass selbst die flachen Hügel bereits lange Schatten warfen. Die Oase Douz erreichten wir eine halbe Stunde vor dem endgültigen Sonnenuntergang.

Die Oase Kebili auf dem Weg nach Douz gleicht einem „Traum in der Sahara“.

Diese Oase ist für Wüstenfahrer wichtig, doch ist sie natürlich kein Ort, den man anfährt, um ihn als Tourist kennenzulernen. Auch wir hatten nicht die Absicht eines längeren Aufenthalts, obwohl es mich durchaus gereizt hätte ein paar Tage zu bleiben, zumal hier immer donnerstags ein interessanter Markt stattfindet und zu diesem Anlass gewöhnlich auch blau verschleierte Tuaregs kommen, deren Lager sonst weit ab von Douz liegen. Von besonderem Interesse dürften auch die im Frühjahr stattfindenden Kamelfeste sein, auf denen Kamelrennen und Reiterspiele durchgeführt und einheimische Tänze dargeboten werden.

Der Bus hielt auf einem weiten sandigen Hof. Wie ich sehen konnte, wurden wir bereits von Wüstensöhnen mit ihren geduldigen Kamelen erwartet, die uns winkend und mit Handschlag begrüßten. Nun also stand uns der offerierte Wüstenritt per Kamel tatsächlich bevor, ein Ereignis, dem ich zu gern entgegensah, während besonders ein paar ältere Damen angesichts dieser für sie fremdartigen Situation auf einmal zu zögern begannen, denn ihnen schienen die Kamele plötzlich doch größer und dreckiger als erwartet zu sein und außerdem kamen ihnen die Kameltreiber – alles drahtige dunkle Burschen in langen Gewändern und bunten Kopftüchern – nicht ganz geheuer vor. Zudem wurden für den Ritt fast zwei Stunden veranschlagt. Schließlich wurde nicht nur ängstlichen alten Damen, sondern auch zögernden jungen Leuten angeboten hier in Douz zu bleiben, denn morgen früh würde der Trupp ohnedies wieder hierher zurückkommen. Tatsächlich verzichtete mindestens ein Viertel der „Abenteurer" auf den abendlichen – und schon bezahlten – Ritt in die Wüste. Wozu hatten diese Leute die Tour eigentlich gebucht?

Es wurden diejenigen, die bei ihrem Vorhaben bleiben wollten – so auch ich – von geübten Kameltreibern in bereitgehaltene Saharatücher gedreht, deren Rot so recht etwas für Farbkameras war. Unsere Köpfe wurden mit einem Tuch eingewickelt, so dass wir von den Einheimischen kaum mehr zu unterscheiden waren. Durch diese Ankleideaktion waren wir nun erst recht auf unser Wüstenabenteuer gespannt, und jeder mochte wohl in diesem Moment an seine Karl-May-Bücher gedacht und nun endlich die Erfüllung seines Jugendtraumes „Durch die Wüste" in greifbarer Nähe gesehen haben. Ich gebe gern zu, dass ich mich sehr zu freuen begann, denn auch ich war einmal Karl-May-Fan – und bin es vielleicht auch heute noch.

Als die Gruppe eingekleidet war, hieß es die liegenden Kamele zu besteigen, was dank bereitgestellter Treppchen kein Problem war. Was jetzt aber allenthalben zu hören war, waren aufgeregte erstaunte A- und O-Rufe, denn die Kamele nahmen beim Aufstehen natürlich keine Rücksicht darauf, dass es sich bei ihren Frachtstücken um ungelenke Europäer handelte. Sie standen so ruckartig wie immer auf, also erst mit den Hinterbeinen, wodurch man ziemlich unsanft nach vorn gestoßen wird, dann mit den Vorderbeinen – und dies auch nicht gerade auf die sanfteste Art. Nun saßen wir also hoch zu Kamel! Das ist wirklich höher, als man denkt, denn auf den nebenher laufenden Begleiter muss man tief hinunterschauen.

Unser Ritt ging der untergehenden Sonne entgegen durch ein Gelände, das keine unterhaltenen Wege mehr kennt. Bald bog unsere Karawane um ein paar hohe Sanddünen herum und die Palmenoase Douz war unseren Blicken entzogen. Vor und hinter uns, rechts und links neben uns jetzt nur noch Sahara: Geröll, Staub und frisch hingewehte zwei Meter hohe Sanddünen. Am Horizont ging eine rote Sonne unter, der Himmel war blaugrün, der Halbmond schien und die ersten Sterne funkelten, es war windstill. Wir hörten jetzt nur noch das watteweiche Auftreten der Kamele im Sand und die kurzen unverständlichen Kommandos der Treiber.

Wir waren eine halbe Stunde unterwegs, als bereits die ersten mutigen Wüstenreiter anfingen über Kreuz- und Gesäßschmerzen zu jammern und lauthals zu erkennen gaben, dass hoffentlich bald das Ziel erreicht sein möge. Inzwischen war die Sonne unter den Horizont getaucht, so dass es nun schnell dunkel wurde, denn die Dämmerung dauert hier nicht längr als vielleicht zwanzig Minuten. Die Treiber zündeten ihre mitgeführten hellen Laternen an und erleuchteten somit die ganze Karawanenszene, die abenteuerlicher fast nicht mehr aussehen konnte. Weiter ging der Zug, dies natürlich ohne Rücksicht auf ein paar winselnde Leute mit wundgescheuertem Hintern.

Nach zwei Stunden war unser Ziel erreicht: eine unbewohnte winzige Oase inmitten einer unendlichen Sahara. Wir waren also an jener Stelle angekommen, die uns „Hotel“ für eine Nacht unter freiem Himmel sein sollte. Als es nach der Ankunft hieß, dass sich jeder eine Matratze und ein paar Decken von einem großen Haufen nehmen könne, schauten sich die meisten ziemlich verdutzt an, denn man hatte doch zumindest Liege- oder Schlafsessel erwartet! Aber nein, heute musste tatsächlich auf dem sandigen Boden geschlafen werden und dies möglichst gut, weil uns für morgen ja noch ein weiterer Wüstentag bevorstand. Ich griff, was ich für notwendig hielt und verkrümelte mich ziemlich weit in der Oase, fand schließlich einen geeigneten Platz und „richtete mich ein".

Bevor das allgemeine Schnarchen begann, gab es in der Nähe des Matratzen- und Deckenhaufens noch einen kleinen Umtrunk. Uns wurde – gegen Bezahlung natürlich – ein wohlschmeckender kühler Landeswein in Steinkrügen gereicht, so dass sich binnen kurzer Zeit die Stimmung lockerte und ein paar Leute sogar Mut zum Singen bekamen. Dass den älteren schweizer Damen ausgerechnet hier in Tunesien die Melodie eines bekannten israelischen Volksliedes einfiel, war einigen Teilnehmern doch ziemlich peinlich. Den uns begleitenden Tunesiern muss es den Magen herumgedreht haben, aber die ertrugen diese Dummheit tapfer – Geschäft ist Geschäft!

Nach diesem Umtrunk, der eine Stunde dauerte, verkrümelten sich nach und nach alle in ihre selbstgewählten Verstecke unter Palmen, Sträuchern oder auch etwas außerhalb der Oase zwischen Sanddünen. Da es inzwischen recht frisch geworden war, holte ich mir vorsichtshalber noch eine weitere Decke, wohl wissend, dass weder Matratzen noch Decken in hygienisch einwandfreiem Zustand sein konnten. Doch die Müdigkeit aufgrund der Anstrengungen dieses ereignisreichen langen Tages verhalf mir bald zu einem festen Schlaf. Bevor ich aber endgültig meinen Geist für heute aufgab, besah ich mir noch lange den herrlichen klaren Nachthimmel, der mit weißem Halbmond und unglaublich hellen Sternen durch das Dach der leise im Wind wedelnden Palmen schien. Besonders diese Nachtszene ist mir bestens in Erinnerung geblieben.

Die ersten Teilnehmer standen bereits vor Sonnenaufgang auf, und zwar jene, die sich schon gestern vorgenommen hatten, den heutigen Sonnenaufgang zu erleben beziehungsweise zu filmen. Da war ich natürlich mit von der Partie, zumal ich mich einigermaßen ausgeschlafen fühlte und bestrebt war, auf dieser Tour ebenfalls so viel Natur wie möglich zu ergattern. Dann ging sie auf, die rote klare Sonne, die – so prächtig und harmlos sie auch zunächst wirkte – wieder einen heißen Wüstentag ankündigte.

Als alle „Abenteurer“ wieder beisammen waren und einen mehr oder weniger ausgeschlafenen Eindruck machten, richteten die beiden unermüdlichen Begleiter und ein hier allein lebender Schwarzer das Frühstück her, wovon der Tee noch das Beste war, denn in Flüssigkeit kann sich ja der feine Wüstensand absetzen, nicht aber in Brot und Aufstrich. Es gab tatsächlich nichts zu beißen, was nicht mit Sand durchsetzt gewesen wäre, gewiss ein Nachteil, aber der Fremdenführer versuchte die nörgelnden Gäste dahingehend zu trösten, dass Sand zwischen den Zähnen zu einer richtigen Saharatour einfach gehöre, nur glauben wollten das die „Abenteurer“ nicht.

Zurück

Nach dem sandigen Frühstück wurde zum Aufbruch geblasen, doch diesmal wurden den Hinterteilgeschädigten keine schaukelnden Kamele mehr zugemutet, sondern klapprige Jeeps, die gegen 7 Uhr eintrafen, um uns abzuholen. Die nun folgende Fahrt zwischen den Sanddünen, über beängstigend hohe Buckel und durch ein steiniges Wadi war alles andere als ein Vergnügen, denn die Fahrer – von Natur aus sowieso schon wilde Kerle – nahmen natürlich auf niemanden Rücksicht. Die fuhren stur durch, auch wenn geflucht wurde und sich so mancher seinen Kopf oben anstieß. Es musste deshalb flott gefahren werden, weil bei zu langsamer Fahrt die Gefahr des Steckenbleibens groß war. Nach einer Dreiviertelstunde sahen wir endlich die Palmen der Oase Douz wieder. Die schmerzenden Stellen am Hinterteil so mancher Teilnehmer und die Mückenstiche der vergangenen Nacht waren bald wieder vergessen.

Nun waren wir wieder Bus-Touristen und labten uns erst einmal an restlichen Colas, die dem Fahrer fast gierig aus den Händen gerissen wurden. Auf der Fahrt zurück nach Sousse machten wir bei einem deutschen Soldatenfriedhof mitten in der Wüste Halt, ein etwas überraschender Programmpunkt, den ich aber für sehr angebracht hielt. Warum sollen deutsche Wohlstandstouristen von heute – wenn sie sich schon mal in Nordafrika aufhalten – denn nicht daran erinnert werden, dass auch hier der Zweite Weltkrieg tobte und Tausende dabei ihr Leben ließen!? Sehr beschämend war aber, dass sich nur ganze fünf Teilnehmer dazu bequemten, den Bus zu verlassen, um sich die leider nur notdürftig unterhaltene Anlage beziehungsweise die Gräber der Müllers und Schulzes aus der Nähe anzuschauen.

Nur ein paar Busminuten weiter hielten wir abermals vor einem Soldatenfriedhof, doch diesmal war es ein englischer, dessen Besuch sich schon allein des interessanten Vergleiches wegen mit dem deutschen Friedhof gelohnt hatte. Hier standen die marmornen Grabsteine nicht – wie auf dem deutschen Friedhof – in unordentlicher Reihe, hier säumten sogar beschnittene Laubbäume das große Rechteck und man schritt über einen teppichweichen gepflegten Rasen. Offensichtlich hatten die Engländer schon seinerzeit die Erlaubnis der tunesischen Behörden, hier ihre Friedhöfe zu unterhalten. Ich traute aber meinen Augen nicht, als sich nur zwei der Mitreisenden auf den Weg machten, sich auch diesen englischen Friedhof mit eigenen Füßen zu erlaufen. O diese Wohlstandsverwöhnten!

Irgendwo zwischen Douz und Gabès gibt es einen Flecken, den ich mit zu den angenehmsten in Südtunesien zählen möchte, nämlich eine Oase mit einem Süßwasserschwimmbecken! Wie uns erklärt wurde, hatten vor zwanzig Jahren die Franzosen die glänzende Idee, hier ein kleines Freibad zu bauen, das heute nur wüstengeplagten Touristen zugänglich ist, weshalb es sauber gehalten und bewacht wird. Ich kann mich nicht erinnern, woanders jemals ein köstlicheres Bad genommen zu haben als hier!

Von der Weiterfahrt nach Gabès, wo ein letzter Stopp eingelegt werden sollte, wollten wir zunächst gar nichts hören, denn dieses prickelnde kühle Wasser ließ uns kaum mehr los. Doch es musste sein, denn auch die Begleiter wollten Schluss machen. In Gabès, das wir nach langer Fahrt durch unwirkliches Halbwüstengelände wohlbehalten erreichten, sprangen wir abermals ins Wasser, aber welch ein Unterschied! Hier war das Wasser wieder warm und salzig, doch für uns durchgeschwitzte Touristen war's eine Wohltat.

Als man zur Weiterfahrt aufgerief und alle im Bus wieder ihre Plätze eingenommen hatten, wollte uns das Schicksal einen Streich spielen. Der Fahrer hatte nämlich zu wenig Gas gegeben, so dass sich die Antriebsräder durchdrehten, und im Nu versackte der schwere Bus im Sand und rührte sich keinen Millimeter mehr von der Stelle. Wir mussten den Bus verlassen und versuchten es zunächst einmal mit Schieben, aber da war absolut nichts zu machen. Nun trat unser schmächtiger Fremdenführer zusammen mit dem bereits im Schweiße stehenden Fahrer in Aktion, man entledigte sich seiner Hemden und begann eine wilde Schaufelei. Es boten sich zwar zögernd ein paar Leute zum Mitarbeiten an, aber es gab keine dritte Schaufel! Rasch zur Stelle war plötzlich ein ganzes Rudel junger Burschen, die – bewaffnet mit breiten Sandschaufeln – sich kräftig ins Zeug legten und den Bus binnen einer halben Stunde wieder flott hatten.

Auf der Fahrt in Richtung Norden, die wir nach einem bescheidenen Würstchenmittagessen am Strand kurz nach Mittag antraten, machten wir noch einmal Halt, und zwar nahe einer 50 Tiere umfassenden Kamelherde, die sich auf einem Rastplatz um einen Brunnen herum versammelt hatte. Dieses ungemein orientalische Bild – Kamele, Treiber, Wüste, Brunnen – gefiel jedem, zumal der Führer meinte, dass man so große Herden hier und heute nur noch selten antreffen könne.

Dann wurde zur endgültig letzten Etappe angesetzt: zur Fahrt zurück nach Sousse. Wir erreichten am Nachmittag unser Zuhause, ohne dass uns unterwegs noch etwas Erwähnenswertes begegnet wäre. Aber es war jetzt in der Küstenregion wieder angenehmer, weil nicht mehr ganz so heiß wie im Landesinnern um diese Jahreszeit und – je weiter wir gen Norden fuhren – desto grüner wurde die Landschaft, umso mehr steinige sandige Wüste ließen wir hinter uns. Als Sousse erreicht war, wusste ich, dass ich ein wichtiges interessantes Stück Tunesien erlebt hatte. Eben weil dieses bescheidene Unternehmen mir so viel Freude machte und ich nicht enttäuscht war, sondern meine Erwartungen teilweise noch übertroffen wurden, hatte ich mir vorgenommen, es nicht bei diesem ersten Besuch der Großen Wüste bleiben zu lassen.

Nun hatten wir uns also wieder. Hilde und die beiden Kinder waren noch um einen Ton brauner geworden, ansonsten war alles noch beim Alten. Die Mahlzeiten gab es pünktlich, das Schlafen war wegen des verdammten Straßenlärms immer noch ein Problem – wie ruhig war doch die Wüstennacht! – und das Wasser erfrischend wie gewohnt.

Der letzte Abend vor der Rückreise brach an, für das Bedienungspersonal wieder Anlass, ihren Gästen eine besondere Aufmerksamkeit zukommen zu lassen. So war heute Abend auch unser Tisch mit großen Phantasieblumen aus Serviettenpapier geschmückt und bedient wurden wir heute doppelt aufmerksam. Am Ende dieses festlichen Essens wurde ich zwar meinen letzten tunesischen Dinar los – damals noch sieben Mark und für die Leute hier viel Geld –, aber ich glaubte, das dies gerechtfertigt war, man war nämlich stets aufmerksam, freundlich und – sogar ehrlich, oder täuschten wir uns?

Der nächste Morgen war unser letzter in Tunesien, in einem Land, das wir gern besucht hatten und in welchem ich Geschmack an „Morgenländern" bekam. Die für uns zuständige deutsche Reiseleiterin hakte im Bus die Liste der Rückreisenden ab und gab dann das Zeichen für die lange Fahrt nach Tunis. Auch diesmal hielt der Bus unterwegs, denn den heutigen Rückreisetermin mussten noch weitere Fluggäste in Hammamet wahrnehmen, die – alle braungebrannt und gut aufgelegt – bereits mit ihrem Gepäck in den Empfangshallen der Hotels warteten. Ich hatte den Eindruck, als wären die meisten heilfroh, jetzt endlich diesem heißen Flecken Erde wieder zu entkommen.

Die Abfertigung am Flughafen bestand nur aus dem eher blinden Abstempeln der Pässe und der Routinefrage, ob wir noch tunesisches Geld bei uns hätten. Aber das hatte, soweit ich sehen konnte, niemand mehr, so dass alle Rückreisepassagiere sich binnen kürzester Zeit wieder hinter der Zollbarriere befanden und jetzt nur noch darauf warteten, hinüber zur startklaren Maschine der Bavaria gehen zu können. Auf dem Weg von der Halle zum Flugzeug strahlte ein letztes Mal die tunesische Sonne auf uns herab, die uns täglich von morgens bis abends treu geblieben war. Als wir unsere Plätze in der zweiten Reihe vorn eingenommen hatten, freuten wir uns zwar auf die Rückreise und auf unser Zuhause in München-Ramersdorf, doch bedeutete dies auch das Ende von zwei erlebnisreichen Sonnenwochen.

Wenig später hatte sich die Boeing 727 in den stahlblauen Himmel gestoßen und direkten Kurs auf München genommen. Wir konnten nur noch einmal kurz etwas Tunesien aus der Luft betrachten, denn nach dem Start hatten wir bereits das weite Mittelmeer und allmählich beginnende Bewölkung unter uns, die bald jede Sicht nahm. Sizilien konnten wir diesmal leider nicht sehen. Der Flug über der jetzt dichten Wolkendecke war angenehm ruhig, doch spürten wir über den Alpen, dass sich Turbulenzen einstellten, die uns nicht gefallen wollten. Der Kapitän drosselte schließlich die Geschwindigkeit, um besser manövrieren zu können und meldete, dass er auf der Alpennordseite durch ein starkes Gewitterfeld müsse und darum bitte, dass sich jeder anschnallen solle. Das, was jetzt auf uns zukam, war kein Vergnügen, sondern eine verdammt unangenehme Schaukelei in dunkelgrauer Gewitterumgebung. Als nach langen Minuten endlich die Wolkendecke wieder aufriss, sahen wir bereits die ersten deutschen Ortschaften unter uns: nass, ohne Sonne, aber wohltuend grün.

Wir waren wieder zuhause und bereuen es bis auf den heutigen Tag nicht, diese Reise in ein freundliches orientalisches Land unternommen zu haben. Ich glaube nicht, dass ich der Einzige war, der sich vorgenommen hatte, Nordafrika abermals zu besuchen.

2. Kapitel
AGYPTEN

Zeitgenossen, die sich aus guten Gründen den Abenteuerreisen verschrieben haben, verbinden mit ihren Erinnerungen – sofern sie in Ägypten waren – überwiegend Angenehmes, während der gestriegelte Bürger unserer Breiten bei seinen Rückblicken eher eine Gänsehaut bekommt. Dass dies so ist, liegt an Ägypten selbst, zählt man es doch zu den orientalischsten Ländern überhaupt, jedenfalls wusste dies unser kundiger Fremdenführer zu berichten. Nachdem ich mich mittlerweile auch im Maghrebland Marokko ausgiebig umgeschaut hatte und inzwischen drei große Asienreisen mein Eigen nennen kann, weiß ich, dass es noch Orientalischeres auf dieser schönen Welt gibt als Ägypten.

Rückblickend ist mir heute klar, dass es dieses Land verdient intensiv bereist zu werden. Mir blieben damals leider nur ganze vier Tage für Ägypten, eine viel zu kurze Zeit, die es mir lediglich erlaubte, eben mal „Guten Tag, du Land am Nil" zu sagen. Was dort nämlich an Historischem, Landschaftlichem und auch Menschlichem geboten wird, übersteigt oft selbst das Vorstellungsvermögen orienterfahrener Leute – sofern sie das Land am Nil noch nicht kennen. Ich darf mich heute zu den „fortgeschrittenen" Reisenden zählen und weiß daher, dass ich damals – im November 1974 – sehr viel versäumt hatte. Deshalb stand für mich fest, dass ich dieses faszinierende Land später noch mehrmals für längere Zeit bereisen würde. Am Ende stand gar ein aufwendiges Ägyptenbuch mit dem Titel „Herr der Götter". Die im Folgenden beschriebene Tour war also eine „Einstiegsdroge".

Entgegen meiner Gepflogenheiten in späteren Jahren hatte ich mich – um nach Kairo zu gelangen – einem Reisebüro im fernen Stuttgart anvertraut, das mich mit einem heute phantastisch anmutenden Angebot lockte, nämlich mit einer Flugreise inklusive drei Übernachtungen und Frühstück, Visagebühr und Einzelzimmerzuschlag für genau 360,50 DM. Konnte oder durfte ich da abseits stehen? In dieser bedauerlich kurzen Zeit konnte sich mir Ägypten natürlich nicht erschließen, aber dennoch durfte ich von der Riesenstadt Kairo, den uralten Pyramiden und den Menschen dort viele unvergessliche Eindrücke mit nachhause nehmen.

Die Anzeige in der Süddeutschen war zwar alles andere als protzig, und dennoch fiel sie mir auf, war doch mein Blick beim Einführungspreis von ganzen 308 DM für eine 4-tägige Flugreise nach Kairo hängen geblieben. Hinzu kamen noch ein paar unumgängliche Nebenkosten für Visum, Einzelzimmer, Porto und fakultative Ausflüge, doch standen unterm Strich tatsächlich nur die bereits genannten 360,50 DM. Ohne das große Rechnen anzufangen, entschied ich mich spontan für die Anmeldung, deren computergeschriebene Bestätigung mich mit Datum vom 13. August 1974 auch schon bald erreichte.

Dass es sich sozusagen um eine Pionierreise ins Land der Pharaonen, Pyramiden, Kamele und des Nils handelte, machte für mich diesen Abstecher umso reizvoller, denn das Wüstengemetzel des Yom-Kippur-Krieges war ja erst seit einem Jahr beendet. Ägypten hatte sich dem westlichen Tourismus gerade erst wieder geöffnet, so dass sich die Teilnehmer an dieser Einführungsreise insofern durchaus als Pioniere fühlen durften. Deshalb war es auch nicht ganz einfach, diese Reiseidee zuhause anzubringen, denn wie abwegig war's doch, jetzt nach Ägypten zu reisen, wo der Krieg tobt, sich Abertausend Russen tummeln und heute alles so sozialistisch ist!

Aber auch Ägypten war schon zu dieser Zeit ganz anders, als bei uns angenommen wurde. Sicher, die Russen waren in der Tat nicht zu übersehen und überall, wo es strategisch wichtig erschien, patrollierten Bewaffnete, doch es überwogen die positiven Eindrücke – jedenfalls für mich. Ägypten zeigte sich freundlich, nicht aufdringlich und oftmals von fast peinlicher Liebenswürdigkeit. Ich glaubte bei vielen Gelegenheiten zu spüren, dass sich dieses Nilvolk ganz bewusst um westliche Freunde bemühte, um somit einen immer größeren Abstand zu den ungeliebten russischen Friedensbringern zu gewinnen. Bekanntlich gipfelte diese Freundschaft kurze Zeit später ja auch in dem aufsehenerregenden Rausschmiss aller Russen.

Als ich den Rechnungspreis nach Stuttgart überwiesen hatte, fühlte ich mich keineswegs ärmer, ahnte ich doch schon vor Reiseantritt, dass diese Tour in Wirklichkeit gut und gern den doppelten Preis wert werden könnte. Dass dies tatsächlich auch der Fall war, darf ich an dieser Stelle vorwegnehmen, denn die Hetzel KG ist in ihren Kalkulationen für spätere Reisen in dieses Land offensichtlich von der gleichen Überlegung ausgegangen;

denn nur wenige Wochen vergingen und der Pauschalpreis hatte sich beim über Zweifachen eingependelt.

Entweder die Reisebüroleute in Stuttgart waren besonders flink, oder ich war schneller als alle anderen Interessenten, denn die Flugtickets Stuttgart – Kairo – Stuttgart nebst Hotelbestätigung trugen tatsächlich die laufende Nummer 1. Der Hinflug war für den 18. November 1974 und der Rückflug für den 21. November 1974 vorgesehen. Das ausgesuchte und gebuchte Hotel trug den stolzen Namen Cosmopolitan, in welchem für mich ein Einzelzimmer mit Dusche/Bad laut Anmeldebestätigung reserviert war. Was mir zu tun blieb, war lediglich die Autofahrt nach Stuttgart zu meistern und dort für Unterkunft zu sorgen.

Der Start war für morgens 7 Uhr vorgesehen, ein normalerweise günstiger Zeitpunkt für einen Abflug nach Nordafrika, doch für aus München anreisende Touristen eher eine unangenehme Sache, zumal es hieß, dass man sich spätestens um sechs Uhr morgens am Abfertigungsschalter einzufinden hätte. Da von München nach Stuttgart mit einer Fahrzeit von drei Stunden gerechnet werden muss, hätte das für mich bedeutet, bereits morgens gegen drei fahren zu müssen. Dies wollte ich mir aber nun doch nicht zumuten, weshalb ich entschied, bereits am Vorabend anzureisen.

Es war der 17. November 1974, als es mir gelang, mich eine Stunde vor dem offiziellen Dienstschluss aus meinem Büro in München herauszustehlen, um möglichst noch bei Tageslicht die Autoreise antreten zu können. Ich hatte schon am Vorabend der Abreise meinen schwarzen Flugkoffer mit dem Notwendigsten gefüllt und nicht vergessen, mir auch etwas Reiseproviant einzustecken.

Fahrt von München über die Autobahn nach Stuttgart. Das Wetter war gut, wenn auch der Himmel stark bewölkt war, doch es regnete nicht, und es wehte kein unangenehmer Wind. Zunächst ging's flott voran – etwa bis Kirchheim, doch ab hier war die E11 ein Graus, denn ich geriet in einen Stau und hatte das zweifelhafte Vergnügen, mindestens eine Dreiviertelstunde lang gestanden zu haben. Über mir donnerten bereits gestartete Maschinen, so dass ich wenigstens wusste, dass der Stuttgarter Flugplatz nicht mehr allzu weit entfernt sein konnte. Nach einer Stunde entschied ich mich für die Ausfahrt Neuhausen, um mir irgendwo südlich des Flugplatzes eine Bleibe für die kommende Nacht zu suchen.

Bereits nach wenigen Kilometern und weit genug vom lärmenden Flugplatz entfernt durchfuhr ich irgendein Dorf, in dessen einziger Gaststätte mir ein preiswertes Dachzimmer angeboten wurde. So angenehm und sauber es hier auch war, so mies war der Besitzer: ein dickbäuchiger mürrischer Jugoslawe, der auffallend großen Wert darauf legte, die 18 Mark für eine Übernachtung sofort in die Hand zu bekommen. Dass er sich nicht dazu bereiterklärte, mich morgen früh fünf Uhr zu wecken, hatte mich dann auch nicht mehr überrascht, doch gab er mir immerhin einen Wecker und den Hausschlüssel, den ich morgen früh nach Gebrauch an einer bestimmten Stelle in Türnähe zu deponieren hatte.

Nun ging es mir um die Parkplatzsuche in unmittelbarer Flugplatznähe und entschied, noch zu später Stunde eine Fahrt zum Flughafen zu unternehmen. Flugplatzeigene Parkplätze zu finden, war hier angesichts der ausgezeichneten Beschilderung natürlich kein Problem. Als ich jedoch die Parkgebühren pro Tag erfuhr und mit vier multiplizierte, war ich sauer und sah eine gewisse finanzielle Schwierigkeit auf mich zukommen. Ich durchfuhr deshalb die Flugplatzumgebung, doch da war nichts zu machen, weil ich keine Straße ohne Parkverbotsschilder entdeckte. Mit Groll im Magen fuhr ich nochmals zum Flugplatzgelände zurück, dies in der verzweifelten Absicht, nun doch so einen teuren Parkplatz für die kommenden Tage zu mieten. Was ich kaum zu hoffen wagte, trat gottseidank ein, denn durch Zufall geriet ich auf den Kundenparkplatz des Flughafenpostamts, der tatsächlich keine Verbotsschilder aufwies und sicherlich auch morgen früh noch unbelegt sein würde.

Erleichtert, aber sehr müde kehrte ich gegen 23 Uhr in meine Bleibe zurück und schlürfte noch ein kleines Bier, bevor ich mich ins durchgehangene viel zu weiche Bett fallen ließ. An einen festen Schlaf war jedoch nicht zu denken, denn erst nach 24 Uhr stellte man unten die verdammte Musikbox ab, so dass ich's nur mit ein paar Schlummertropfen schaffte, endlich den verdienten Schlaf zu finden.

Der alte Wecker funktionierte am nächsten Morgen tatsächlich. Er riss mich brutal aus tiefstem Schlaf, so dass ich mich zunächst überhaupt nicht orientieren konnte. Doch die Wirklichkeit hatte ich bald wieder im Griff, spätestens in dem Moment, als die erste Maschine übers Dorf donnerte. Aufstehen, eiskalt waschen und Sachen ordnen – das war ein Aufwand von weniger als zehn Minuten, denn nun drängte es mich zum Flugplatz, auf dem ich ja noch Einiges in Zusammenhang mit der Abfertigung zu erledigen hatte. Nachdem ich meinen Parkplatz auf dem Bundespostgelände wiedergefunden und erleichtert gesehen hatte, dass es noch genügend freie Parkplätze gab, verschloss ich meinen alten Käfer und nahm von ihm für vier Tage Abschied, hoffend, ihn intakt nach der Rückkehr aus Kairo wieder vorzufinden.

Erst jetzt nach dem Betreten der bescheidenen Abfertigungshalle (Stuttgarts Flughafen ist einige Nummern kleiner als beispielsweise der Frankfurter oder Münchner) spürte ich das schöne Gefühl, am Beginn einer großen Reise zu stehen, einer Ägyptenreise, die man eigentlich nur einmal im Leben macht. Der eigens für Hetzel-Reisen eingerichtete Schalter war von zwei Hetzel-Hostessen bereits besetzt, ich war der Fünfte in der noch kurzen Schlange.

Doch dann füllte sich der kleine Vorraum mit Kairo-Reisenden, so dass die beiden Hübschen alsbald damit beginnen mussten, Passagiernamen auf Listen mit vorgelegten Condor-Tickets zu vergleichen. Meine Passagiernummer 0158039 07 wurde schnell gefunden und das kleine Gepäckstück war rasch vermerkt, so dass ich binnen einer halben Stunde nach Ankunft schon abgefertigt und stolzer Besitzer des Boarding Passes war, der auswies, dass ich in der 23. Reihe auf Sitz A, also an einem Fenster, Platz nehmen konnte.

Da bis zum Abflug noch Zeit blieb, genehmigte ich mir zwei Tassen guten Bohnenkaffee, der mir trotz des horrenden Preises aber ausgezeichnet bekam. Wie immer, wenn ich auf Flugplätzen warten muss, genoss ich auch hier den Anblick der willkürlich zustandegekommenen Reisegruppe, einen bunten Haufen verschiedner Typen, angefangen bei dickbäuchigen Kegelbrüdern, die schon jetzt ihre bierfreudige Laune zum Besten gaben, über gestriegelte Snobs nebst ihren aufgetakelten Bienchen bis hin zu älteren Damen „Marke Studienrätin“, die selbstverständlich nur der Bildung wegen diese Reise an den Nil unternehmen wollten.

Endlich dreifacher Gong und höflicher Aufruf für die Passagiere nach Kairo! Wie sich das für mich anhörte, denn ich gebe zu, nun gespannt auf das jetzt vor mir liegende kurze Ägyptenabenteuer gewesen zu sein. Dass der hiesige Flughafen nicht mit jenem Monstrum in Frankfurt verglichen werden kann, zeigte sich bereits nach dem Verlassen der Halle, denn hier wartete kein Bus, der die Passagiere zum Flugzeug gefahren hätte, sondern das musste schon jeder selbst per pedes tun. Doch das war zumutbar, denn die wartende Boeing 727 der Condor war bereits nach weniger als 50 Metern erreicht.

Säuselige Musik, freundliche Stewardessen, nicht immer auf Anhieb auffindbare Plätze und das Organisieren von irgendwelchem Lesematerial – das ist das übliche Drumherum nach dem Betreten eines Flugzeuges natürlich auch hier in Stuttgart. Der Unterschied zu Linienflügen bestand lediglich darin, dass sich offensichtlich viele Leute heute zum ersten Mal einem Flugzeug anvertrauten, denn ohne Hilfe auch seitens einsichtiger Mitreisender und des Personals wäre so mancher nicht zurechtgekommen.

Neben mir kramte ein scheinbar gelangweilter Mann in der Ablagetasche herum, fingerte nach der Flugstreckenkarte und begann genüsslich einen Fehler nach dem anderen mit rotem Kugelschreiber anzustreichen. Was er damit bezwecken wolle – erlaubte ich mir schamlos zu fragen, denn mir kam das reichlich kauzig vor. Ohne sichtliche Verärgerung wies er mich freundlich, aber bestimmt darauf hin, dass ja schließlich irgendjemand den Rotstift zur Hand nehmen müsse, um die Schludereien zu markieren. Ich hatte es also mit einem etwas eigenbrötlerischen Menschen zu tun, der im Laufe der nächsten halben Stunde – und auch später in Kairo – alles tat, um sich auch als solcher immer wieder zu bestätigen.

Nach einer Viertelstunde war es dann soweit. Die schweren Außentüren der bis auf den letzten Platz gefüllten Maschine wurden ruckartig geschlossen, so dass es in den Ohren drückte, das Rauchen musste eingestellt werden, die Sitzlehnen wurden aufrecht gestellt und überall klickten die Schnallen der Gurte. Nach dem Erreichen der Startposition kurzer Halt, dann plötzliches Hineindrücken in die Sitze und schwerfälliges Abheben des randvollen Klippers Richtung Kairo. Einen Moment lang hatte ich das Gefühl, der Kapitän dieser Düsenmaschine müsste den Start abbrechen, um noch einmal einen etwas schnelleren Anlauf zu nehmen, aber er schaffte das Abheben in buchstäblich letzter Sekunde, denn im Moment des Lösens von der Piste sah ich auch schon die abgeernteten Felder unter uns.

Kaum hatte der Vogel seine vorgeschriebene Flughöhe von 8.000 Metern erreicht, begannen bereits die Stewardessen mit dem Servieren eines wohlschmeckenden und kräftigen Frühstücks, so eifrig, als hätten sie gewusst, dass die meisten noch immer nichts im Magen hatten. Zwischen frischen Brötchen, etwas Kartoffelsalat und einem kleinen Pudding – war das eigentlich ein deutsches Frühstück? – bemühte sich mein Sitznachbar darum, mir möglichst viel von seinen reichlich spitzfindigen Abenteuern in aller Welt zu erzählen, und manchmal senkte sich sogar seine Stimme wenn er glaubte, mir ein kleines Geheimnis anzuvertrauen. So verriet er mir, wie man ungesehen in verbotene Räume des Vatikans gelangen könne und enthüllte Tricks, trotz hermetischer Abriegelung ins von China okkupierte Tibet zu kommen. Dass ich seine Geschichten nicht so recht glauben wollte, schien ihm aber keineswegs zu kränken.

Vor uns lagen nun vier Stunden Flug bis Kairo und – so klärte der Kapitän seine Gäste weiter auf – alles sei in bester Ordnung, die Flugroute gehe über Graz, Zagreb und Athen, dann sollte der große Sprung übers östliche Mittelmeer direkt bis Kairo erfolgen. Unter uns breitete sich so weit das Auge reichte eine riesige watteweiche Wolkendecke aus, die vom tiefblauen Himmel mit superklarer Sonne überwölbt wurde – ein immer wieder faszinierender Anblick, obwohl Bilder dieser Art an sich keinerlei Abwechslung bieten. Nur dort, wo die Wolkendecke aufreißt, bekommt man das Gefühl, dass der Vogel auch tatsächlich fliegt, hoch über den Wolken muss man's einfach glauben.

Der Flug war ruhig, gottseidank nicht aufregend und sogar etwas erholsam, denn bald ertappte ich mich beim Einschlafen, tat mir deshalb auch keinen Zwang an und gab für eine halbe Stunde meinen müden Geist auf. Doch bald spürte ich wieder die kitzlige Aufregung in mir, wachte auf und bemühte mich, mir mit Zeitunglesen, Safttrinken, Toilettegehen und Herumspazieren die Zeit zu vertreiben. Etwa über der geographischen Mitte Jugoslawiens riss die bis dahin dichte Wolkendecke auf, und die aus dieser Höhe abenteuerlich aussehende Bergwelt des Balkan glitt wie ein gekonnt gemachter farbiger Naturfilm langsam unter uns hinweg. Auch über Südgriechenland war der Himmel frei, so dass uns ein weiter Blick über die grandiose griechische Inselwelt vergönnt war, bevor das offene tiefblaue Meer erreicht wurde.

Der Flug blieb auch über dem Mittelmeer ruhig. Nach einer halben Stunde nach Verlassen der letzten griechischen Inseln meldete sich wieder der

Kapitän, der uns mitteilte, dass nunmehr die nordafrikanische Küste unter uns läge und momentan die weite Bucht von El Alamein überflogen werde. Tatsächlich, denn dort unten konnte ich deutlich den scharfgeschnittenen Küstenbogen sehen, der das blaue Mittelmeer von den endlosen Weiten der Wüste trennt. So weit erkennbar, lockerte kein Grün das Sandgelb auf – nur Wüste! Hier unten also – bei El Alamein 120 Kilometer westlich von Alexandria – hatten im Glutsommer des Jahres 1942 die Engländer Rommels Offensive zum Stehen bringen können.

Soeben hatte der Kapitän gemeldet, dass er nun zum Landeanflug auf Kairo ansetze. Bevor jedoch die eigentliche Landung eingeleitet werden konnte, hatte es noch einer kleinen Geduldsprobe bedurft, denn vom Tower des Kairoer Flughafens war offensichtlich nicht sofort die Landegenehmigung erteilt worden. Der Kapitän steuerte seine Maschine nicht weniger als dreimal im Kreise herum, wobei er es freundlicherweise aber nicht unterließ, seine Gäste auf die großen Pyramiden von Gizeh aufmerksam zu machen, die – hart am Rande der Wüste stehend – von hier oben betrachtet einen geradezu mickrigen Eindruck machen. Weit ging der Blick auch über die langgestreckte gewundene Nil-Oase, also über jene drei Prozent des ägyptischen Territoriums, die heute von nicht weniger als 40 Millionen Menschen bewohnt werden. Das entspricht einer Einwohnerzahl von über 1.000 Menschen pro Quadratkilometer, in der Bundesrepublik teilen sich 230 Menschen einen Quadratkilometer. Nachdem es mir gelungen war, aus der Höhe ein paar Dias dieser rätselhaften Bauwerke aus uralten Zeiten zu schießen, erfolgte kurz darauf die Landung auf dem weit außerhalb der Stadt liegenden Flugplatz von Kairo.

Der erste Eindruck, den ich vom Land und von Kairo selbst aus der Flugzeugperspektive gewonnen hatte, war etwas enttäuschend, denn – abgesehen von der beinahe erschreckend schmalen Nil-Oase – erschien alles braun, gelb und schmutzig. Die 7-Millionen-Metropole Kairo kam mir vor wie ein riesiger breitgewalzter Flecken, dessen Farbe sich im Prinzip nicht von jener der nahen und weiteren Umgebung unterschied. Doch je tiefer geflogen wurde, desto klarer ließen sich Einzelheiten erkennen und – wenn man genau hinschaute – auch etwas Grün. Es bedurfte aber nur wenige Jahre und die Einwohnerzahl Kairos hatte sich verdoppelt. Allah sei Dank!

Kairo

Als die Maschine glatt aufgesetzt hatte, zeigte meine Uhr halb 12 unserer Zeit, ich musste sie hier um eine Stunde vorstellen, so dass ich nach lokaler Zeit also um halb ein Uhr angekommen war. Ein kurzer Rundblick genügte und mir war klar, dass Ägypten noch sehr unter den Kriegsfolgen zu leiden hatte: Zur Zeit unserer Ankunft war die Condor das einzige sich auf dem Platz befindliche Flugzeug. Der von den Israelis zerschossene Tower und das kleine Flughafengebäude waren noch umrüstet, überall patrollierten bewaffnete Soldaten, deren eher gelangweilten Blicken dennoch keine gezückte Kamera entging. In unserem Informationsblatt stand es schwarz auf weiß: „Fotografieren militärischen Geländes, wichtiger Gebäude, strategischer Anlagen – zum Beispiel Brücken – streng verboten!"

Also ließ ich meine Kamera in der Tasche und marschierte mit dem Pulk deutscher Ägypten-Besucher rüber zum Flughafengebäude, an dessen Eingang selbstverständlich ebenfalls ein paar mit alten Knarren bewaffnete Soldaten auf Posten standen. Auch der Innenraum war durch den Beschuss in Mitleidenschaft gezogen worden, auch hier drinnen war alles noch eingerüstet. Wir Neuangekommenen sahen, wie die einheimischen Handwerker es sich nur mühsam verkneifen konnten, uns ganz genau zu fixieren, als wären wir soeben von einem anderen Stern kommend hier gelandet.

Eilig darf man es in Ägypten wie auch in anderen orientalischen Ländern natürlich nicht haben, doch angesichts der knapp bemessenen Zeit kam es nicht nur mir darauf an, dass die Abfertigung möglichst schnell über die Bühne gehen würde. Aber bereits hier wurde uns das in diesem Land erstaunlich weit verbreitete deutsche Sprichwort „Eile mit Weile" vorgehalten – und zwar in unserer Sprache! Jetzt begannen erst einmal die ägyptischen Beamten mit ihrer Arbeit: einsammeln aller Reisepässe, die sich dann hinter einer schmutzigen Glasscheibe zu mehreren Stapeln auftürmten. Es wurde jede Passnummer einschließlich der Namen mit vorliegenden Passagierlisten verglichen, genüsslich abgehakt und Pass für Pass sorgfältig visiert. Parallel dazu musste jeder Passagier eine sogenannte „Deklaration D" ausfüllen, dies zum Schrecken der meisten Reisenden entweder in Englisch oder Arabisch. Der arabischen Sprache war zwar sowieso keiner mächtig, aber auch das Englische machte fast allen größere Schwierigkeiten, so dass ich mich zusammen mit ein paar Betreuern daran machte, möglichst vielen Unkundigen beim Ausfüllen der Deklaration behilflich zu sein. Nach über zwei Stunden war es endlich soweit: Die abgestempelten Pässe wurden wieder ausgeteilt und es hieß, dass jetzt der draußen wartende Bus bestiegen werden könne.

Während der Fahrt in Richtung Stadt im quietschneuen Mercedes-Bus wurden uns erste Eindrücke zuteil. Unser Reiseleiter, ein junger Mann mit viel Wissen und Humor, redete dankenswerterweise Klartext und bat uns, ab jetzt das Prospektdeutsch im Zusammenhang mit Ägypten möglichst zu vergessen. Er konnte uns angesichts dessen, was wir jetzt zu sehen bekamen, auch kaum etwas anderes sagen, denn was sich da bot, war schon Spitze: Hochhäuser, Hütten, Basare, Minarette, Busse, Taxis, Eselskarren, Bäckerbuben, Fahrräder, Menschen- und Automassen, Lärm – viel Lärm! Hupen sind hier dazu da, um permanent benutzt zu werden! Hoffnungslos überfüllte museumsreife Straßenbahnen und Busse haben Schlagseite. Riesige Gepäckstücke, Obst- und Gemüseschalen werden auf Köpfen balanciert. Karren bleiben in herausragenden oder auch versunkenen Straßenbahnschienen hängen. Teekocher verpesten die ohnehin schon muffige und verstaubte Luft noch mehr und unübersehbare Menschenmassen in meist heller Leinenkleidung quetschen sich durch die Straßen – wie im Augenblick auch unser Bus. In diesem Punkt hatte der Autor unserer Aufenthaltshinweise durchaus Recht, denn er schrieb lapidar, dass Kairo nichts für Schwachnervige und Erholungssuchende sei.

Nochmals wurde uns vom Reiseleiter ins Gedächtnis gerufen, dass der große Krieg mit Israel erst ein Jahr zurückliege, weshalb es an Farbe fehle und überhaupt alles noch improvisiert werde. Angesichts bewaffneter Patrouillen hämmerte er uns abermals ein, ja nichts Militärisches zu fotografieren, denn wenn man dabei erwischt werde, käme man mit Sicherheit bis zur Klärung erst einmal hinter Gitter, und das könne lange dauern! So manch älterem Weiberl, das mit teurer Kamera bewaffnet ja eigentlich nur zum Knipsen nach Ägypten geflogen war, dürfte der Groll hochgekommen sein, denn schließlich müssten doch den neidischen Verwandten und Nachbarn stolz die Bilder aus dem fernen Ägypten gezeigt werden! Und wer sagt denn einer in militärischen Dingen unwissenden Reisedame, was jetzt geknipst werden darf und was nicht? Ich selbst war unbesorgter und vertraute darauf, dass mir keine Uniform vor die Linse laufen würde.

Nach unserer reichlich abenteuerlichen Busfahrt durch hoffnungslos überfüllte Stadtstraßen, die erstaunlicherweise aber unfallfrei geblieben war, hielt der Bus schließlich mitten in der Stadt abseits großer Verkehrsstraßen vor einem heruntergekommenen Hotelkasten aus der Zeit um die Jahrhundertwende – unserem Hotel Cosmopolitan. Manche mögen so etwas und gewinnen der Tatsache, dass ein Bau außen keine Farbe mehr hat, dessen Balkone verrostet und Fenster- und Türrahmen angefault sind, noch eine romantische Seite ab. Der auf der breiten Eingangstreppe liegende rote Teppich befand sich seit sicherlich 20 Jahren schon an dieser Stelle, war abgetreten, wurde aber immer noch von jugendlichen Hilfskräften eifrig gebürstet. Aber das alles störte mich keineswegs, denn mir ging es nur darum, ein einigermaßen sauberes und ruhig gelegenes Zimmer zu bekommen.

Die kleine Empfangshalle hing voll vergilbter Fotografien, die bewiesen, dass hier schon vor 80 Jahren Gäste abgestiegen waren. Die spärlich vorhandenen Sitzgelegenheiten und sonstigen Möbel stammten wohl ebenfalls aus dieser Zeit, waren meist beschädigt oder überhaupt nicht mehr benutzbar. Die meisten Neuangekommenen hockten hier herum, blätterten in irgendwelchen Papieren und so mancher besah sich hier zum ersten Mal etwas genauer richtige Ägypter, die sich emsig um nicht erkennbare Jobs kümmerten, nur bei den Klinkenputzern wusste man, was deren Aufgabe war, die anderen legten Zeitungen von rechts nach links oder standen scheinbar ernst diskutierend in kleinen Gruppen beisammen.

Interessant waren für mich jene älteren Damen, die sich – orientunerfahren, wie sie waren – verstohlen herumlaufende „schwarze Ägypter“ besahen, die sie hier offensichtlich gar nicht erwartet hatten. Wenn man etwas genauer in diesen Bleichgesichtern las, so konnte man regelrecht sehen, was so mancher in sich hineindachte beim Anblick der ersten fremden Eindrücke: Die meisten rümpften innerlich die Nase, denn nicht jeder getragene Kaftan war sauber, die zwanzig Jahre alten Schuhe des Personals waren kaputt und nur jede dritte Deckenlampe funktionierte.

Es dauerte nicht lange, da fragte der erste in breitestem Schwäbisch, wann und wo es denn hier endlich ein anständiges Bier gebe, und ein anderer erlaubte sich den auffordernden Hinweis an die Herren hinter der Theke, dass man jetzt gefälligst mit der Zimmerverteilung beginnen solle – nur, niemand verstand hier Deutsch oder gar Schwäbisch! Endlich setzte sich unser Fremdenführer ein, rollte eine lange Computerliste aus und begann mit der Vergabe gebuchter Zimmer, während die dafür eigentlich zuständigen Ägypter sich mit gelangweiltem Zuschauen begnügten. Aber zunächst wurden die Doppelzimmer belegt, so dass die wenigen Einzelzimmer erst zum Schluss berücksichtigt wurden. Dass darüber hinaus die meterlange EDV-Liste alphabetisch geordnet war und nicht etwa nach Geburtsdaten, war für mich doppeltes Pech, denn schließlich steht „St“ ganz hinten. Als ich nach einer Stunde endlich an der Reihe war, stellte sich heraus, dass man für mich gar kein Einzelzimmer, sondern ein Doppelzimmer reserviert hatte. Aber jetzt wurde ich stur, denn das angebotene Zimmer wollte ich auf keinen Fall mit einem der Übriggebliebenen teilen. So bestand ich schließlich auf meinem bezahlten Einzelzimmer und erhielt es auch: Doppelzimmer solo im 3. Stock, Zimmer 302, Balkon zur Seitenstraße hin.

Ich war inzwischen müde geworden und ziemlich hungrig, als ich mir das Zimmer näher anschaute: sauberes uraltes Bett, alles andere erschreckend weit heruntergekommen, die Wände, Türen und Fensterrahmen hatten seit mindestens 20 Jahren keine Farbe mehr gesehen und das Bad musste für mich absolut tabu bleiben. Aus einer der beiden Leitungen rann zwar noch Wasser, aber unangenehm im Geruch, und die Wanne war, wie auch alle übrigen Installationen, verkrustet, verrostet beziehungsweise nicht benutzbar. Ich legte meine wenigen mitgebrachten Wäschestücke in einen bedenklich schief stehenden Schrank, versteckte im Zimmer vorsichtshalber ein paar teure Dia-Filme und verzehrte rasch drei noch frische deutsche Butterbrote – ein wahrer Genuss in Ägypten! –, bevor ich mich dazu entschloss, möglichst schnell in die Stadt zu gelangen.

Draußen war es zwar noch hell, aber dennoch raste der Zeiger auf die finstere Nacht zu, so dass mir nur wenig Zeit blieb, wenigstens den Sonnenuntergang am Nil noch heute Abend zu erleben. Als ich das Hotel verließ, blies mir ein leichter frischer Wind ins Gesicht, es war etwas bewölkt, und die Sonne stand bereits ziemlich tief.

Gegenüber dem Hotel befindet sich eine Schmiede, in der praktisch nur für Touristen des Hotels Cosmopolitan Messing und anderes Metall behämmert wird. Dass sogleich ein paar Jungs auf mich zukamen, um mir Handgetriebenes selbstverständlich zum halben Preis zu verkaufen, hatte ich aufgrund meiner Erfahrungen in Tunesien erwartet. Aber diese Burschen hier waren freundlich, weniger hartnäckig und verdrückten sich bald wieder, als sie verstanden hatten, dass ich nichts kaufen wollte. Der nächste kleine Ägypter wollte mir die Schuhe putzen, versuchte es auf Englisch, Russisch und Deutsch – doch meine Schuhe waren ja noch sauber. Auch er verschwand, ohne mir sichtlich böse gewesen zu sein.

Nun war ich also wieder mitten im arabischen Trubel, sah und fühlte orientalische Welt, die ich seit meinen Karl-May-Tagen liebe. Aber – das verschweige ich nie – sie ist bei Gott nicht jedermanns Sache, weil sie im Allgemeinen laut, oft schmutzig und auch hartnäckig ist – abgesehen davon, dass sie für uns geistig nur schwer zu verstehen ist. Natürlich habe ich auch heute noch Probleme mit dem Orient, weil es immer wieder Neues und Unverständliches zu verkraften gibt, aber es ist vermutlich gerade das, was mich nach einer gewissen Zeit der Enthaltsamkeit immer wieder erneut zu einer Orientreise motiviert. Dies auch der Menschen wegen, denn ich habe die Orientalen überwiegend als freundliche liebenswürdige Zeitgenossen kennengelernt. Mir kann man heute nichts mehr vormachen: Außerhalb unseres gestressten und computergesteuerten Mitteleuropas begegnen einem weit mehr freundliche Gesichter als hier. Auch das ist mit ein Grund dafür, warum ich so manche orientalische Unzulänglichkeit gern in Kauf nehme.

Ich glaube, dass für uns der Zugang zum Orient unter der Voraussetzung, dass man ihn auch finden will, grundsätzlich möglich ist. Warum sollte man nicht einmal die Schulter eines keuchenden Lastenträgers klopfen, dem Baby einer nubischen Mutter in die Wangen kneifen oder dem Schulmädchen ins Buch schauen, ohne auch nur eine Silbe des Arabischen zu verstehen. Man glaubt gar nicht, wie schnell und aufrichtig so der menschliche Kontakt zustande kommt; dass man dabei stets eine gewisse Vorsicht obwalten lassen muss, versteht sich von selbst.

Mich zog es unterdessen in Richtung untergehender Sonne, in Richtung Nil. Diese legendäre geheimnisvolle Lebensader Ägyptens – der Nil ist Ägypten! – war es, die ich heute noch unbedingt sehen und erleben wollte. Ich musste mich so rasch als möglich davon überzeugen, ob meine persönliche Gedankenwelt über den Nil als Lebensader dieses Landes mit der Wirklichkeit auch übereinstimmte. Ohne mich zu lange auf dem Tahrir-Platz, dem Zentrum der ägyptischen zig-Millionenstadt, aufgehalten zu haben, ging ich in jene Richtung, in der ich den Nil vermutete. Dass ich in der Stadt niemanden nach dem Nil fragen wollte, versteht sich, denn in Köln würde sich wohl auch kaum ein Besucher nach dem Rhein erkundigen.

Mich auf mein Gespür verlassend ging ich weiter, bis ich schneller als erwartet plötzlich den markanten Flusswassergeruch in der Nase hatte und dann sehr bald die ersten Segelspitzen der typischen Nilboote sah. Nun stand ich am Ufer dieses Stromes, der mir jetzt allerdings nicht mehr so riesig vorkam, wie ich ihn in der „Erinnerung" hatte, meine Vorstellung war also in dieser Hinsicht etwas wirklichkeitsfremd. Die Flussbreite kam mir eher wie die der Mosel, bestenfalls wie die des Rheins an der deutsch-französischen Grenze vor. Entschädigt wird der Besucher aber dennoch, denn der Fluss zeigt sich im Großen und Ganzen doch so, wie er in der Gedankenwelt der meisten existiert: Er fließt behäbig und trübe, und seine weiß besegelten Boote drücken ihm den markanten Nil-Stempel auf. In die richtige Stimmung kommt der Besucher am Abend, wenn im Westen die feuerrote Sonne untergeht und die zahlreichen Minarette der Moscheen und Palmen sich als schwarze Silhouetten vom bunten Abendhimmel abheben. Wer noch nicht ganz den Sinn für Naturschönheiten dieser Art verloren hat, setzt sich hier ans Ufer und schaut den Bootsführern zu, wie sie abends die Takelage ihrer Boote für die Nacht klarmachen und genießt so das Schauspiel eines zu Ende gehenden Tages.

Ich glaube, hier habe ich lange gesessen und weit ins Land hineingedacht. Das also ist ein Stück Ägypten, der Nil und Kairo, kaum zu glauben, dass ich heute Morgen noch im trüben November-Deutschland war! Mein Blick ging hinüber zur größten Brücke der Stadt – der El-Tahrir-Bridge –, die ohne Unterbrechung vom Straßenverkehr frequentiert wird. Dahinter war am Westufer des Nils der Kairo-Tower zu sehen und am gegenüberliegenden Ostufer das phantasielose Gebäude des ägyptischen Rundfunks. Ich saß bis zum endgültigen Sonnenuntergang hier, fing meine optischen Eindrücke mit der Kamera ein und ging dann zurück zum Tahrir-Platz.

Jetzt konnte ich mir etwas mehr Zeit nehmen, denn mein Ziel, heute noch den Nil zu sehen, hatte ich ja erreicht. Dieser riesige Platz nimmt den Verkehr aus allen Richtungen auf und verwirrt zunächst, nicht deshalb, weil er unübersichtlich wäre, sondern weil der lärmende Straßenverkehr alles zu ersticken droht. Dem Betrachter lässt er kaum die Möglichkeit, sich das Zentrum anzuschauen, denn es ist sehr laut, die meisten Menschen hasten über die Fußgängerbrücken – obwohl Hasten doch so unorientalisch ist – und die Geschäfte sind oft hoffnungslos überfüllt. Auf den ersten Blick entdeckt man hier für uns eigentlich nichts Neues, doch die Menschen in ihrer Art sind anders, sie kleiden sich in der Regel orientalisch und sind quirliger als wir.

Bettler, Soldaten, kleine Kaufleute an den Fußwegen, Kinder, Gebrechliche, Saubere und Schmutzige, Schweigende und laut Palavernde – alles, was die Phantasie erlaubt, ist hier zu sehen. Alte Männer, die aussehen, wie verklärte Weise aus der Bibel, junge Frauen mit Büchern unterm Arm, schwere Lasten balancierende Halbwüchsige, zeitunglesende, exotisch oder – was seltener ist – europäisch gekleidete Leute, darüber die nicht zu übersehende Neonreklame der Air India neben weiteren Leuchtschriften, daneben der trutzige Bau der Amerikanischen Universität, auf der anderen Seite das weltberühmte Ägyptische Museum mit steinernen und metallenen Zeugen aus stolzen 5.000 Jahren Landesgeschichte, dann der riesige Busbahnhof, auf dem man die abenteuerlichsten Gestalten des Morgenlandes hocken sieht – aber Europäer, die sieht man hier nicht! All das ist ein sehr eindrucksvolles Bild, und ich glaube, dass es nicht vielen Schreibern vergönnt ist, für dieses Durcheinander die richtigen Worte zu finden.

Nun wurde es schnell dunkel und ebenso schnell kühl. Obwohl ich Müdigkeit spürte, ging ich absichtlich langsam wieder zurück ins Hotel, wollte ich doch möglichst viel vom Treiben in den Straßen Kairos mitbekommen. Interessiert schaute ich mir Geschäfte an, die sich zumeist in den Hauptstraßen befinden und sich von den unsrigen fast nicht unterscheiden. Auffallend die vielen Stoffgeschäfte, die mit farbenfrohen Seidengeweben und anderen Textilien hauptsächlich die Frauen anlocken. Aber ein Unterschied ist gravierend: die Beschriftung, aus der ich mir keinen Vers machen konnte, denn sie ist ausnahmslos Arabisch. Hier ist übrigens alles Arabisch, auch die Ziffern der Straßenbahnen, Busse, Preisschilder und die der Taxis.

Mir wurde deshalb schnell klar, dass ich gezwungen war, zumindest die Zahlen auswendig zu lernen, war doch auch das Hartgeld nur mit arabischen Zeichen versehen!

Bevor ich mich entschloss wieder auf mein Zimmer zu gehen, traf ich im Erdgeschoss mit meinem Reisegefährten, dem trickreichen Weltenbummler zusammen, einem Typ besonderen Schlages, erzählte er mir doch gleich von seinen aufregenden antiquarischen Entdeckungen in irgendeinem Basar, die er selbstverständlich für sich genutzt hätte. Mein zurückhaltender Einwand, dass er unter Umständen Schwierigkeiten mit dem Zoll bekommen könnte und er hier außerdem Gefahr laufe, auf geschickte Fälschungen hereinzufallen, beeindruckten ihn wenig. Oder hatte er wirklich Glück und große Funde gemacht, wie er meinte? Wohl nicht.

Nachdem ich mit ihm noch ein „Stella"-Bier getrunken hatte, verzog ich mich aufs Zimmer, um hier noch drei wichtige Dinge zu erledigen: Zunächst verdrückte ich Schokolade und restliche Butterbrote, dann wusch ich mir mit denkbar unappetitlichem Wasser den Staub vom Leib und büffelte anhand meines kleinen Reiseführers die arabischen Ziffern. Ich muss todmüde gewesen sein, denn ich ertappte mich eine Stunde später in meiner Kleidung eingeschlafen auf dem Bett.

Gizeh

Das im Allgemeinen wichtigste Ziel eines Ägyptenreisenden ist natürlich Gizeh beziehungsweise sind die dort stehenden Zeugen der 6.000-jährigen nachweisbaren Geschichte dieses Landes. Unsere Reiseleitung hatte auch entsprechend disponiert und schon für den zweiten Aufenthaltstag eine Fahrt organisiert, an der alle Hotelgäste teilnehmen konnten. Ich gestehe, dass ich mich riesig auf dieses Erlebnis freute und möchte heute viele Jahre danach sagen, dass sich meine Erwartungen voll erfüllt hatten. Das hat in diesem Fall mit der berüchtigten Schreibtischromantik wirklich nichts zu tun, denn wenn ich in irgendeiner Hinsicht enttäuscht worden wäre, hätte ich es auch ohne Umschweife niedergeschrieben. Nein, Gizeh mit seinen Weltwundern kann nicht enttäuschen, sofern man noch zu etwas tiefergehenden Empfindungen fähig ist.

Schreibbegabte Besucher haben ja bereits ganze Bücher über ihre persönlichen Eindrücke der Welt hinterlassen, doch vielen – leider auch mir – fehlen die schönen poetischen Wort, die man für eine erschöpfende Beschreibung eines intensiven Aufenthalts bei den großen Pyramiden benötigt. Ich möchte deshalb den Sphinx zitieren, der mir sozusagen aus der Seele redet:

„Du hast gesagt, dass du kommst, und jetzt bist du da. Ich freue mich über deine Ankunft und hoffe, dass du in meinem heiteren lächelnden Blick eine herzliche Begrüßung findest. Ich bin der Sphinx, der Herr der Wüste und der Wächter des Reiches der Unsterblichen. Und du möchtest mit mir plaudern und von mir in die Geheimnisse alter Zeiten eingeweiht werden. Ich plaudere gern mit Freunden und habe Vieles zu erzählen. Seit 45 langen Jahrhunderten sitze ich hier und sehe den Ägyptern zu. Ich kenne alle Ereignisse ihres Lebens. Diese Menschen hier lieben das Leben diesseits und bereiten sich gern auch auf das Leben im Jenseits vor. Für sie bedeutet der Tod keineswegs das Ende, sondern er ist der Anfang der seligen Ewigkeit. Das sage ich dir aus der Tiefe der Zeiten. Du hörst meine Stimme, die in allen Abschnitten der Geschichte ertönt, von der griechischen zur römischen, zur christlichen und islamischen. Unzählige Tage. Und morgens streicht der erste Sonnenstrahl seit Tausenden von Jahren meine Wangen im Lande der ältesten Kultur der Menschheit!“

Endlich stand nun auch ich vor dieser Statue, sah im Hintergrund die gewaltige Cheops-Pyramide, die König Cheops (IV. Dynastie) etwa um 2690 v. Chr. erbauen ließ, Höhe heute noch 137 Meter. Schräg gegenüber befindet sich die zweite der drei Gizeh-Pyramiden, die des Chephren, Sohn des Königs Cheops, 136 Meter hoch. Die dritte Pyramide erscheint mit nur 62 Metern dagegen recht klein, sie ist die Grabstätte des Mykerinos, eines Sohnes des Chephren. Doch mein erster Eindruck war, dass mir in der weiten Wüstenlandschaft ohne Vergleichsobjekte die kolossalen Bauwerke wesentlich kleiner vorkamen, als ich sie mir angesichts ihrer tatsächlichen Ausmaße vorgestellt hatte. Doch spätestens nach dem Umrunden der Pyramiden zu Fuß hat man begriffen, um was für Riesen es sich in Wirklichkeit handelt.

Die meisten Besucher lassen sich von der Bushaltestelle per Kamel zu den Pyramiden schaukeln, nicht aber ich. Ich ging den lächerlichen Kilometer per pedes, wollte diese Weltwunder mit eigener Kraft erreichen. Die Kameltreiber, die mich unterwegs lauthals zum Aufsteigen aufforderten, begriffen meist schnell, dass sie es mit einem Individualisten zu tun hatten, der die Annehmlichkeit des Massentourismus' nur dann in Anspruch nimmt, wenn es unumgänglich oder aus meiner Sicht zweckmäßig ist. Über die Zweckmäßigkeit oder gar Notwendigkeit eines so kurzen Kamelritts lässt sich eigentlich nicht streiten.

Der Sphinx vor der Chephren-Pyramide in El Gizah wird auch „König der Wüste" genannt.

Schön und eindrucksvoll ist es hier. Es war nicht zu warm und nicht zu kalt, auch die Wolken und dazwischen das Blau des Himmels zum Fotografieren waren da. Immer wieder neue interessante Perspektiven ergaben sich. Nur die vielen Kameltreiber störten, denn von ihnen wollte ich nicht allzu viele aufs Bild bekommen, denn bei jedem Fotoklick werden einem hier riesige Bakschisch-Hände entgegengehalten. Dass dies so ist, versteht sich angesichts der betuchten Besuchermassen einerseits und der ärmlichen Verhältnisse andererseits, aber lästig ist's dennoch.

Nachdem ich mir zunächst abseits der Gruppe einen groben Überblick verschafft hatte, begann ich damit genauer hinzuschauen, zumal uns Zeit gottseidank ausreichend zur Verfügung stand, ein bei Gruppenunternehmungen oft nicht selbstverständliches Entgegenkommen der Reiseleitung.

Ich ging abermals hinüber zum Sphinx, jenem berühmten liegenden Löwen mit Königskopf, der gern als Monumentalstatue des Königs Chephren angesehen wird, was jedoch bis heute weder bewiesen noch widerlegt worden ist. Im Allgemeinen betrachtet man sie auch als Denkmal des Sonnengottes Horus, und die heutigen Araber nennen sie Abu el-Hol, den „Vater des Schreckens". Die Figur ist aus gewachsenem Fels herausgehauen und zum Teil mit Blöcken ergänzt, doch nicht ergänzen ließen sich die Beschädigungen des Gesichts, die dem Koloss von Mameluken und siegestrunkenen Soldaten Napoleons beigebracht worden waren. Bemerkenswert bleibt, dass nicht nur die drei großen Pyramiden selbst immer noch Rätsel aufgeben – von denen ich noch sprechen werde –, sondern eben auch dieser Sphinx, dessen wahrer Ursprung, Sinn und Zweck bis auf den heutigen Tag trotz eifrigster archäologischer Forschung im Dunkel der Geschichte geblieben ist.

Bis zur gemeinsam mit der Gruppe vorgesehenen Besichtigung des Innern der Cheops-Pyramide stand mir noch eine Stunde zur freien Verfügung, die ich dazu nutzen konnte, der größten aller Pyramiden der Welt – der Cheops-Pyramide – einen privaten Besuch abzustatten. Aus Richtung Kairo kommend ist dies das erste Riesenbauwerk, mit dem der Besucher auf dem historischsten aller Plätze dieser Welt konfrontiert wird. Warum es ausgerechnet am heutigen Tag nicht möglich war solo ins eigentlich zugängliche Innere dieser Pyramide zu klettern, wurde nicht gesagt.

Ich gebe zu, während des Spaziergangs in Richtung der Pyramiden die wahre Größe unrichtig eingeschätzt zu haben, doch wird dies vermutlich den meisten Besuchern so ergehen, weil hier auf dem Wüstenplateau jegliche Vergleichsmöglichkeit fehlt. Dieser Eindruck ändert sich, je näher man den Kolossen kommt und sich vorstellt, dass in der Cheops-Pyramide die Peterskirche zu Rom, die Dome zu Mailand und Florenz, die St. Pauls-Kathedrale und die Westminster-Abtei in London, also die fünf größten Kirchen der Welt, bequem Platz fänden! Aber – kann man sich das überhaupt vorstellen?

Die sogenannte Große Pyramide in El Gizah soll das Grabmal des Pharaos Cheops sein, der um 2530 BC regierte, doch das ist umstritten.

Um mir einen persönlichen Eindruck vom Umfang der Cheops-Pyramide zu verschaffen, umrundete ich sie trotz der energischen Aufforderungen der Treiber dafür doch das Kamel zu benutzen zu Fuß, das sind viermal 230 Meter. Dabei blickte ich immer wieder entlang der Oberflächen hinauf – an den Flächen wie an den Kanten –, doch konnte ich Unebenheiten nicht erkennen – abgesehen natürlich von herausragenden Quaderkanten, die aber die insgesamt geraden Linien nach oben nicht beeinträchtigten.

Es ist der fleißigen Archäologie zu verdanken, dass heute – zumindest in einschlägigen Kreisen – am Entstehungsjahr 2690 v. Chr. nicht ernsthaft mehr gezweifelt wird. Bauherr soll der gestrenge Pharao Cheops gewesen sein, mit dem die IV. Dynastie ihren Anfang nahm. Nach fester Überzeugung der Wissenschaftler hat sich dieser Pharao hiermit seine eigene Grabstätte errichten lassen. Es sollen 100.000 Menschen gewesen sein, die 20 Jahre lang 2,5 Millionen Steinblöcke zu je 2,5 Tonnen zu dem aufeinandergesetzt haben, was wir noch heute als das mächtigste Bauwerk aller Zeiten bestaunen können. Ursprünglich maß diese Pyramide stolze 146 Meter, aber heute ist sie nur noch 137 Meter hoch, nachdem zu unbekannten Zeiten irgendwelche Leute zu Bauzwecken mit dem Abtragen begonnen hatten, aber noch rechtzeitig aufhörten. Heute kann man die Pyramide besteigen und von einer 10 Quadratmeter großen Fläche aus weit ins Land oder nach Kairo schauen. Da mir die Zeit für einen Aufstieg leider nicht mehr zur Verfügung stand, musste ich schweren Herzens auf dieses immer wieder hochgelobte große Erlebnis verzichten.

Und nun ein paar Gedanken, für die man immer etwas belächelt wird, aber sei's drum! Es gibt eine Reihe namhafter Forscher, die ihre Gründe dafür haben, die Zeit, zu der Cheops seine monumentale Grabstätte errichtet haben soll, anzuzweifeln und die ernsthaft mit der Möglichkeit spekulieren, dass sogar Außerirdische hier ihr Wissen und Können mit eingebracht hätten. Zunächst schüttelte auch ich nur mit dem Kopf, denn als archäologischer Laie musste ich ja den wissenschaftlichen Erkenntnissen Glauben schenken, doch beginne ich aus Gründen, die ich noch aufzählen werde, auch an der „Absolutheit unverrückbarer Erkenntnisse" zu zweifeln.

Jeder, der in der Schule die vier Grundrechnungsarten und etwas von der Darstellenden Geometrie mitbekommen hat und später auch noch etwas Logik dazulernte, hat es selbst in der Hand, eigene Rechnungen mit dem Ziel aufzumachen, ob es 100.000 Arbeitern in 20 Jahren überhaupt schaffen würden, 2,5 Millionen Quader zu je 2,5 Tonnen aufeinanderzustapeln. Am Ende der Rechnung steht nämlich, dass bei einem 12-Stundentag im Schnitt alle 2 Minuten ein solcher Riesenblock aufgesetzt wurde. Diese Rechnung enthält jedoch nicht das Herausbrechen, Heranschleppen und

Bearbeiten der Blöcke, nein – nur das Aufsetzen! Aber, selbst wenn 100.000 Arbeiter nicht 20, sondern 200 Jahre für den Bau benötigt hätten, wäre alle 20 Minuten im Schnitt ein Block gesetzt worden, was ja auch schon eine ganz phantastische, um nicht zu sagen – unwahrscheinliche Leistung gewesen wäre.

Waren die Ägypter also fast 3.000 Jahre vor unserer Zeitrechnung tatsächlich bereits auf so hohem technischen Niveau? Fast peinlich wird's, wenn man sich vergegenwärtigt, dass in der Nähe der Cheops-Pyramide Holzrollen und Seilreste gefunden wurden, von denen die Archäologen behaupten, sie seien die Werkzeuge fürs Aufsetzen der riesigen Quader gewesen. Kann man denn mit diesen primitiven Werkzeugen selbst bei optimaler Baustellenorganisation eine solche technische Leistung vollbringen? – wohl doch nur in der blanken Theorie. Sicher ist, dass selbst heutzutage dies nicht möglich wäre! Auch die phantasievollen Tricks besonders begabter Tüftler reichen nicht aus, um doch noch irgendwie nachzuweisen, dass es damals mit rechten Dingen zugegangen war, denn selbst die als gesichert geltende Anzahl der bienenfleißigen ägyptischen Arbeiter kann man getrost verdoppeln; an der Durchschnittsrechnung, dass – ohne Vorarbeiten – alle 2 Minuten ein Stein an seinen richtigen Platz gebracht und aufgesetzt wurde, ändert das nichts.

Aber der wundersamen Dinge gibt's noch mehr! Kein Geringerer als der geachtete Luis Walter Alvarez, der als Kernphysiker 1960 den Nobelpreis erhielt, wollte nichts weiter als der Frage auf den Grund gehen, ob die Cheops-Pyramide noch weitere als die bekannten Kammern und Gänge besitzt. Er ließ zu diesem Zweck 30 Tonnen modernster Elektronik in diese Pyramide hineintransportieren, mit deren Hilfe Strahlenmessungen großen Stils durchgeführt wurden. Doch alle Mühen waren vergeblich, denn entdeckt wurde insofern nichts Neues, als keine unbekannten Räume mehr gefunden wurden, doch der IBM-1130-Computer der Kairoer Ain-Schams-Universität spuckte völlig irre Daten aus; denn die Resultate widersprachen allen bisherigen Erfahrungen und Gesetzen der modernen Physik!

Auch bestimmte zur Verfügung stehende Literaturquellen weichen eklatant von dem ab, was die klassische Archäologie hinsichtlich des Alters der Cheops-Pyramide als Dogma in die Welt gesetzt hat. Ergiebig sind beispielsweise alte koptische Darstellungen, die man in der Bibliothek zu

Oxford nachlesen kann, wonach der Schriftsteller Abu'l Hassan Masudi versicherte, dass die ägyptischen Pyramiden (er meinte die von Gizeh) bereits vor der Großen Flut, also vor der Biblischen Sintflut erbaut wurden. – Noch genauer wurde der berühmte griechische Geschichtsschreiber Herodot, dessen Aussagen – niedergeschrieben in den Historien 141 und 142 – von Archäologen offenbar nicht oder noch nicht für bare Münze gehalten werden. Danach sollen die Priester von Theben ihm versichert haben, dass ihre Vorfahren bereits seit 11.340 Jahren im Amt waren. Herodot, der im 5. Jahrhundert v. Chr. lebte, nannte sogar die Zahl der Priestergenerationen: Es waren 341. Und außerdem hätten ihm die Priester berichtet, dass die Vorfahren von „Göttern" besucht worden wären.

Nicht weniger verblüffend sind die zahllosen Messungen beziehungsweise deren Ergebnisse, die sich alle entweder in der Astrologie oder Geometrie wiederfinden. So taucht zum Beispiel die Zahl 3,1416, also die Zahl Pi auf, und die Maße der „königlichen" Grabkammer im Innern der Cheops-Pyramide gleichen den beiden pythagoreischen Grunddreiecken – und das ein paar Tausend Jahre vor dem genialen Pythagoras! Des Weiteren ergeben bestimmte Rechnungen mit Maßen an und in dieser Pyramide die Zahl 25.827. Dabei handelt es sich um jene Anzahl von Jahren, nach denen die sich täglich verändernde Erdachse sich wieder in der ursprünglichen Lage befindet.

Kenner der Hieroglyphenschrift sind mit Recht stolz darauf, die Inschriften später errichteter Pyramiden und anderer Königsgräber lückenlos entziffert zu haben, und nicht zuletzt dadurch konnte ein erstaunlich genaues Bild der alten Geschichte Ägyptens erstellt werden. Wer diese Überfülle handgemeißelter Schriften gesehen hat weiß, dass in den Gräbern kaum ein Quadratmeter unbeschriftet geblieben war und wird sich dann die Frage stellen, warum ausgerechnet das Innere der größten Pyramide nicht beschriftet wurde. Sie weist keine einzige Hieroglyphe auf!

Eine von den Kopten bewahrte Überlieferung bezeichnet die große Pyramide von Gizeh als „Sammelwerk des Wissens aus jener Zeit, als die Götter noch herrschten". Deshalb sollte man den schon tausendmal gescholtenen Däniken nicht gleich zum Teufel jagen, denn die aufgezeigten Fragen müssen erlaubt sein; von Däniken wurden sie jedenfalls nicht erfunden. Aber dies sind nur einige der noch ungeklärten Phänomene im

Zusammenhang mit den Pyramiden von Gizeh! Und im Übrigen ist der Herr Däniken beileibe nicht der einzige Rufer in der Wüste, er befindet sich mit seinen Ansichten nämlich in gar nicht so schlechter Gesellschaft.

Um über diese und ähnliche Dinge etwas nachzudenken, hatte ich mich eine halbe Stunde lang in den Sand gesetzt und beiläufig beobachtet, wie ein Touristentross nach dem anderen die angekommenen Busse verließ und sogleich von den Kameltreibern zum Aufsteigen überredet wurden. Kaum jemand geht hier zu Fuß!

Für mich wurde es nun Zeit, denn die Besichtigung des Innern der Cheops-Pyramide wollte ich mir keinesfalls entgehen lassen. Die Gruppe war bereits um unseren Fremdenführer geschart, doch sah ich, dass viele auf diese Exkursion entweder aus Krankheitsgründen oder aus Angst von vornherein verzichtet hatten. Der Grund dafür ist in der Regel der, dass besonders kreislauflabile Leute unter Umständen Probleme mit der stickigen warmen Luft im Pyramideninnern bekommen können, viele bedrückt natürlich auch der Gedanke an die engen von minderwertigen Elektrofunzeln beleuchteten Gänge. Warum sind die eigentlich in Ägypten?

Der Eingang befindet sich schätzungsweise fünf Meter über dem Boden und ist so geschickt angelegt, dass er erst nach jahrelanger Suche entdeckt werden konnte. Wir erkletterten einige der 1,50 Meter hohen und mehrere Tonnen wiegenden Steinquader und gelangten im Zickzack bis zum schmalen Eingang. Ab hier mussten wir gebückt gehen, denn der teils aufwärts, teils abwärts führende Gang ist niedrig und denkbar eng. Entgegenkommenden Besuchern auszuweichen, war nicht immer ganz einfach, und so manchem lief da das Wasser in Strömen vom Gesicht.

Aber schon nach weniger als einer Viertelstunde befanden wir uns bereits in der Grabkammer des Cheops, in der man sich wieder aufrichten konnte, denn sie dürfte drei Meter hoch sein. Hatte ich schon im schmalen Zugang die äußerst exakte Zusammenfügung der tonnenschweren Steinblöcke bewundert, so kam ich hier im Zentrum der Pyramide ins Staunen, denn die Wände und insbesondere die dachförmige Decke waren von höchster Präzision – aber ohne jegliche Beschriftung oder Bebilderung. In der Mitte der Kammer steht der aufgebrochene leere Granitsarkophag des Pharaos, dessen Deckel aber nicht mehr vorhanden ist. Bis heute ist ungeklärt, aus welchen Gründen dieser Grabdeckel wohl zerschlagen und wegtransportiert wurde. Und noch eine ungeklärte Frage ist die, wie der Sargopharg überhaupt hierher gekommen ist, denn er lässt sich angesichts seiner Maße nicht durch die engen Gänge transportieren. Hatte man ihn aufgestellt und um ihn herum diese riesige Pyramide errichtet? Und warum fehlt auch hier – ganz entgegen altägyptischer Schreibsucht – jegliche Beschriftung?

Ist also die kühne Frage erlaubt, ob die großen Pyramiden von Gizeh nicht doch schon zehn- oder gar zwanzigtausend Jahre alt sind und die ägyptischen Könige später ihre Grabstätten diesen drei berühmten Vorbildern nur nachgebaut haben? Denn viel spätere Pyramiden beziehungsweise Grabbauten, von denen es noch Dutzende in Ägypten und im Sudan gibt, sind in ihrer Bautechnik trotz weit fortgeschrittener Zeit bei Weitem nicht so perfekt, sind innen jedoch beschriftet und teils mit den herrlichsten Steinreliefs versehen. Haben Cheops, Mykerinos und Chephren den Gizeh-Pyramiden vielleicht nur ihre Namen gegeben? Also Rätsel über Rätsel – auch heute noch!

Nachdem unser ägyptischer Pyramidenführer seine schon jahrelang einzementierten englischen Sätze heruntergeleiert hatte um zu erläutern, wie fleißig damals die ägyptischen Arbeiter waren und was es mit jenen Dynastien auf sich hatte, welche die Archäologie mit den drei großen Gizeh-Pyramiden in Zusammenhang bringen, verließen wir nach einer Stunde wieder das Innere. Bald unter blauem Himmel stehend und die warme Sonne spürend hatte ich das Gefühl, soeben aus einer anderen geheimnisvollen Welt gekommen zu sein.

Da uns noch viel freie Zeit zur Verfügung stand, nahm ich die Gelegenheit wahr, noch einmal einen privaten Spaziergang zu machen, während sich die meisten anderen in ein nahe den Pyramiden gelegenes Café zurückzogen, um sich von den Besichtigungsstrapazen zu erholen. Zunächst marschierte ich hinüber zur dritten und kleinsten der Gizeh-Pyramiden, der Grabstätte des Mykerinos, dem Sohn des Chephren. Diese Grabstätte, deren Höhe bei zirka 60 Metern liegt, kann von Besuchern leider nicht betreten werden, da ihr Bauzustand im Vergleich zu den beiden anderen Pyramiden wesentlich schlechter ist, obwohl sie später – man schätzt um 2600 v. Chr. – errichtet wurde.

Ich ging hinüber zur Chephren-Pyramide und erkletterte ein paar Stufen, dies in der Erwartung, gen Süden einen guten Ausblick zu bekommen –

und wurde nicht enttäuscht. Im Vordergrund sah ich wieder die kleine Mykerinos-Pyramide, und in ihrer näheren und weiteren Umgebung konnte ich mit bloßem Auge erkennen, dass die erbarmungslose Wüste hier noch unendlich viele Geheimnisse unter sich verborgen hält, die wohl erst in Jahrzehnten gelüftet sein werden. Überall sah ich ägyptische Arbeitsteams unter ausländischer Führung dabei, sozusagen Löffel für Löffel den Wüstensand abzutragen, ein mühevolles Wühlen, das aber für die Ägyptologie ein großes Abenteuer ist. Wer weiß, wie das Ziel hier eines Tages aussehen wird!? Vielleicht werden hier noch Erkenntnisse ausgegraben, die dazu zwingen werden, unsere ganz alte Geschichte völlig anders als bisher zu sehen.

Ein paar Gehminuten von den drei Pyramiden entfernt befindet sich ein kleiner mohammedanischer Friedhof, der natürlich nicht zu den hiesigen Sehenswürdigkeiten zählt und deshalb auch von niemanden besucht wird. Schade, denn so uninteressant ist er gar nicht, wenn auch nicht historisch. Vor dem Eingang sah ich aus respektvoller Entfernung ein halbes Dutzend laut jammernder Klageweiber, die völlig in Schwarz gehüllt in Abständen ihre Hände vors Gesicht hielten, sie gen Himmel streckten, um danach wieder den sandigen Boden zu berühren. Kämen hier ständig Touristen vorbei, hätte man längst von diesen traditionellen Ritualen Abschied genommen. Ein Tipp für Fotografen: Mit diesem Friedhof im Vordergrund gelingen äußerst eindrucksvolle Bilder, denn dahinter türmen sich die großen Pyramiden auf – ein unvergleichlich schönes Panorama!

Ich spazierte noch über eine halbe Stunde lang durch die Ruinen uralter Tempel in unmittelbarer Pyramidennähe, ging durch Säulengänge, über Höfe und passierte steinerne Tore, besah mir mit Hieroglyphen beschriftete Tafeln, Säulen und Wände und musste mich immer wieder fragen, warum in Gottes Namen die Große Pyramide innen keinerlei Schriftzeichen aufweist. Wäre es wirklich zu gewagt anzunehmen, dass die Tempel außerhalb der Pyramiden unter Umständen ein paar Tausend Jahre später als die Pyramiden selbst erbaut wurden? Solange die Geheimnisse der Pyramiden von Gizeh noch nicht restlos gelüftet sind und anhand objektiv nachprüfbarer Kriterien der Beweis dafür erbracht wurde, dass Cheops, Chephren und Mykerinos tatsächlich deren Erbauer waren, solange müssen kritische Fragen und auch Spekulationen erlaubt sein.

Dieser Tag verging wie im Flug. Hier könnte ich mehrere Tage verbringen, möchte mich hinsetzen und sozusagen vor Ort meine Eindrücke zu Papier bringen, wer weiß, welche Gedanken und Worte mir angesichts dieser faszinierenden Uralt-Welt einfallen würden. Aber der Bus wartete nicht auf mich, ich war sowieso der Letzte, der ihn bestieg.

Alle Mitreisenden waren spontan mit dem Vorschlag der Reiseleitung einverstanden, der Einladung zum Tee eines Spezialgeschäftes für Parfümerien nachzukommen, nein wollte zu dieser vorgerückten Stunde niemand mehr sagen, viele waren auch bereits zu müde dazu. Die Sonne war längst untergegangen, als unser Bus irgendwo in der Stadt vor einem modernen Geschäft hielt und wir gebeten wurden, uns zwanglos darin umzusehen.

Was uns hier der erstaunlich gut der deutschen Sprache mächtige Besitzer verkaufen wollte, waren Parfümeriegrundstoffe – verschiedene Rosenöle –, die zwar verführerisch dufteten, aber den meisten doch zu teuer waren. Wenige kauften, aber den angebotenen Tee trank jeder. Ich sah ebenfalls von einem Kauf ab, denn mit diesen Essenzen hätte vermutlich auch Hilde, meine Frau, nichts anzufangen gewusst. Oder doch?

Gegen 23 Uhr hatten wir wieder unser Hotel erreicht. Um diese Zeit gab es kaum noch einen Reiseteilnehmer, der einen auch nur einigermaßen munteren Eindruck gemacht hätte, selbst die trickreiche Weltenbummlertype konnte beim letzten Bier des Tages kaum seine Augen offen halten. Und dennoch ließ er es sich nicht nehmen, noch ein paar seiner Erlebnisstories an den Mann zu bringen, auch wenn sie ihm nicht mehr so flüssig über die Lippen kommen wollten. Die Pyramiden hatte er sich übrigens heute nicht mit angeschaut, das wollte er morgen in aller Ruhe solo tun.

Kairo

Der heutige Tag sollte wieder ein besonders interessanter werden, denn auf dem Programm stand für den Vormittag mein privater Besuch der Altstadt von Kairo und der Zitadelle, obwohl uns – aus welchen Gründen auch immer – davon abgeraten worden war, die Kairoer Altstadt im Alleingang erobern zu wollen. Nach dem Mittagessen sollte es zur Uralt-Hauptstadt

Ägyptens – nach Memphis – gehen, um dann über Sakkara, wo die angeblich älteste Pyramide der Welt steht, wieder zurück nach Kairo zu fahren.

Für mich hatte dieser Tag sehr früh begonnen, denn ich wollte auf dem Weg hoch zur Zitadelle einen weiten Bogen über den Opernplatz und den Hauptbahnhof schlagen, um möglichst viel von dieser größten Stadt Afrikas zu sehen. Ich verließ das Hotel bereits gegen 6 Uhr morgens und hatte deshalb auf ein Frühstück verzichten müssen.

Vom Hotel aus benötigte ich über die breite europäisch anmutende Sharia Abd-el-Aziz bis zum Midan el-Tahrir eine halbe Stunde, gönnte mir dort aber keine Besichtigungspause, denn ich hatte Mühe, mich schnellen Schrittes durch die Menschenmassen hindurchzumogeln. Hinter dem am Tahrir-Platz stehenden Ägyptischen Museum gelangte ich auf die großzügig angelegte Sharia Ramses, die direkt bis zum Kairoer Hauptbahnhof führt.

Auf dem weiten Ramses-Platz vor dem Hauptbahnhof steht in einem ungepflegten Park die riesige Ramses-Statue, ein Koloss, der einst im Palmenwald zu Memphis lag und hier nun einen würdigen endgültigen Standplatz erhalten hat. Es ist das Abbild von Ramses II., den man gern zu den stärksten Herrschern des alten Ägyptens zählt. Vorbei an wartenden schwarz verhüllten Frauen, die riesige Gepäckstücke einschließlich lebender Tiere bei sich hatten, gelangte ich zum Haupteingang, den ich trotz vieler Uniformierter ungehindert auch ohne Bahnticket passieren konnte, man winkte mich einfach durch. Da ich hier weit und breit der einzige Europäer war, wurde man schnell auf mich aufmerksam, ließ mich aber in jeder Beziehung unbehelligt.

Ich spazierte entlang eines soeben eingefahrenen Zuges, dessen Passagiere mit viel Spektakel ihre unzähligen Gepäckstücke bugsierten, sich pausenlos irgendetwas zuriefen und eiligen Schrittes zum Ausgang drängten. Diese Bahnsteigszenen kamen mir seinerzeit ziemlich chaotisch vor, doch heute, nach dem Kennenlernen von ein paar Dutzend Bahnhöfen in Indien, muss ich feststellen, dass es hier doch relativ ruhig und zivilisiert zugeht. So unbehelligt ich auf den Bahnsteig gekommen war, so unbehelligt konnte ich ihn auch wieder verlassen. Das für mich Auffallendste war, dass mich keiner der überwiegend armen einfachen Leute auch nur andeutungsweise böse angeschaut hatte, im Gegenteil, so mancher Opa und so manches Kind hob die Hand zum Gruße.

Der Weg führte mich nun über die Sharia Klut-Bek, ein orientalisches Viertel mit vielen Teestuben, zwischen uralten ungepflegten Häusern eingequetschten Moscheen und buntem Publikum, eine Gegend, in der man viel vom echten ägyptischen Treiben mitbekommt, zumal sich Europäer zu Fuß hier nur sehr selten sehen lassen, ich habe keinen einzigen gesehen! Als ich glaubte am Opernplatz angekommen zu sein, wurde ich unsicher, denn der Platz war leer, obwohl nach meinem kleinen Stadtplan eigentlich die berühmte Kairoer Oper zu sehen sein müsste. Ich fragte daher einige Passanten nach diesem Haus. Hier wurde 1871 nämlich Verdis Oper Aida uraufgeführt! Doch erst der vierte erinnerte sich, dass die Oper 1971 abgebrannt war und dann abgerissen wurde. Heute ist dieser einst so berühmte Platz mit riesigen Reklameschildern bestanden.

Vorbei am geschlossenen Museum für Islamische Kunst, das mit über 30.000 Ausstellungsstücken die größte islamische Sammlung der Welt ist, gelangte ich zum Midan Gumhur, dem Platz vor dem Abdin-Palast beziehungsweise der Residenz der letzten ägyptischen Könige. Auch hier hätte sich ein Besuch sicher gelohnt, zumal ein Teil der 500 luxuriösen Räume normalerweise besichtigt werden kann, doch ich wusste, dass der Besuch der Zitadelle wichtiger war.

Dieses Teilstück meines Weges war in der Tat ziemlich abenteuerlich, denn bald hatte ich die breiten, mit schräg liegenden Bussen, übervollen Straßenbahnen, unzähligen Maultierkarren, wild hupenden Autos und Menschenmassen vollgestopften Straßen verlassen müssen, um mich durch die Altstadt zu schlängeln, deren verwinkelte Gassen und Gässchen auf meinem bescheidenen Stadtplan nur mit ein paar willkürlichen Strichen angedeutet waren. Da ich die Richtung kannte, wusste ich den Weg nach oben.

Viertel dieser Art hatten mich schon in Tunesien fasziniert, doch keine der von mir besuchten Altstädte in diesem Urlaubsland reicht an Größe, Vielfalt und Unüberschaubarkeit an die Kairoer Altstadt heran. Hier quirlt unkontrollierbares Leben, dessen Beschreibung ein Dutzend Seiten in Anspruch nehmen würde, hätte ich die Zeit dazu. Ich ging durch winzige Gässchen, die voll geschäftlichen und familiären Lebens waren, denn es sah für mich so aus, als ob beides völlig normal und in Achtung zueinander hier seit eh und je existiert: Kinder jeden Alters packen überall zu, wenn es die

Eltern wünschen; die ganz Alten schlürfen Tee oder dösen nichtstuend in den Tag hinein; lebendes Vieh wird zusammengeknotet – Hühner, Ziegen und Schafe – und feilgeboten; Obst ist säuberlich zu Pyramiden aufgestapelt; kleine Schulkinder schlendern von Laden zu Laden, und Radios plärren auch noch arabische Musik in dieses laute Gewühl. Die Menschen scheinen hier sehr mit sich selbst beschäftigt zu sein, denn kaum jemand nahm mich zur Kenntnis. Wovor uns der Fremdenführer eigentlich gewarnt hatte, ist mir bis heute nicht klar. Niemand machte irgendwelche auffälligen Bemerkungen oder pöbelte mich gar an, und von feindseliger Haltung war erst recht nichts zu spüren.

Als ich unbehelligt, wenn auch angesichts der Fülle orientalischen Treibens etwas verwirrt diese Altstadt hinter mir hatte, wusste ich, dass es ein Versäumnis gewesen wäre, wenn ich als braves Gruppenmitglied auf diese private Tour verzichtet hätte. Irgendwie kam ich dann wieder auf einen breiten steil nach oben führenden Weg und wurde wenig später von einem jungen Ägypter angesprochen, der sich als Spezialführer für den militärischen Bereich der Zitadelle ausgab. Natürlich wusste ich damit zunächst nichts anzufangen, wollte seine Legitimationskarte sehen, aber da lachte der Führer nur und ich wusste Bescheid. Es handelte sich nämlich um einen der unzähligen Burschen hier, die sich auf diese eigentlich unerlaubte Art und Weise durchs harte ägyptische Leben schlagen.

Ich ging dennoch mit ihm, und das war gut so, denn ohne ihn hätte ich die bewaffneten Wachen, die keine Silbe Englisch verstanden, sicher nicht passieren können; mit ihnen teilte sich mein Führer später das Bakschisch! Kaum hatten wir den mit schweren alten Holztüren gesicherten historischen Eingang hinter uns, standen wir vor einem Dutzend Panzern, die ich unbehelligt anschauen und auch fotografieren durfte. Wie mir der junge Mann voller Stolz erklärte, seien dies ausnahmslos israelische Panzer, die von den Ägyptern im Sinai-Feldzug abgeschossen worden waren. Und in der Tat wiesen Beschriftung und Davidstern eindeutig auf die Herkunft hin: Israel!

Ich gab dem Spezialführer ein angemessenes Bakschisch und ging dann weiter in Richtung Alabaster-Moschee, der eigentlichen Sehenswürdigkeit auf der Zitadelle. Dass man auch hier nicht allein sein kann, versteht sich, denn diese Moschee ist nicht nur ein großes Heiligtum, sondern letztlich handelt es sich auch um das Wahrzeichen der Stadt Kairo selbst. Umgeben von riesigen unbezwingbaren Mauern thront sie auf dem höchsten Gipfel des Felsbuckels, ihre superschlanken beiden Minarette ragen pfeilspitz in den Himmel und das Weiß der mächtigen beiden großen Kuppeln hebt sich krass vom blauen Himmel ab.

Die Zitadelle selbst, eine im Jahr 1176 aus Steinen kleiner Pyramiden erbaute Gebirgsfestung, hat heute lediglich noch historische Bedeutung. Die von Mohammed Ali erbaute und unter Said im Jahr 1857 vollendete Alabaster-Moschee ist heute jedoch ein bedeutender Touristenanziehungspunkt, wenngleich ich Glück hatte und gottseidank keiner geführten Meute in die Quere kam. Der hiesige Führer – ein uralter hagerer Mann mit schneeweißem Bart und ehrlichem Gesicht – bemühte sich redlich, in einem von mir nur zu einem Zehntel verstandenen Englisch zu erklären, worin die geschichtliche Bedeutung dieser Moschee liegt. Soweit ich ihn verstehen konnte, befindet sich in der Moschee das Grab des Said und davor der ehemalig Haremspalast mit dem 88 Meter tiefen Josefsbrunnen, dessen Wasser angeblich nie versiegt. Wie mir der Alte mittels eindeutiger Gesten klarmachte, fielen in eben diesen Brunnen auch so manche abgeschlagenen Köpfe hingerichteter Feinde und Verräter.

Den Abschluss zur Stadt hin bildet eine kunstvoll gestaltete steinerne Fensterreihe, die es erlaubt ganz Kairo zu überblicken. Es ist dies eine sehr imposante Sicht, denn im Vordergrund steht die berühmte Kairoer Sultan-Hassan-Moschee und daneben die Rifai-Moschee, außerdem geht der Blick bis zu den Pyramiden von Gizeh. Aber dieses an sich herrliche Panorama wird durch den schon damals unerhört dichten Smog sehr getrübt, verursacht durch mitten in der Stadt stehende Stahlwerke und durch eine riesen Anzahl kaputter Fahrzeuge. Hier dürfte nicht ein einziger Vergaser richtig funktionieren! Irgendwann – da bin ich mir ziemlich sicher – wird diese Stadt, wenn keine Wende zum Besseren eintritt, einem Kollaps erliegen, denn was hier an Umweltsünden begangen wird, findet weltweit kaum seinesgleichen.

Nachdem ich hier oben meine Wunschbilder gemacht hatte und ich abschließend noch das vom Wächter aus dem tiefen Brunnen im Hofinnern gelockte Echo seiner Rufe kennenlernen durfte, verabschiedete ich mich mit Schulterklopfen und gutem Bakschisch, das er sich tief und dankbar verneigend entgegen nahm, ohne natürlich zu vergessen, mir und meiner Familie Allahs ewigen Segen zu wünschen.

Der Weg zurück zum Hotel führte mich abermals durch die Altstadt, und da ich noch viel Zeit hatte und es vorerst der letzte Altstadtbesuch in einem arabischen Land sein würde, beeilte ich mich nicht sonderlich, um dieses Viertel zu durchqueren. Stattdessen ließ ich mich vom Lärm arabischer Musik berieseln, hörte das Marktgeschrei der Frauen, Kinder und Alten. Hier wurden Hühner gekauft und auf der Straße ohne auch nur mit einer Wimper zu zucken abgeschlachtet, dort schrie man unwillige Esel an, zerrte hoch beladene Karren durch tiefe Schlaglöcher, ich beschaute mir heruntergekommene Fassaden, wurde von tollpatschigen Kindern angerempelt, stieg über Abfallhaufen, roch Frischgebackenes und daneben weniger Angenehmes – kurz, wieder einmal war's für mich ein kleines Vergnügen, dieses verrückte Treiben „live“ zu erleben. Aber gute Nerven, die muss man hier schon haben!

Memphis

Da ich rechtzeitig wieder zurück im Hotel war, konnte ich mir erst einmal in Ruhe den Straßenstaub vom Leib waschen und essen gehen, denn mittlerweile hatte sich ein Riesenhunger eingestellt, da ich ja unterwegs nichts weiter als etwas Obst und einen Tee zu mir genommen hatte. Gegen Mittag starteten wir per sauberem Touristenbus gen Memphis – jener legendären Stadt, die zur Zeit des Alten Reiches, also um 3000 bis 2270 v. Chr., ihre Blütezeit hatte. Memphis war die Hauptstadt des durch König Menes vereinigten Ober- und Unterägyptens.

Aber was ist Memphis heute? Von der Stadt als solche ist so gut wie nichts mehr zu sehen, wenn man von den zahllosen kümmerlichen Resten einstiger Prachtbauten inmitten von Palmenhainen absieht. Doch hier wurde damals schon vielerorts gegraben, so dass man Jahr für Jahr mit mehr zugänglichen Ruinenfeldern rechnen kann. Uns war es dennoch vergönnt, hier eine weitere riesige Ramses-Statue aus Kalkstein zu sehen, die allerdings nicht aufgerichtet werden kann, weil die Beine fehlen. Stattdessen hat man um sie herum ein Gebäude errichtet, das als Museum dienend von jedem Besucher kostenlos betreten werden kann. Diese ehemals 13 Meter hohe Figur imponiert erst, wenn man direkt neben ihr steht und bemerkt, dass allein der Kopf höher als der Besucher selbst ist. Fein ausgearbeitet sind der Dolch mit zwei Sperberköpfen, der stilisierte Bart und die Königsnamen auf Brust und Schultern. Die Krone fehlt leider.

Da uns für Memphis viel Zeit zur Verfügung stand, machte ich mich nach dieser gemeinsamen Besichtigung auf, um mir die Umgebung näher anzuschauen, von der ich allerdings mehr erwartet hatte, als letztlich eintraf, denn – wie schon erwähnt – von Memphis als ehemalige Hauptstadt eines „Weltreiches" war nun wahrlich nichts mehr zu sehen. Bedenkt man, wie groß die Entfernungen zwischen den einzelnen Ruinenfeldern sind, kann man erahnen, das Memphis tatsächlich einmal eine Stadt von größter Bedeutung war. Selbst diese Ruinenfelder geben dem Besucher heute keine Hinweise mehr darauf, dass es sich einst um prächtige Paläste, Verwaltungsgebäude und Wohnsiedlungen gehandelt hat. Zwischen diesen Resten stehen Tausende ausgewachsener Palmen, auf die für Touristen flinke Burschen klettern, deren Fußsohlen aus härtestem Leder zu sein scheinen. Außerdem gibt es bäuerliche Kleinsiedlungen. Meistens handelt es sich um einzelne Lehmhütten für je eine Familie, die zeitlebens damit beschäftigt sind, sich mit selbst Angebautem knapp über Wasser zu halten. Inzwischen wird Ägypten jedoch weitgehend von der sogenannten Weltgemeinschaft gefüttert bzw. von der westlichen Welt.

Der herumstreifende Besucher, der sich hier unbehelligt bewegen kann, stößt hin und wieder auch auf Figurenreste, hieroglyphenbeschriftete Opfersteine und Säulen jeder Größe, und meist sind auch die Kinder und Jugendlichen nicht weit, die dem Fremdling auflauern, um ihm bei passender Gelegenheit „echte Funde" aus der Alten Zeit anzubieten. Ich konnte mehrfach beobachten, dass die Besucher drauflos kauften, obwohl ihnen von der Reiseleitung deutlich gesagt worden war, dass es sich in aller Regel um Fälschungen handelt. Ich möchte nicht wissen, wie oft hier schon geschickt präparierte Hände und Füße von eigenen Großeltern unter der Bezeichnung „echte Mumie" an den Touristen gebracht worden sind.

Die größte Sehenswürdigkeit von Memphis ist heute der äußerst fotogene Alabaster-Sphinx, ein 80 Tonnen schwerer Koloss auf freier Fläche unweit der umbauten Ramsesstatue. Der Platz ist von hohen Dattelpalmen umgeben, doch ist in der Nähe kein bedeutendes Ruinenfeld zu entdecken, das auf eine früher würdige Umgebung geschlossen hätte. Wenn es der Besucher auch nicht auf Schritt und Tritt sehen kann – dennoch wurde hier in Memphis seitens der archäologischen Wissenschaft fleißig gegraben. Insbesondere suchte hier der Engländer Emery das Grab des Imhoteps, dem „Herrn der Medizin, Weisheit, Technik, Mumifizierkunde und Baumeister der Stufenpyramide zu Sakkara". Emery glaubte seinem Ziel zum Greifen nah gewesen zu sein eine Entdeckung gemacht zu haben, nach der die Geschichte des Alten Reiches neu zu beschreiben gewesen wäre. Doch dieser Triumph war ihm nicht vergönnt – er starb zu früh.

Sakkara

Der Tag neigte sich zwar dem Ende zu, aber auf dem Programm stand noch der Besuch der berühmten Stufenpyramide zu Sakkara, so dass die Reiseleitung jetzt aufs Tempo drückte. Wie sich herausstellte, hatte es aber seinen besonderen Reiz, zu abendlicher Stunde diesen Pyramidenbesuch gemacht zu haben. – Die Busfahrt von Memphis nach Sakkara war zwar kurz, und dennoch war's eine Tour in eine andere Welt, nämlich aus der äußerst fruchtbaren palmenbestandenen Nilebene hinauf auf das Plateau der Libyschen Wüste ohne Baum, Strauch und Grashalm, die Trennungslinie ist haarscharf.

Bereits von Weitem konnten wir diesen trutzigen und angeblich ältesten Pyramidenbau Ägyptens sehen, seitlich beschienen von der untergehenden roten Sonne – ein Prachtbild! Die in sechs Stufen aufgestockte Mastaba, deren Etagen um jeweils zwei Meter zurücktreten, ist das Grabmal König Djosers aus der III. Dynastie. Das Material ist toniger und äußerst brüchiger Kalkstein, weshalb diese Pyramide nicht bestiegen werden kann. Ihre Höhe beträgt 59 Meter. Bereits beim Betreten dieser Anlage war aufgefallen, dass die Pyramide als Mittelpunkt einer großartigen Kultanlage von einst gewaltigen Tempeln, Kapellen, Höfen und prächtigen Säulengängen umgeben war und somit insgesamt das gewaltigste Steinmonument dieser Zeit um 2700 v. Chr. darstellt. An ihrer Nordostecke fand man in einer allseitig geschlossenen Steinkammer die Statue des Pharaos Djosers, deren

Kopie (das Original steht im Ägyptischen Museum zu Kairo) man durch zwei kleine Gucklöcher sehen kann.

Die Stufenpyramide zu Sakkara wurde um 2700 BC als Grabmal für Pharao Djoser vom „mystischen Imhotep" errichtet.

Ich erkletterte heimlich ein paar Meter dieser Pyramide und konnte mir so die Umgebung anschauen, die – in herrliches Abendrot getaucht – abermals erkennen ließ, dass es hier für die Archäologen noch jahrzehntelang Arbeit gibt, denn wohin ich auch blickte, sah ich vom Wüstensand bedeckte Hügel und Mulden, als wäre hier die steinerne Vergangenheit mit einem überdimensionalen Sandtuch abgedeckt worden. In der Nähe stehen weitere, aber wesentlich kleinere, teils schon stark zerfallene Pyramiden, doch erblickt man weiter im Süden deutlich die berühmte Knick-Pyramide von Dahschur und im Norden die Pyramiden von Abusir. Hätte ich mehr Zeit gehabt, wäre mir sicher keine dieser Pyramiden zwischen Kairo bis hinunter nach Khartum im Sudan entgangen – später!

In unmittelbarer Pyramidennähe befindet sich eine heute unterirdische Tempelanlage, eine der erst kürzlich entdeckten Kostbarkeiten des alten Ägyptens. Bevor das große Ägypten unterging und für Jahrtausende in Vergessenheit geriet (warum eigentlich?), befand sich wohl auch dieser Tempel an der Erdoberfläche, doch die unerbittliche Wüste verscharrte alles unter sich. Deshalb muss man kein Prophet sein wenn man mit dem Engländer Emery meint, dass in Zukunft hier noch phantastische Funde gemacht werden. Ob die wohl auch Hinweise auf Außerirdische geben würden oder gar Beweise? Es darf spekuliert werden!

In den finsteren Grabräumen sah ich die prächtigsten aller mir bekannten Steinreliefs, die – ganze Wände bedeckend – selbst bei kritischstem Hinschauen keine unachtsam bearbeiteten Stellen offenbaren. Die Reliefs zeigen eine Überfülle vieler Figuren und zahllose Szenen aus der Alten Zeit und darüber hinaus Hieroglyphentexte, die es den Wissenschaftlern ermöglichen, wesentliche geschichtliche Details früherer Jahrtausende zu enträtseln.

In einem dunklen Nebenraum wäre ich beinahe über den offenen Steinsarg wahrscheinlich eines Kindes gestolpert, der – an einer Wand stehend – nicht beleuchtet war. Darin lag in der Tat eine mumifizierte Leiche, offenbar die eines sehr jungen Menschen. Die gewebten Kleidungsstücke waren teils noch ausgezeichnet erhalten und im Gesicht konnte ich noch Hautreste erkennen, die Hände und Füße bestanden allerdings nur noch aus den Knochen, aber immerhin war das ganze Skelett in gutem

Zustand. Aus welchem Grund man diese Mumie hier so offen liegen ließ, vermochte mir die Reiseleitung nicht zu sagen.

Als die rote Sonne auf dem Horizont stand und sich anschickte, diesen schönen Tag zu beenden, brachen wir auf, um in einem nahegelegenen Restaurant unser wohlverdientes Abendessen einzunehmen beziehungsweise etwas auszuruhen. Da ich heute ja schon einige Kilometer per pedes durch Kairo hinter mir hatte, begann ich diesen langen Tag jetzt zu spüren.

Das Restaurant lag an einer fast unbefahrenen Landstraße und machte einen sauberen europäischen Eindruck, und auch das aufmerksam servierte Essen war geschmackvoll, aber leider alles anders als reichhaltig genug. Mit auf der mit Efeu überdachten Terrasse saß eine fast 100-köpfige Gruppe russischer Friedens- und Freundschaftsbringer, die ziemlich neidvoll zu uns herüberschauten und nicht schlecht staunten, dass sich von uns jeder die Menge Bier und Limonade leistete, die er gern haben wollte. Bei den ärmlichen Russen kamen auf eine Flasche Bier stets vier bis sechs Gläser! Typisch auch die biederen Kleidchen der gewichtigen Sowjetfrauen, die aufgekrempelten unifarbenen Hemden und die weiten verbeulten Hosen der „Arbeiterhelden". Es war ohneweiteres zu beobachten, dass unsere westliche Reisegruppe von den Ägyptern prompt und aufmerksam bedient wurde, während man die Russen – obwohl sie immer wieder nach der Bedienung riefen – beinahe unbeachtet ließ, denn bei denen war ja wegen des Devisenmangels fast nichts zu holen.

Gleich nach der Mahlzeit und diversen Russenbeobachtungen setzte ich mich für die noch zur Verfügung stehende Zeit ab und ging ein Stück in Richtung kleiner Bauernkaten, die malerisch im Palmenhain standen, hinter denen sich in einigen Kilometern Entfernung die großen Pyramiden von Gizeh als jetzt schwarze Silhouetten abhoben. Ich nahm Kontakt mit einem jungen Bauern auf, der sich zusammen mit seiner Frau und einem zehnjährigen Mädchen – seinem Kind – vor dem bescheidenen Lehmhaus aufhielt. Natürlich kam ein Gespräch nicht zustande, weil ich keine Silbe des Arabischen beherrschte und er kein Englisch, aber irgendwie war es mir dann doch möglich klarzumachen was ich wollte. So hatte er nichts dagegen, dass ich einen Blick in sein fensterloses 1-Zimmer-Haus ohne Möbel und elektrisches Licht werfen konnte. Auf dem sauberen Lehmboden lagen Essgeschirre sowie ein paar Decken und darauf ein von lästigen Fliegen geplagtes fünf Wochen altes Baby. Auch durfte ich von ihm und seinem schüchternen Töchterchen ein Bild machen, doch ließ sich die Frau leider nicht dazu überreden, sich für ein Foto zum Mann zu stellen, obwohl er ihr's genehmigt hatte. Bliebe noch festzuhalten, dass ich tatsächlich der Einzige war, der sich auf diese Art und Weise etwas in der näheren Umgebung umgesehen hatte, während sich die anderen eifrig damit beschäftigten, ihre Mägen mit Ess- und Trinkbarem vollzuschütten.

Die Rückfahrt nach Kairo erfolgte bei völliger Dunkelheit und in aufgelockerter Stimmung, denn die meisten Männer und auch einige Frauen hatten sich das Bier und den Wein etwas zu gut schmecken lassen. Als ich abends wieder im Hotel war, traf ich im Aufenthaltsraum mit mehreren inzwischen bekannt gewordenen Mitreisenden zusammen, auch der deutsche Fremdenführer mit seiner Frau war zugegen. Wir tauschten noch jene Erfahrungen aus, die wir während unserer drei Tage in Ägypten machen konnten und mussten mit anhören, wie sich etliche Teilnehmer bitter über Ägyptens Schmutz mokierten und meinten, dass dieses Land für einen zivilisierten Deutschen eigentlich unzumutbar sei. Nun, der Orient sei eben der Orient, und deshalb sollte man mit Europa nicht vergleichen – versuchte ich zu relativieren, und im Übrigen solle man nicht vergessen, dass Ägypten erst vor einem Jahr einen großen Krieg durchlebt hatte. Dass es überall an Farbe fehle, dass die Straßenbahnen Kairos längst auf den Schrotthaufen gehörten und der Service für den Besucher fast null sei, ginge auf den Sozialismus ägyptischer Machart zurück – meinten andere. Doch die meisten, da bin ich mir ziemlich sicher, hatten überhaupt keine Meinung, denn ihnen war es ausschließlich um die Pyramiden und ums möglichst gute Essen und Trinken gegangen.

Der nächste Tag war leider schon der Rückreisetag, die Maschine sollte heute 13.30 Uhr gen Deutschland starten. Vielen Teilnehmern – auch mir – graute es bereits jetzt vor dem erwartenden kalten November zu Hause. Da jedoch unser Bus zum Flughafen erst gegen 11 Uhr abfahren sollte, hieß das für mich die Zeit bis zu diesem Termin noch bestmöglichst zu nutzen. Ich frühstückte deshalb schon sehr zeitig, denn meine Absicht war, einem weiteren Wahrzeichen Kairos, dem Cairo Tower, einen Besuch abzustatten. Dabei handelt es sich zwar nicht um eine historische Sehenswürdigkeit, doch sollte man ihn gesehen und befahren haben, weil der Blick von oben auf die Stadt großartig ist.

Um diesen Turm zu erreichen, musste ich nochmals durch die belebte Sharia Mohammed Mahmud, dann über den morgens nicht weniger vollgestopften Tahrir-Platz und über die Tahrir-Brücke. Auf der westlichen Nilseite im Stadtteil Gezira befindet sich dieser alles überragende 180 Meter hohe Tower, den man weißgott nicht übersehen kann. Dieser Turm wird von zwei Dachplattformen gekrönt, eine mit rotierendem Restaurant und eine andere mit einem Café. Als ich dieses Wahrzeichen des modernen Kairo erreicht hatte, dürfte es erst gegen 9 Uhr gewesen sein, dennoch war ich hier längst nicht der erste Fremdling, der das Bedürfnis hatte, sich per Lift 180 Meter hochhieven zu lassen, von unserer Gruppe sah ich allerdings keinen Einzigen. Ich entrichtete ein bescheidenes Eintrittsgeld und wenige Minuten später stand ich bereits im sauberen modern eingerichteten Restaurant hoch über El-Kahira – der „Siegreichen", wie Kairo auch genannt wird.

Imposant war der Anblick des sonnenglitzernden Bandes des Nils gen Süden, wo am Horizont deutlich die großen Pyramiden von Gizeh zu erkennen waren. Auf dem Nil befanden sich wie immer zahlreiche alte Nilboote, das sind einfache Transport- und Fischerboote mit den unverkennbaren weißen Segeln, die für hier typisch sind. Am linken Nilufer sticht als markantestes Gebäude das Kairoer Rundfunkhaus ins Auge, und dahinter breitet sich die flächenmäßig ungeheuer große Stadt mit ihren vielen Minaretten aus. Ihren östlichen Abschluss findet sie schließlich im Monumentalbau der Zitadelle beziehungsweise der Alabaster-Moschee und etwas weiter nördlich im schmutzig-gelben Dunst eines mitten im Kairoer Häusermeer arbeitenden Hüttenwerkes.

Nachdem ich mir hier oben eine kühle Limonade gegönnt und festgestellt hatte, dass es sich bei den Gästen durchweg um sogenannte bessere Leute gehandelt haben musste, entschied ich mich für die Rückfahrt nach unten, doch da gab es eine plötzliche technische Panne. Die beiden Lifte waren defekt und konnten trotz eifriger Bemühungen der Techniker auch in der folgenden Stunde nicht wieder flott gemacht werden. Nun hieß das für mich und viele andere Gäste: Abstieg zu Fuß, wobei eine vermutlich noch nicht benutzte steile Wendeltreppe begangen werden musste, die teils zwischen der betongerippten Außenverkleidung und der runden Turmaußenmauer hindurchführt, teils aber auch über mehrere Etagen hinweg durch unbeleuchtete schmale Innengänge. Da hatten so manche Leute – hauptsächlich Frauen – ihre Probleme! Etliche wollten die absolut finsteren Gänge zunächst nicht betreten, wurden aber vom begleitenden Personal schließlich dazu überredet. Aber auch ich war froh, als ich unten angekommen war, denn 180 Höhenmeter auf einer extrem schmalen Wendeltreppe hinter sich gebracht zu haben, war beinahe eine sportliche Leistung.

Und dennoch war ich eine Stunde vor der Abfahrt zum Flughafen wieder im Hotel, wo mich ein etwas schüchterner Teilnehmer darum bat, ich möge für ihn bitte ein paar Andenken kaufen, womit er aber erhandeln meinte, dass er sich nicht zutraue. Da ich ohnehin die gleiche Absicht hatte, gingen wir zusammen ein paar Straßen weiter und fanden dann auch schnell das passende Souvenirgeschäft mit handgearbeiteten Waren, die Touristenherzen höher schlagen lassen.

Ich erhandelte mir zwei Reiterspieße in Lederetuis und zwei schöne handgetriebene Wandteller, die noch heute unser Wohnzimmer verschönern. Für den Mitreisenden, der übrigens kein Wort Englisch konnte, kaufte ich zwei lukrativ aussehende Messingteller mit viel Handarbeit sowie eine steinerne Miniatur-Pyramide, dies ganz zur Freude des Verkäufers, der bemerkt hatte, dass ich einen möglichst günstigen Preis für uns herausschlagen wollte. Ich akzeptierte nämlich erst, als wir bei mindestens einem Drittel Nachlass gelandet waren. Aber nicht weniger freute sich der Reisekollege, der sich nach der Rückkehr ins Hotel mit einem großen Bier bei mir erkenntlich zeigte.

Nun war auch für mich der Moment des Abschieds von Ägypten gekommen, obwohl ich mir sicher war, aus diesen wenigen Tagen das Optimale herausgeholt zu haben. Das konnten die meisten der Teilnehmer wohl nicht von sich sagen, denn ich hatte ja sehen und hören können, dass in der Regel nur Essen, Trinken, Faulenzen und – wenn auch nicht zuletzt – die Pyramiden eine Rolle spielten. Für alle sonstigen im Orient wichtigen Nebensächlichkeiten hatten leider nur die Wenigsten eine Antenne.

Pünktlich fuhr der Bus vor und ebenso pünktlich startete er zum Flughafen weit außerhalb der Stadt. Wieder schlängelte er sich mühsam durch

Kairos Straßen, drohte immer wieder mit hochbeladenen Maultierkarren oder bepackten Fußgängern zusammenzustoßen, aber nichts passierte. Insofern verdiente dieser Fahrer höchstes Lob.

Soweit ich sehen konnte, verlief die Abfertigung glatt, zumal irgendwelche komplizierten Formulare jetzt nicht mehr auszufüllen waren. Die im Bus eingesammelten Reisepässe wurden schon bald nach der Ankunft wieder ausgehändigt, so dass dem planmäßigen Abflug in einer halben Stunde nichts mehr im Wege stand. Diese Zeit nutzten doch tatsächlich einige junge Leute, ihre Gesichter noch einmal in die ägyptische Sonne zu halten, dies wohl ahnend, dass es in ein paar Stunden finster um sie herum werden würde.

Der Start unserer Boeing 727 der Condor erfolgte fast auf die Minute pünktlich um 13.30 Uhr Ortszeit. „Auf Wiedersehen, du Land der Pyramiden, Pharaonen, des Nils und der Wüste!" Zunächst hatten wir noch bis hinüber nach Griechenland das sonnenüberflutete Mittelmeer unter uns, auch in Süd-Jugoslawien war der Himmel noch wolkenfrei, aber etwa ab Zagreb kamen Wolken auf, wurden immer dichter und ließen wenig später – über Österreich und Süddeutschland – überhaupt keinen Blick mehr auf die Landschaft unter uns zu. Hier herrschte bereits der graue November!

Nach glattem Flug landeten wir nach vier Stunden in Stuttgart - Deutschland hatte uns wieder! Es umfing uns kühles Nieselwetter, ein frischer Wind und über uns ein endloses Grau, das zwar nicht überraschte, aber sicher nicht nur mich ein bisschen traurig stimmte. Während viele der Mitreisenden hier abgeholt wurden, weil sie offensichtlich in Stuttgart und Umgebung zu Hause waren, stand mir noch die langweilige Autobahnfahrt nach München bevor, die ich aber – nachdem ich meinen alten Käfer wohlbehalten wiederentdeckt hatte – beinahe wie im Traum auf mich nahm, denn hatte ich nicht erst wenige Stunden zuvor in einem ägyptischen Laden gestanden und Handgefertigtes heruntergehandelt?

Ich fühlte mich aber glücklich, denn ich war vollgestopft mit viel Neuem aus einer uralten rätselhaften Welt, die mich ganz sicher wieder sehen würde – und das gleich mehrere Male und sehr intensiv.

3. Kapitel
MAROKKO

Ja, es war ein Traum aus meinen Kinder- und Jugendtagen, einmal mitten unter harten Rif-Bauern und vermummten Wüstenbewohnern zu sein, einmal den Saharasand zwischen den Zehen zu spüren und die geheimnisvollen Kasbahs, Marokkos historische Lehmburgen, zu bewundern. „Die Tür zu diesem Land der Weisheit, Größe und Gegensätze im Nordwesten des riesigen Afrikanischen Kontinents einen Spalt für mich zu öffnen“ – so könnte sich ein weiteres Motiv für diese anstrengend gewesene, weil in der Gluthitze des Monats August unternommene Autoreise nennen.

Marokko ist heute ein viel besuchtes Touristenland, das man als Jet-Reisender natürlich nur beiläufig kennenlernen kann, denn es genügt nämlich nicht, sich durch die Souks der Königsstädte schieben zu lassen und seine Dirhams in die üblichen Souvenire umzusetzen; denn das echte Marokko trifft man in den kleinen Bergdörfern des Rif- und Atlas-Gebirges, in den oasenähnlichen Ansiedlungen der großen Wüsten und Steppen beziehungsweise dort, wo die meist hoffnungslos überladenen Busse buntes einheimisches Reisevolk ausspucken, die dem Fremden zwar mit neugierigem Misstrauen begegnen, sich aber bald auf ein Schwätzchen – meist aber nur mit Händen und Füßen – einlassen.

Wir, das heißt, meinem damals erst 13-jährigen Sohn Rainer und ich, wollten dieses Land für uns individuell entdecken und entschieden uns deshalb fürs Auto, einem alten, aber nichtsdestoweniger tapferen grauen Käfer, der uns kein einziges Mal weder im Hohen Atlas noch am Rande der Sahara im Stich gelassen hatte. Dieses Vehikel schaffte an einem Stück genau 9.664 Kilometer, die er ohne lautes Murren hinnahm. Unsere Tour ging von München über Lindau/Bodensee durch die Schweiz, Frankreich und Spanien, wo von Algeciras aus die Überfahrt per Fähre ins spanische Ceuta erfolgte.

Dann begann unsere über 4.000 Kilometer lange Marokko-Rundreise, die uns unter anderem nach Tanger, Rabat, Casablanca, Marrakesch, Zagora, Meknès, Fès und Tetuan führte. Dass wir zwei Tage lang in Marrakesch sage und schreibe 49 Grad Celsius im Schatten zu ertragen hatten, wirft trotz aller Begeisterung für dieses Land ein Licht auf die Kehrseite Nordafrikas beziehungsweise auf die Strapazen, denen wir wochenlang ausgesetzt waren.

Natürlich möchte ich heute keinen einzigen Tag dieser Reise missen. Aber mein tapferer junger Reisebegleiter wusste schon unterwegs, dass er so schnell nicht mehr wieder hierher zurückkommen würde. Aber ich habe, als ich nach Wochen wieder Spanien unter mir hatte, bewusst „Auf Wiedersehen Nordafrika!“ gesagt, dies in der Hoffnung, später einmal ohne Zeitzwang und ohne viel Gepäck in diesen wundersamen geschichtsträchtigen Maghreb-Staat zurückkehren zu können.

Wer eine große Reise durch Marokko unternommen hat, dies mit weit offenen Augen und Ohren tat, und wer unterwegs fleißig Notizen zu Papier brachte, könnte leicht ein dickes Buch über seine Erlebnisse und Eindrücke schreiben – so auch ich. Zwar bin ich im Besitz vieler Notizen und einiger Hundert schöner Bilder, aber es mangelt mir für ein Buch leider an der notwendigen Zeit. Deshalb muss ich meine Leser nolens volens um Verständnis dafür bitten, dass ich die 40 in ganz Marokko besuchten Städte, Dörfer und historischen Flecken nicht sehr ausführlich beschreiben werde, zumal ja außerdem viele geschichtlichen Hintergründe und auch ethnologischen Details ohnehin nicht als gänzlich geklärt gelten.

Überfahrt nach Marokko

Nach langem Anstehen und immer wieder höllisch aufpassend, dass wir nicht einfach beiseite geschoben wurden und keine Langfinger in unsere Taschen gerieten, war es dann endlich soweit: Ich erhielt für die 18-Uhr-Fähre ein Ticket für zwei Personen und einen VW, zahlte erleichtert 1.200 Pesetas – das waren umgerechnet bescheidene 50 Mark – und konnte nun aufatmen, denn erst jetzt war uns Nordafrika noch für heute sicher.

Da wir bis zur Überfahrt noch ein paar Stunden Zeit hatten, nahmen wir uns vor, auch den Hafen kennenzulernen, einen sehenswerten Fischerhafen, in dem – so schien es mir – nur nebenbei auch der Fährbetrieb mit Ceuta auf afrikanischer Seite abgewickelt wird. Jedenfalls schwankten Aberhundert große und kleine Fischerkähne an den Kais, oft zu einem halben Dutzend und mehr nebeneinander liegend, wohingegen sich die größeren Schiffe, namentlich die Fähren, in der hoffnungslosen Minderheit befanden. Uns gefiel dieses verwirrende Bild unzähliger Masten, Leinen und Bootskörper außerordentlich, wagten uns auf das eine oder andere Boot, um uns Netze, Tonnen und Planken näher zu betrachten und machten dabei Bilder, die mit zu den lebendigsten und farbigsten zählen, die auf dieser großen Reise gelangen.

Nach einer kleinen Mahlzeit mit Coca Cola und belegten Broten fanden wir dann endlich die Muße, die erste Karte an die Zuhausgebliebenen zu schreiben, um zu versichern, dass bisher alles gut verlaufen sei, dass Andalusien und die Costa del Sol bisher am meisten beeindruckten, wohingegen die Costa Brava schmutzig und zu verbaut sei, also hässlich.

Eine Stunde vor der Überfahrt begann sich die Autoschlange der Ticketinhaber für 18 Uhr zu formieren, so dass auch wir unseren grauen Käfer einreihten und nach der Ticketkontrolle ein weißes Pappschild mit der Aufschrift „18 hora" zwischen Windschutzscheibe und Wischer geklemmt bekamen. Wie wir sehen konnten, spielte sich die Verladung der Autos in ruhiger routinemäßiger Art und Weise ab, offensichtlich herrschen im Hafen und auf den riesigen Fähren strengere Regeln als außerhalb des unmittelbaren Hafens.

Als ich endlich unser Vehikel am vorgesehenen Platz im Bauch der Fähre stehen und gut gesichert hatte, hatten wir noch reichlich Gelegenheit, uns von einem der Decks aus Algeciras und den bunten Hafen anzuschauen, ein- und ausfahrende Fischerboote zu beobachten und uns die männlichen Mitreisenden zu Gemüte zu führen, bei denen es sich überwiegend um Figuren handelte, denen man nachts besser nicht allein begegnet. Da waren Typen darunter, neben die man sich auch tagsüber nicht setzen würde! Obwohl es für Rainer das erste Mal war, dass er solch dunklen Gestalten begegnete, verzog er keine Miene, die beeindruckten ihn eigentlich gar nicht.

Überraschend pünktlich, nämlich kurz vor 18.30 Uhr, legte unsere Fähre ab und nahm Kurs auf die Hafenausfahrt beziehungsweise aufs offene Meer. Nun hatten wir den Europäischen Kontinent hinter uns und waren gespannt darauf, wie uns Afrika empfangen würde. – Die Fähre hatte kaum eine halbe Stunde hinter sich, als wir durch den Dunst hindurch erstmals die afrikanische Küste sahen und eine gute Stunde später bereits im Hafen von Ceuta anlegten. Afrika war erreicht!

Natürlich dauerte es für mich viel zu lange, bis endlich mit der Abfertigung begonnen wurde, denn mir ging es ja schließlich darum, möglichst noch bei Tageslicht einen geeigneten Platz für unser Zelt zu finden. Aber da hieß es zunächst einmal Geduld aufzubringen, denn die marokkanischen Zollorgane hatten es natürlich nicht eilig. Nur gut, dass wir relativ früh dem Fährschiffbauch entkamen, so dass vor uns die Warteschlange nicht sehr lang war. Hier wird natürlich nicht am Wagen abgefertigt, sondern man muss sich mit den Pässen zum Zollhäuschen begeben, wo dann sorgfältig anhand schwarzer Listen überprüft wird und die Visa dann nicht weniger sorgfältig abgestempelt werden. Unsere Abfertigung – auch die kurze Augenscheinnahme des Innern unseres Fahrzeuges – ging glatt über die Bühne, wobei ich angesichts unseres größeren Lebensmittelvorrates ziemliches Herzklopfen hatte. Aber nichts geschah, und wir konnten schon nach einer Dreiviertelstunde Aufenthalt beim marokkanischen Zoll in südliche Richtung weiterfahren.

Der erste Eindruck nach dem Verlassen der Grenzstelle war, dass sich die Landschaft kaum von der Andalusiens unterscheidet. Auch hier langgestreckte Hügel, landwirtschaftlich genutzte Flächen und weiß getünchte Häuser. Und dennoch gab es Unterschiede, war doch das Grün nicht so üppig und dominierte das Braun unbewachsener Hügel, die Menschen tragen andere Kleidung, die Straßen sind noch schmaler. Mir war klar, dass sich die Unterschiede später noch viel krasser darstellen würden. Dass wir außerhalb bewohnter Gebiete gottseidank schnell einen freien Campingplatz fanden, war unser Glück, denn die Sonne hatte bereits den Horizont unterschritten. Uns stand die erste Nacht auf afrikanischem Boden bevor, nicht wissend, ob man hier überhaupt wild sein Zelt aufschlagen durfte. Aber da vertraute ich auf meinen Instinkt, der mir Sicherheit gab.

Wir befanden uns nun endlich in jenem Land, das sich ab jetzt in einer derart faszinierenden Vielfalt zeigen würde, die ich eigentlich nicht erwartet hatte. Es ist vor allem das für uns höchst Fremdartige beziehungsweise das tief Orientalische, das sich grundlegend von unseren mitteleuropäischen Verhältnissen unterscheidet. Das beginnt damit, dass Marokko nahezu doppelt so groß wie die Bundesrepublik ist, eine ungeheure Landschaftsvielfalt aufweist und das Skifahren im Pulverschnee des Atlases ebenso möglich ist, wie tagelange Kamelritte durch endlose Wüsten. Schließlich wird man hier mit einem überaus bunten Gemisch von Völkern und Sprachen konfrontiert, Sprachen, vor denen selbst viele Marokkaner kapitulieren. Gäbe es das Französische als Klammer nicht, zerfiele dieser Staat, wie Indien zerfallen würde, käme jemand auf die unsinnige Idee, dort das Englische abzuschaffen.

Tetuan

Dieser Stadtname klingt ein bisschen unheimlich, für mich jedenfalls, denn aus Jugendbüchern war mir noch im Gedächtnis geblieben, dass es hier im 14. Jahrhundert angesichts untergeschlüpfter Seeräuberbanden hoch hergegangen war. Da rollten Köpfe, wurde gestohlenes Gold gehortet und schufteten Sklaven fürs Überleben. Erst die Spanier bereiteten diesen Turbulenzen ein gewaltsames Ende, als ein Expeditionsheer die Stadt zerstörte und sämtliche Einwohner nach Spanien brachte. Für heutige Begriffe kaum fassbar waren es seinerzeit Moslems und Juden, welche die Stadt neu aufbauten und mit dicken Mauern umzogen.

Zu dieser Zeit soll auch der Name „Tetuan“ entstanden sein und zwar aus „tit ta uin“ beziehungsweise „öffne dein Auge“. Es gibt aber auch die Version „tsettaun“ – „die Quellen“. Ihre Blütezeit erlebte die Stadt unter Mullai Ismail in den Jahren 1677 bis 1727. Doch die Überfälle hörten nicht auf, denn immer wieder randalierten die aufständischen Berber, so dass 1859 nicht weniger als 35.000 Spanier wieder für Ordnung sorgen mussten. Sie zogen jedoch nach Zahlung eines horrenden Lösegeldes wieder ab, kamen aber 1913 zurück und machten Tetuan zum spanischen Protektorat. Erst seit dem Jahr 1956 gehört Tetuan endgültig zum Königreich Marokko.

Da wir am 28. Juli bis morgens um fünf Uhr durchschlafen konnten, erreichten wir Tetuan bereits kurz nach acht. Wir verließen die an Tetuan vorbeiführende Avenida de Sidi Dris, bogen ab in Richtung „Neustadt“ und parkten in einer Seitenstraße südlich der Avenida Mohammed V. Vorbei an uralten, mit riesigen Melonen hochbeladenen Eselskarren und anderen Früchten, die morgens auf den Marktstraßen feilgeboten werden, gingen wir zunächst ins Zentrum der Neustadt, zu einem mit hohen Palmen bestandenen Platz, dessen alte Bank- und Bürohäuser so gar nicht in den Orient passen wollen. Hier war also deutlich der spanische Einfluss zu erkennen – nur die herumlaufenden Frauen und Männer in langen weißen Gewändern oder auch in bunter Kleidung bewiesen uns den Afrikanischen Kontinent.

Von hier aus hielten wir uns nordöstlich, wussten wir doch, dass dies die Richtung zur Altstadt – der Médina – war. Es dauerte nicht lange und wir hatten die Plaza Hassan II. erreicht, einen 100 Meter langen und 80 Meter breiten Platz, an dem die Médina mit der Mellah – der Neustadt - zusammenstößt. Hier war an diesem Morgen der Teufel los, denn es mögen Abertausend Leute – meist Frauen – gewesen sein, die hier ihre Tageseinkäufe erledigten. Zu kaufen gibt es alles: vom Gemüse über allerlei Obst bis hin zur Toilettenseife. Dass man diesen Platz als Europäer nicht unbemerkt queren kann, versteht sich, doch bleibt man auf jeden Fall unbehindert. Es gibt auch keine Bettelei.

Nun betraten wir die Médina, eine äußerst verwirrende Ansammlung kleiner und kleinster Gässchen, die zwar viel Spaß machte, uns nach längerer Zeit aber immer unheimlicher wurde, weil wir das Gefühl bekamen uns hoffnungslos verlaufen zu haben. Als Orientierungspunkte hatten wir uns den Kalifenpalast und die Avenida Mohammed V. gemerkt, aber das nutzte leider nichts, denn nach Stunden eifrigen Wanderns durch das Gassengewirr hatte die Sonne ihren Stand völlig verändert, und alles sah auf dem Rückweg plötzlich ganz anders aus.

In solchen Fällen heißt es natürlich Ruhe zu bewahren. Nachdem ich zunächst mit Rainer vergeblich eine halbe Stunde lang unser Auto gesucht hatte, setzte ich ihn schließlich in ein Café und begab mich allein auf die Suche, wobei ich mir sicher war, binnen möglichst kurzer Zeit unser Gefährt gefunden zu haben. Doch da hatte ich noch nichts von der Tücke dieser verrückten Stadt gewusst, denn nach einer weiteren Stunde vergeblichen Suchens sah ich mich schon bei der Polizei, um einen gestohlenen Wagen zu Protokoll zu geben – und das ohne ausreichende Französischkenntnisse! Ich war verzweifelt. Schließlich sprach ich ein paar gebildet aussehende Passanten an, bis ich endlich einen fand, der ein paar Worte

Englisch sprach und sich auf der Stelle bereiterklärte, mit mir zusammen auf Autosuche zu gehen. War es denn zu glauben, dass wir nach einer weiteren Stunde immer noch mit leeren Händen dastanden? Ich konnte es dem freundlichen Marokkaner schließlich nicht verdenken, dass er's aufgab und sich mit bedauerndem Schulterzucken von mir verabschiedete. Er gab mir noch den Rat, dass ich zur Polizei gehen solle. Schlaumeier!

Ich fand wenigstens Rainer wieder, denn es hätte mich hier gar nicht gewundert, wenn er mir auf gleiche Art und Weise abhanden gekommen wäre. Wir marschierten zusammen los und – ich traute meinen Augen nicht – standen nach einer weiteren halben Stunde plötzlich vor unserem grauen Käfer! Insgesamt hatte die Suche über drei Stunden gedauert, was mir natürlich eine ernste Warnung für alle künftigen Besuche arabischer Städte war; tatsächlich ist mir ein Missgeschick dieser Art auch nie wieder passiert.

Ein bisschen schockiert aber dennoch erleichtert verließen wir nachmittags die Stadt Tetuan und setzten bei nicht weniger als 34 Grad im Schatten unserer Fahrt in Richtung des nächsten Zieles – Tanger – fort. Unser Zelt schlugen wir kurz vor Tanger in freier Wildnis auf und freuten uns das vorgesehene Tagespensum geschafft zu haben.

Tanger und Cap Spartel

Eigentlich noch tiefer als Tetuan hatte sich mir Tanger ins Gedächtnis eingeprägt, jene skandalumwitterte nordmarokkanische Stadt, deren geschichtlicher Anfang noch im Dunkeln liegt. Wir erreichten die Stadt am 29. Juli.

Der Sage nach soll Tanger von Antäus, dem Sohn des Neptun, gegründet worden sein. Es siedelten hier Phönizier, Karthager, Römer, Vandalen, Byzantiner und Westgoten – also ein buntes Durcheinander sehr verschiedener Völker, bis im Jahr 705 schließlich die Araber die Oberhand gewannen. Dies jedoch auch nur vorübergehend, denn es folgten die Portugiesen, Spanier und Engländer. Nachdem wiederum nur für eine kurze Zeit die Marokkaner die Herren von Tanger waren, landete hier kein Geringerer als Kaiser Wilhelm II., der 1906 die Marokkokonferenz in Algeciras führte, auf der ein internationaler Status für Tanger vereinbart wurde. Doch später muss es damit Probleme gegeben haben, denn die Spanier besetzten 1940 abermals Tanger, bis es 1956 endgültig dem Königreich Marokko zugeschlagen wurde.

Wir kannten also die markantesten geschichtlichen Daten sowie auch den zweifelhaften Ruf dieser Stadt und machten uns deshalb mental auf Einiges gefasst. Beinahe hatte ich sogar Bedenken, mit Rainer diese angeblich versumpfte Stadt zu besuchen, schließlich hatte er noch nicht einmal das 14. Lebensjahr vollendet. Ich nahm mir deshalb vor, hier ganz besonders vorsichtig zu sein.

Entlang des angeblich berühmten drei Kilometer langen Strandes von Tanger führt die Avenue d'Espagne, die wir befuhren, als wir aus Richtung Tetuan kommend Tanger erreichten. Vom Strand war zwar nicht viel zu sehen, denn er liegt hinter der Eisenbahnlinie, aber was wir sahen, war alles andere als einladend. Am Bahnhof angelangt, erkundigten wir uns zunächst nach dem Zentrum Tangers, dem sogenannten Großen Markt (Grand Socco). Den kannte natürlich jeder, so dass wir binnen weniger Minuten unser Auto dort parken konnten, dies in der Gewissheit, ihn hier zu jeder Zeit wieder finden zu können.

Und was bietet dieser berühmte Platz? Nichts, rein gar nichts! Da kann man sich als Besucher höchstens daran berauschen, dass sich – vermutlich – hier das Forum der Römerstadt Tingis befunden hat. Sonst nichtssagende Häuser, viele Autos, mäßiger Fußgängerverkehr und keine Europäer. Dieses harmlose Bild war für uns angesichts der hohen Erwartungen zwar eine Enttäuschung, aber nichtsdestoweniger informativ, wissen wir doch heute, dass der Name „Tanger" nicht mehr das hergibt, was er verspricht, diese Zeiten sind schon lange Jahre vorbei.

Vom Grand Socco aus sind es nur wenige Schritte ins Abenteuer, womit ich die Altstadt Tangers meine, deren Zentrum – den Petit Socco – wir schnell erreicht hatten. Hier war schon mehr los, denn zu früher Vormittagsstunde hatten längst die Marktfrauen ihre Obst-, Gemüse- und Eierstände aufgeschlagen, wurde eifrig gefeilscht und herumgestikuliert. Vorbei an der Großen Moschee, die von uns Ungläubigen natürlich hier nicht betreten werden darf (wie übrigens alle anderen Moscheen Marokkos ebenfalls nicht), gerieten wir in immer engere und verwinkeltere Gassen, die bergan führen und, wenn man den richtigen Orientierungssinn hat, den

Besucher schließlich zur hochgelegenen Kasbah lancieren. Dass wir die Kasbah beziehungsweise das alte Fort fanden, verdanken wir nur der Tatsache, dass die Gässchen stets bergan führen und uns bekannt war, dass es sich beim Fort um den höchstgelegenen Punkt der Altstadt handelt. Oben angekommen, bot sich ein schöner weiter Blick über die an einer Bucht gelegenen Stadt bis hinüber zu den zu dieser sommerlichen Jahreszeit nicht grünen, sondern braunen Hügeln.

Uns bergab durch Gässchen bewegend, die wir beim Aufstieg nicht passiert hatten, erreichten wir nach drei Stunden wieder den Grand Socco und – welch ein Glück! – unser Auto. Hier machten wir in einem etwas besseren arabischen Café zunächst einmal eine Pause, bevor wir uns dazu entschieden, bei strahlend schönem, aber etwas windigem Wetter die Fahrt nach Cap Spartel anzutreten.

Die äußerste Nordwestecke des Afrikanischen Kontinents zu sehen und zu erleben, ist natürlich ein Muss, wenn man sich schon mal in Tanger befindet, zumal per Auto die Strecke bis dorthin in einer halben Stunde zu meistern ist. Diese kurze Fahrt wird mir als schönes Naturerlebnis im Gedächtnis bleiben, denn die schmale, kaum befahrene Straße führt durch eine herrliche Kiefernlandschaft, die sich ganz und gar nicht mit jenen eintönig trockenen und steinigen Landschaften vergleichen lässt, die wir bisher zu Gesicht bekommen hatten.

Nachdem wir problemlos den wohl markantesten Leuchtturm Afrikas erreicht hatten, empfing uns zwar hellster Sonnenschein, aber auch ein äußerst lebhafter Wind, der uns selbst beim Gehen Schwierigkeiten bereitete. Doch was wir hier oben 200 Meter über dem unter uns wallenden Atlantik sehen konnten, übertraf alle Erwartungen. Wir gingen durch einen schön angelegten kleinen Palmenhain, sahen immer wieder den trutzigen Leuchtturm (konnte nicht betreten werden) und nicht zuletzt das tiefe Blau des aufgewühlten Atlantiks. Ich freue mich, dass mir hier oben trotz des steifen Windes ein paar reizvolle Landschafts-Dias gelangen.

Asilah und Lixus

Wir waren in „Abenteuerlaune“ und entschieden uns nach einer Stunde Aufenthalt am Cap Spartel für die Weiterfahrt in Richtung Süden nach Asilah. Diesen kleinen Fischerort, der aber schon zu karthagischer Zeit eine Rolle spielte (hier lebte später auch Pascha Raissuni, ein großer Freund der Deutschen und Spanier im Ersten Weltkrieg), erreichten wir über die bestens ausgebaute Küstenstraße direkt vom Cap Spartel aus.

Die alte Stadtmauer mit dem ehemaligen Sultanspalast konnten wir bereits ein paar Kilometer vor Asilah erkennen, und als wir näher gekommen waren, lud uns das alte Stadttor „Puerta de Tierra“ dazu ein, uns Asilah etwas näher anzuschauen. Wenn man einmal vom bunten Markt und von den mächtigen schon stark vom Zahn der Zeit gezeichneten Stadtmauern absieht, gibt es hier nichts Herausragendes für den Besucher zu sehen, es sei denn, er hatte Gelegenheit, sich auf Schleichwegen Zugang zum alten Sultanspalast oder zu einer der Moscheen zu verschaffen. Der normale Tourist aber, zumal einer, der nicht genügend Zeit hat, bleibt ohne Chance.

Etwas außerhalb von Asilah entdeckten wir einen menschenleeren Sandstrand, der uns für einige Stunden festhielt. Da war nicht nur das Wasser glasklar und angenehm frisch, auch der Strand war sauber, stein- und unratfrei, und zudem spendete uns hochstämmiges Buschwerk ausreichend Schutz gegen die Sonne. Hier, so entschieden wir, sollte heute Nacht unser Zelt stehen.

Aber bis zum Abend hatten wir noch viel Zeit, so dass wir uns aufmachten, auf schneller wenig befahrener Straße noch bis zur historischen Stätte Lixus zu fahren, die nur wenige Kilometer vor Larache zu finden ist. Als wir sie erreicht hatten, waren wir enttäuscht, denn von dieser alten römischen Stadt, deren Ruinen aber dennoch bemerkenswert sind, ist nicht mehr viel zu sehen. Lixus erlebte unter Kaiser Claudius seine Blütezeit.

Man kann die Anlage, zu der lediglich ein einfaches Schild weist, ohneweiteres betreten und sich frei bewegen, denn hier gibt es keine Ticketbude und auch keine Führer – dafür ist Lixus zu klein und unbedeutend, zumindest im Vergleich zu den vielen anderen römischen Resten in Marokko. Bemerkenswert fand ich jedoch tiefliegende gemauerte Gänge, die von Ziegelbögen überspannt sind, ferner ein paar schwere Mühlräder aus Stein und Mauerreste, deren Höhe einen Meter aber kaum überstiegen. Dazwischen wuchert dorniges Buschwerk, huschen Eidechsen, und im Übrigen war es hier unglaublich heiß, so dass wir uns beeilten, möglichst schnell wieder an unseren kühlen Strand zurückzufahren. Lixus, das nur wenige Kilometer landeinwärts liegt, gab uns hinsichtlich der Temperaturen einen Vorgeschmack dessen, was uns im tieferen Landesinnern zu dieser heißesten Jahreszeit noch erwarten würde.

Wir schlugen unser Zelt inmitten eines breiten Buschstreifens auf, wo wir den Atlantik nur noch leise rauschen hörten und die wenigen vorbeifahrenden Autos überhaupt nicht mehr wahrnahmen. In dieser Nacht, die ich zu den angenehmsten auf der ganzen Reise zählen möchte, schliefen wir tief und fest nicht weniger als 10 Stunden.

Larache

Gut ausgeschlafen und abermals unternehmungslustig starteten wir heute Morgen bereits gegen halb sieben. Unser erstes Ziel, die wichtige Hafenstadt Larache, lag nur wenige Kilometer vor uns, so dass wir uns schon gegen sieben auf dem bereits belebten Zoco de la Alcaiceria, dem Zentrum der Altstadt, befanden. Auch hier hektisches Markttreiben, wo uns zum ersten Mal die äußerst brutale Art und Weise auffiel, wie Marokkaner mit Tieren umgehen. Ob es sich dabei um Schafe, Ziegen, Esel oder Hühner handelt spielt keine Rolle, denn für Marokkaner ist das nur Ware, sonst nichts. Die Tiere werden rücksichtslos zusammengeknotet, stundenlang der erbarmungslosen Sonne ausgesetzt und keiner kümmert sich um das jämmerliche Röcheln dieser Kreaturen. Hühner werden dutzendweise an den Beinen zusammengebunden und auf Karren verladen, das heißt, man wirft diese quietschenden Bündel einfach hinauf und weiß selbstverständlich, dass kein Huhn mehr ein ganzes Bein hat. Dass übrigens in ganz Marokko die Esel in der Regel an ihren Schultern tiefe Fleischwunden haben und dort hinein die Treiber immer wieder ihre Stöcke schlagen, gehört ebenfalls zum hiesigen Alltag. Kultur im Sinne von Mitgefühl Tieren gegenüber besitzt der Marokkaner in aller Regel nicht.

Wie wir sehen konnten, ist Larache für den Touristen kein Anziehungspunkt von Rang, denn auch von Sauberkeit hält man hier nichts. So blieb mir nur der Vermerk ins Tagebuch, dass diese Stadt über eine schmutzige, wenn auch sehenswerte Médina verfügt und dass es sich um einen Badeort ohne Flair handelt. Von hier aus schickten wir den Daheimgebliebenen unsere zweite Karte mit der Versicherung, dass uns Marokko noch gefällt trotz der Tatsache, dass dieser Kartengruß bei sage und schreibe 44 Grad im Schatten geschrieben wurde. Als wir uns zur Weiterfahrt nach Ouezzane entschieden, war es gerade erst neun. Sicherlich könnte man hier aus seinem Besuch noch etwas mehr machen, denn Larache verfügt über ein altes Fort, das man sich vielleicht auch von innen anschauen kann, aber uns drängte es weiter, denn wir hatten ja noch ein immenses Programm zu absolvieren.

Ouezzane

Die Fahrt von Larache nach Ouezzane, einer für Juden und Moslems gleichermaßen heiligen Stadt im Landesinnern, führte über Ksar-el-Kebir, einen Ort, den wir uns eigentlich etwas näher ansehen wollten, zumal dessen Geschichte sich vielversprechend las, doch die Erwartungen blieben meilenweit hinter der großen Vergangenheit dieser heute eher bedeutungslosen Stadt zurück. Wir parkten in der Nähe eines großen überdachten Marktes, auf dem sich zu dieser Vormittagsstunde praktisch nichts mehr abspielte und spazierten durch ein paar Straßen, deren stillose unsaubere Häuser es nicht einmal wert waren fotografiert zu werden.

Indem wir uns der heiligen Stadt Ouezzane näherten – wir also weiter ins Landesinnere kamen –, wurde es von Minute zu Minute heißer, das Thermometer zeigte schon den ganzen Vormittag deutlich über 40 Grad im Schatten an. Ich als Fahrer hatte mich ja mit allerlei verkehrsmäßigen Problemen zu befassen und wurde so von der Hitze „abgelenkt", aber Rainer begann zu kämpfen. Er verhing alle Fenster mit Tüchern, was sicher zur Erleichterung beitrug, aber bei über 40 Grad merkt man den Unterschied von 42 oder 45 Grad auch nicht mehr.

Als wir Ouezzane erreicht hatten, achteten wir wieder sehr darauf, uns möglichst nur im Schatten aufzuhalten, denn dieser Ort – so malerisch das auch aussieht – liegt windgeschützt an einem Hang, so dass die Sonne wie ein Brennglas wirkt und den Menschen hier arg zusetzt. Ich konnte sehen, dass auch die Einheimischen sehr unter dieser Glut litten und alles zu ihrer Erleichterung taten; auch sie mieden die Sonne, wann immer das möglich war, hüllten sich in leichte weiße Tücher und tranken Wasser, so oft es eben ging.

Ouezzane ist, wie gesagt, für Juden und Moslems heilig, denn die Juden verehren hier einen ihrer berühmten Rabbiner Rabbi Amran ben Diuan, der im 18. Jahrhundert hier lebte, und die Moslems wallfahren zum Grab des Gründers der einst mächtigen Taibai-Sekte. So eigenartig es für unsere Ohren auch klingen mag, aber hier in Marokko haben Juden und Moslems offenbar einen Weg des vernünftigen Nebeneinanderlebens gefunden, denn man trifft im ganzen Land auf derartige Situationen, die in anderen arabischen Staaten praktisch undenkbar sind. Angesichts des verbohrten Hasses der überwiegenden Anzahl arabischer beziehungsweise islamischer Staaten auf die Juden wäre es sicher eine interessante Aufgabe, diesem „marokkanischen Geheimnis" einmal öffentlich auf den Grund zu gehen. Erst Jahre später erfuhren wir, dass es auch in Tunesien und sogar im Iran Ähnliches gibt, aber kaum jemand weiß davon.

Die heilige Stadt Ouezzane liegt äußerst malerisch an einem Berghang. Um in die Souks zu gelangen, müssen Treppen bestiegen werden, die man in der glühenden Mittagshitze nicht ohneweiteres schafft. Aber das wollten wir uns nicht nehmen lassen, zumal unser Ziel die Grüne Moschee war, die ohne Treppensteigen unerreichbar geblieben wäre. Die getreppten Marktstraßen, die hier zwangsläufig frei von Eselskarren und sonstigen Fahrzeugen sind, bieten dem Besucher jene romantischen Orientbilder, die er sich immer schon wünschte. Hier kommt nicht nur der Fotograf, wenn er sehenden Auges ist, voll auf seine Kosten, auch der Antiquitäteninteressent findet hier tausend Dinge aus Haushalt, Kunst und Geschichte, die sein Herz höher schlagen lassen. Da das heilige Ouezzane alles andere als eine Touristenstadt ist (wir sahen nicht einen einzigen Europäer), glaube ich, dass die hier zum Verkauf angebotenen alten Waren echt sind.

Nachdem wir einige dieser malerischen Souks durchwandert hatten wussten wir, dass der fremde Besucher hier gern gesehen ist: Niemand belästigte uns, kein jugendlicher Guide drängte sich auf, die Leute nahmen freundlich von uns Notiz. So tasteten wir uns immer näher an die Grüne Moschee heran, dem Wahrzeichen und Heiligsten dieser Stadt, die unübersehbar aus dem Häusermeer der Altstadt herausragt. Als wir die Grabstätte des Mulai Abdallah, des erwähnten Sektengründers, erreicht hatten, stand uns das Wasser im Gesicht und Nacken.

Wir wussten, dass uns der Zutritt nicht möglich war, weshalb wir auch gar nicht erst den Versuch machten, ohne Schuhe hineinzukommen, doch konnten wir ins Innere schauen und sehen, wie inbrünstig hier die Gläubigen ihre Gebete verrichten. Innen wie außen ist diese Moschee mit einfachem Dekor in Form von Kacheln und geometrischen Mauerreliefs versehen. Dieses an sich schlichte Heiligtum ist vor jeglichem Straßenverkehr geschützt und liegt inmitten des Wirrwarrs kleiner und kleinster Gassen. Wir zwängten uns durch Gässchen, in denen es beinahe zum Problem wurde aneinander vorbeizukommen. Etwas ängstlich könnten Besucher werden, wenn sie sich plötzlich in einer überdachten schmalen Gasse befinden, wo man keine Hand mehr vor den Augen sieht und man erst nach Minuten wieder Tageslicht erkennt. Aber wir waren ja tapfere Krieger! Übrigens habe ich nirgendwo in arabischen Ländern eine so eigenartige, für Fremde ziemlich unheimliche Bauweise angetroffen.

Bevor wir uns nach längerem Aufenthalt entschlossen weiterzufahren, schrieben wir noch einen Kartengruß nach Hause, in dem wir meinten, dass uns bei 45 Grad im Schatten nur noch die erhältliche Coca Cola aufrecht hält. Während der Fahrt nach Fès zog sich der Himmel plötzlich zu, er wurde gelb-grau und es war nicht mehr erkennbar, wo eigentlich die Sonne stand. Es wehte kein Lüftchen, Mensch und Tier erlahmten immer mehr. Wir aber mussten vorerst einmal diesen Hitzeeinbruch ignorieren und noch bis kurz vor Fès kommen, jener berühmten alten Königsstadt, der wir morgen einen ausgiebigeren Besuch machen wollten. Während dieser Fahrt hielt ich mehrere Male das Thermometer in den Fahrtwind: Es kletterte bis auf 47 Grad und das bei geschlossenem Himmel!

Unterwegs Pause. Mir war es bei dieser brutalen Hitze nicht mehr möglich, länger als eine halbe Stunde an einem Stück zu fahren. Abseits der

Straße erstanden wir eine saftige Melone, die wir sofort schlachteten und zur Hälfte verzehrten. Wir spürten, dass uns der Melonensaft wieder auf die Beine stellte und wissen seither, warum Melonen in Nordafrika so begehrt sind. Leider überstand aber die nicht geschaffte zweite Melonenhälfte die kommende Stunde nicht, denn im durchhitzten Wagen wurde sie binnen kurzer Zeit sauer – sehr schade!

Entdeckt wurden wir hier von einem vorbeifahrenden Marokkaner, der uns freundlich begrüßte, uns je eine Flasche warmen Bieres spendierte und selbst außerordentlich unter dem Hitzeeinbruch litt. Er gab sich als marokkanischer Botschaftsangehöriger in Brüssel zu erkennen und sprach etwas Flämisch, so dass eine bescheidene Verständigung möglich war. So erfuhren wir, dass diese Hitzeeinbrüche ohne Sonne und extremer Luftfeuchtigkeit im August hier nichts Ungewöhnliches seien, aber auch für Einheimische nur schwer zu verkraften. Er bedauerte Rainer, der an einem Baum saß und schon einen beinahe apathischen Eindruck machte; ihm wollte selbst das Bier nicht schmecken, weshalb er sich lieber mit der Melone befasste, die zu diesem Zeitpunkt noch genießbar war.

Als wir 20 Kilometer vor Fès waren, entschieden wir, den heutigen Tag als beendet zu betrachten und irgendwo unser Zelt aufzuschlagen – wir waren erledigt! Doch dies war mangels geeigneter freier Stellen nicht möglich, so dass wir zum ersten Mal auf einen Campingplatz mussten, der zwar schön lag und mit hohen Laubbäumen bestanden war, aber natürlich die üblichen Nachteile hatte: Er war laut und voller Mücken. Ich maß um 19 Uhr immer noch 36 Grad, so dass uns heute das Zeltaufschlagen verdammt schwerfiel und wir lange Zeit keinen Schlaf fanden.

Fès

Wir hatten heute Donnerstag, Ende Juli. – Fès ist die älteste der vier marokkanischen Königsstädte und seit vielen Jahrhunderten der kulturelle und religiöse Mittelpunkt des Landes. Trotz seiner prächtigen Lage auf drei Hügeln, umgeben von einer abwechslungsreichen fruchtbaren Landschaft, offenbart sich diese Stadt nicht auf den ersten Blick. Man muss sich deshalb den Zauber seiner Charakteristiken auf langen Wegen erwandern. Fès sollte man zunächst auf der prachtvollen Route de Fès umfahren, um all ihre Aspekte erst mal von oben wahrzunehmen. Und schließlich sollte man sich auch mit ihrer geschichtlichen und geistigen Entwicklung beschäftigen, um ihre Bedeutung im Rahmen des islamischen Kulturkreises wenigstens annähernd zu verstehen. Aber dazu benötigt man viel Zeit. Fès ist so interessant, dass man es sich – wie übrigens auch Marrakesch – glatt zum Hobby machen könnte.

Hier nur in Stichworten die Geschichte: Fès wurde im Jahr 808 n. Chr., also zur Zeit Karls des Großen, von Mulai Idris II. gegründet, aber es entwickelten sich zunächst zwei voneinander getrennte Stadtteile. Am rechten Ufer des Ued Fès siedelten 8.000 aus Córdoba vertriebene Familien, und am linken Flussufer ließen sich 3.000 aus Kairouan geflüchtete Araber nieder. Noch heute ist der Unterschied zwischen diesen beiden Stadtteilen erkennbar. Unter den Almohaden erlebte Fès ab dem 12. Jahrhundert eine lange Periode der kulturellen Blüte und des wirtschaftlichen Wohlstandes. Seinerzeit soll es hier 785 Moscheen gegeben haben!

Unter den Merimiden und später den Saadiern wurde Fès weiter zum geistigen und kulturellen Mittelpunkt des Landes ausgebaut. Es erlangte vor allem die Universität eine führende Position im westlichen Islam. Die Alauiten schließlich, die noch heute in Marokko regieren, residierten in Fès bis zum Beginn des französischen Protektorats im Jahr 1912. Unter ihrer Herrschaft sollte Fès eigentlich wieder zur Regierungshauptstadt werden, aber die Franzosen bevorzugten letztlich das kühlere Rabat als Verwaltungssitz. Durch den großzügigen Bau einer Neustadt erlebte Fès abermals einen raschen Aufschwung, der noch heute spürbar ist.

Bevor wir uns in die Stadt wagten, befuhren wir zunächst die berühmte Route de Fès, eine um viele Berge herumführende Straße, die oft den Blick auf die verschiedenen Stadtteile ermöglicht, die auf Hügeln liegend optisch voneinander getrennt sind. Blicke dieser Art sind besonders reizvoll, doch fällt es dem Besucher dennoch schwer, sich von oben einen Gesamteindruck zu verschaffen, weil er nach wenigen Fahrminuten um Berge herum wieder eine völlig andere Perspektive hat und dann nicht mehr weiß, ob er den vor sich liegenden Stadtteil nun schon gesehen hat oder nicht. Wie mag einem erst in der Stadt selbst zumute sein?

In der Nähe eines markanten Stadttores stellten wir unser Auto ab und warfen uns in das „Abenteuer Fès“, die hier übrigens Fès el-Bali genannt wird. Wie ich anhand meines kleinen Stadtplanes herausgefunden hatte, war das Glück mit uns gleich vor dem Bab Schorfa zu stehen, einem uralten Stadttor, deren mächtige mehreckige Torpfeiler uns ebenso imponierten wie der unaufhörliche Strom abenteuerlich aussehender Figuren. Hier hatten wir zum ersten Mal wirklich das Gefühl, uns inmitten tiefsten Orients zu befinden.

Traditioneller Trommeltänzer vor dem Bab Bujelud in der alten Königsstadt Fès.

Wir passierten das Bab Schorfa jedoch nicht, sondern steuerten auf das markantere Bab Bujelud zu, das sich nahe unseres Standpunktes befand. Dieses prächtige Tor, das drei schlüssellochähnliche Durchgänge aufweist – einen großen Durchgang sowie zwei kleine – und reich mit Ornamenten verziert ist, gehört zwar nicht zu den historischen Glanzstücken von Fès – es wurde erst 1913 erbaut –, aber es ist ungemein fotogen und allein schon deshalb besuchenswert.

Natürlich wurden wir hier laufend von ziemlich aufdringlichen Jugendlichen und Halbwüchsigen angesprochen, die immer wieder versicherten, uns für ein paar Mark alle Geheimnisse von Fès zu präsentieren. Angesichts der Unübersichtlichkeit der Altstadt, die nach keinem uns zugänglichen System angelegt wurde, schwankte ich zwischen Zu- und Absage. Ich lehnte aber ab, denn ich wollte mir in aller Ruhe alles selbst ansehen und nicht von Ortskundigen durch das Gassengewirr gejagt werden.

Wer meiner Leser die Altstadt von Fès ohne Guide hinter sich gebracht hat, wird mir bestätigen, dass eine Steigerung nicht mehr möglich ist. Wenn ein Reisender auf seiner Tour ein noch verrückteres historisches Viertel kennengelernt hat als das von Fès, der soll's mir bitte sagen, denn das möchte ich dann auch noch kennenlernen. Wir irrten mindestens fünf Stunden lang hier herum, hatten aber schon nach einer halben Stunde mangels Sonnenschein völlig die Orientierung verloren. Die Altstadt ist drei Kilometer lang und hat einen guten Kilometer in der Breite, weist – und das ist das Fatale – jedoch keinen markanten beziehungsweise sichtbaren Orientierungspunkt auf. Es gibt hier zwar eine Menge Moscheen und sogenannte Medressen (Koranschulen), aber deren Minarette sind sehr niedrig. Und wenn einmal ein Minarett etwas aus dem Häuserbrei herausragt, verliert man diesen Anhaltspunkt nach weiteren zwei Gehminuten wieder aus den Augen.

Die Gässchen sind eng, werden nur von Fußgängern und Packeseln benutzt und sind zum Teil überdacht. Das Treiben hier ist bunt, die Verkäufer sind zahlreich, und in den Ecken stapelt sich in der Regel tagelang der Müll, bis er endlich von der Müllabfuhr beziehungsweise einem Treiber mit Esel abgeholt wird. Wir gelangten zum Fluss, dem Ued Fès, der aber bei Gott diesen Namen nicht verdient. Hier quält sich nämlich ein stinkender, kaum einen Meter breiter Wasserwurm durch das Häusermeer, der für alle Abfälle dieser riesigen Stadt herhalten muss. Wir haben mit eigenen Augen gesehen, wie die sogenannte Müllabfuhr von einer der zahlreichen schmalen Fußgängerbrücken den Inhalt der Abfallkörbe einfach runterkippt. Wem wundert's, dass hier auch bei Tag Ratten in beängstigender Größe zu sehen sind!

Nachdem wir eher durch Zufall die berühmte Karauin-Moschee entdeckt hatten und uns der Blick in den Innenhof vergönnt war, staunten wir nicht schlecht, denn hier herrscht absolute Sauberkeit. Dies ist eine Wohltat für's Auge, doch war uns der Zutritt auch hier erst recht nicht erlaubt. Gut zu erkennen waren einige kunstvoll gestaltete Lampen, reich ornamentierte Torbögen und Wände an der gegenüberliegenden Seite, der Brunnen für die rituellen Waschungen und der mit wertvollen Marmorplatten belegte Fußboden. Wir umrundeten die 15.000 Quadratmeter große Moschee und konnten durch eine Reihe der 14 Tore immer wieder die Pracht dieser angeblich größten Moschee ganz Nordafrikas bewundern. 270 Säulen bilden 16 Seitenschiffe mit je 21 Bögen! Durch Jahrhunderte hindurch war diese Moschee Sitz der islamischen Universität von Fès und somit das geistige Zentrum des Landes. Die im 13. Jahrhundert gegründete Bibliothek enthält Manuskripte, Dokumente und Bücher von unschätzbarem Wert. Hier hätte ich mir beinahe gewünscht ein Moslem zu sein, doch ich war beziehungsweise bleibe ein „Ungläubiger", und deshalb wird mir das interessante Innere dieser Moschee auch in Zukunft nicht zugänglich sein.

Wir machten Rast in einem der unzähligen kleinen Restaurants, die im Allgemeinen nur von Einheimischen aufgesucht werden, und bestellten uns ein undefinierbares marokkanisches Essen. Es bestand wohl aus verschiedenen Gemüsen und etwas Hammelfleisch, war ölig und scharf, doch es schmeckte nicht schlecht. Während dieser erholsamen Pause schrieben wir wieder eine Karte nach Hause, in der wir abermals versicherten, dass noch alles okay sei, doch wüssten wir in der Tat noch nicht, auf welchem Weg wir diese Altstadt wohl wieder verlassen würden. Und ins Tagebuch notierte ich meine Bedenken hinsichtlich des gerade zu uns genommenen Essens. Ob das gut geht?

Um hier wieder herauszukommen, schlug ich rein gefühlsmäßig eine bestimmte Richtung ein, von der ich hoffte, dass sie die richtige sein würde – und sie war es auch! Nach einer halben Stunde Marsch standen wir tatsächlich wieder vor unserem Auto in der Nähe des Bab Schorfa. Da es für die

Weiterfahrt aber noch zu früh war, kletterten wir noch hoch zum Südtor, von dem aus uns noch ein weiter Blick über Fès vergönnt war.

Volubilis

Für den 1. August stand die größte und wichtigste römische Ruinenstadt Marokkos – Volubilis –, die heilige Stadt Mouley Idris und Meknès auf dem Programm. Es sollte also wieder ein Tag werden, der es in sich haben würde. Da wir es am gestrigen Abend noch bis in die Nähe von Mouley Idris geschafft hatten, entfiel heute Morgen eine längere Anfahrt, so dass wir bereits vor sieben die Ruinenstadt erreichten und hier einmal nicht mit der unerträglichen Hitze, wie wir sie in Fès hatten, kämpfen mussten. Diesen relativ frischen Morgen inmitten einer reizvollen Berglandschaft genossen wir in vollen Zügen.

Bei Volubilis handelt es sich um das größte und bedeutendste Ruinenfeld aus römischer Zeit, das man als Marokkoreisender unbedingt gesehen haben sollte. Wir hatten freien Zugang und wurden auch nicht von einem Guide verfolgt, vielleicht wäre uns das eine Stunde später passiert. Vom Eingang aus hielten wir uns linker Hand und besuchten nacheinander die Ölmühlen, deren überschwere Räder noch gut erhalten sind, das Haus des Orpheus, die Thermen, das Forum, die Basilika und das „Haus des Hundes“. Absoluter Höhepunkt war der herrliche Triumphbogen, der in seinen wesentlichen Elementen noch gut erhalten ist. Bewunderungswert sind auch die vielen reich verzierten Rundsäulen, die einst die Dächer der wichtigsten Stadthäuser trugen. Seine Blütezeit erlebte Volubilis im 1. bis 3. Jahrhundert n. Chr.

Wir spazierten durch die Anlage, hielten uns auf alten grob gepflasterten Römerstraßen und verknipsten ein paar Filme. Welch interessantes Leben mag sich hier wohl vor 2.000 Jahren abgespielt haben und – diese Frage stelle ich mir angesichts solcher Ruinenfelder immer wieder – warum hat eine so bedeutende Stadt einfach aufgehört zu leben?

Mouley Idris

Von Volubilis aus nach Mouley Idris zu gelangen, ist keine große Sache, denn hier weisen praktisch alle Schilder in diesen heiligen Ort, der bei den Moslems des Landes auf der Rangliste ganz oben steht. Der Ort hat zwar nur tausend Einwohner, doch was ihn berühmt und verehrungswürdig gemacht hat, ist das hier befindliche Grab des Idris I., dem Gründer der ersten marokkanischen Dynastie, der im Jahr 804 n. Chr. durch einen Abgesandten des Kalifen Harun el-Raschid vergiftet wurde. Kein anderer Mann der Geschichte Marokkos wird so verehrt wie er! Die größte Wallfahrt zu dem Heiligtum findet jeweils im September statt.

Wir parkten am Fuße des malerisch an einem Hügel liegenden Ortes und wurden sofort von ein paar sogenannten Führern in Empfang genommen. Da ich wusste, dass der Besuch dieses Ortes durch Fremde nicht ohneweiteres akzeptiert wird, zumal wenn es sich um „Ungläubige“ handelt, sagten wir einem 10-jährigen Knirps zu, für zwei Dirhams dabei zu sein. Dieser freute sich ungemein, denn er war der Auserwählte von nicht weniger als einem halben Dutzend älteren Bewerbern.

Der Junge gab sich redlich Mühe, auch seine paar deutschen Brocken bei uns loszuwerden, was ihm auch vortrefflich gelang. Er lernte bei uns sogar noch ein paar Wörter hinzu, so dass ich mir durchaus vorstellen kann, dass er heute zu den begehrten deutschsprachigen Reiseführern hier gehört. Nun ging es bergan durch typische kleine Gässchen, die ich jedoch nicht als schmutzig bezeichnen möchte, denn mir saß ja noch die Altstadt von Fès im Nacken. Nach einer durchschwitzten Viertelstunde standen wir schließlich auf einer kleinen Terrasse, von der wir einen phantastischen Blick auf die heilige Stadt hatten. Inmitten der kleinen flachdachigen Häuser liegt die mit schweren grünen Ziegeln gedeckte Moschee mit dem Grab des Idris, ein im Vergleich zu den übrigen Gebäuden respektabler Bau.

Auf dem Rückweg wurden wir von einem heftigen Gewitter überrascht, so dass wir uns für längere Zeit irgendwo im Gässchengewirr unterstellen mussten. Es war den Leuten anzumerken, dass auch sie diesen plötzlichen Regen gern hatte, brachte er doch endlich etwas Abkühlung. Nachdem der Regen aufgehört hatte, war die Luft wieder rein und spürbar frischer, aber der Himmel klarte sich schnell wieder auf, so dass die Sonne abermals ihr heißes Spiel mit Mensch und Tier weitertreiben konnte.

Blick auf das Mausoleum des Idris I.,
dem Gründer der ersten marokkanischen Dynastie um 800 AD.

Meknès

Als wir Mouley Idris wieder verließen, war es gerade erst 14 Uhr, so dass ich mir vornahm, noch heute Meknès zu besuchen, das von hier aus über eine gute Straße binnen einer halben Stunde auch schon erreicht war. Meknès gehört neben Fès, Marrakesch und Rabat zu den vier marokkanischen Königsstädten. Doch im Gegensatz zu diesen war der Stadt nur eine 50-jährige Blütezeit beschieden, und zwar unter dem Sultan Mulay Ismail, der hier von 1672 bis 1727 regierte. Der schnelle Aufstieg dieser Stadt unter dem jungen dynamischen Regenten war beispielhaft, doch ebenso rasch versank der Glanz auch wieder.

Die Geschichte von Meknès beginnt etwa im 10. Jahrhundert, als sich an den Ufern des Bufekran ein aus Osten kommender Nomadenstamm – die Meknassa – niederließen. Im Mittelalter und zu Beginn der Neuzeit ist die Geschichte vom „Meknès der Olivenbäume" zwar wechselvoll, doch ohne herausragende Ereignisse. Erst Mulay Ismail, der die bisherige Hauptstadt Fès verabscheute, verhalf dem Ort, als er mit 25 Jahren den Thron bestiegen hatte, zu einem einzigartigen Aufschwung. Dieser Sultan versuchte, in Meknès den Glanz der Hofhaltung seines Zeitgenossen Ludwigs XIV. in Versailles noch zu übertreffen! Doch seine Nachfolger verlegten ihre Residenz wieder zurück nach Fès und später nach Marrakesch.

Wir kamen aus nördlicher Richtung und parkten am Ende der Avenue Mulay Ismail, von wo es bis zum Zentrum, dem Place el-Hedime, nur ein paar Gehminuten waren. Mein erster Eindruck auch von dieser Königsstadt war, dass sie heute kaum mehr „einheimisch" ist, das heißt, europäisch mit Blick auf den Verkehr und auf die abenteuerlichen Autos – kurz, auch Meknès ist tiefes Marokko, abgesehen natürlich von der Neustadt, die wir auf der nördlichen Seite des Flüsschen liegen ließen beziehungsweise nicht besuchten.

Der Place el-Hedime ist – wie auch der riesige Place Djemnaa el-Fna in Marrakesch – ein Stück echtes Marokko, denn hier verkaufen alte Männer ihr kühles Wasser aus Ziegenhäuten, schreiben Kundige den Unkundigen ihre Briefe und füllen deren Formulare aus. Der Platz ist tatsächlich noch größer als jener berühmte in Marrakesch, er misst 200 mal 100 Meter! Er ist stets belebt – auch heute bei 40 Grad im Schatten!

Dominierend ist das auf der Südostseite des Platzes gelegene Bab Mansur, das Tor des Regenten Mansur. Es gilt als das schönste Tor ganz Marokkos, aber ganz sicher ist es das mächtigste, denn die Ausmaße sind gewaltig. Dass es ziemlich verkommen ist, vermerkte ich mit Bedauern, zumal Bauwerke dieser Art hierzulande im Allgemeinen gut unterhalten werden. Wie wir jedoch später noch sehen konnten, wird die Gegend der Sultansgärten eifrig restauriert, so dass dieses baulich schöne Tor sicher auch schon auf der Liste der Restaurateure stand. – Beeindruckend sind neben den typischen „Schlüsselloch-Toren" die unendlich vielen zierlichen Ornamente an der zum Platz hinweisenden Torseite und nicht zuletzt die gemächlich durchs Tor schlendernden marokkanischen Typen – oft Sonderlinge, deren Aussehen einem manchmal heimliches Lachen entlockt.

Wir querten den Platz bis zur gegenüberliegenden Seite, wo wir dem Dar Jamai, einem alten Wesirpalast (heute Museum), einen Besuch abstatten wollten, aber die Tore waren am heutigen Freitag – dem Sonntag der Moslems – verschlossen. Vor diesem Gebäude, das unter den umliegenden Bauten in keiner Weise herausragt, befindet sich ein 1914 errichteter schöner Mosaikbrunnen, der aber kein Wasser mehr spendet und heute nur noch eine fotogene Zierde ist.

Durch eine schmale Gasse neben diesem Brunnen gelangten wir in die Médina von Meknès, deren Ausmaße mit 500 mal 500 Metern recht bescheiden sind. Dennoch ist sie einen Besuch wert, auch wenn sie keine bedeutenden Höhepunkte aufweist. Bis zur Großen Moschee waren es nur ein paar Minuten, denn dessen Minarett überragt alles. Hat man sie erreicht, befindet man sich schon mitten in der Altstadt, deren Leben und Treiben sich nur dadurch von anderen unterscheidet, als hier sehr geschickte Stoffhersteller und -färber zuhause sind (wie übrigens auch in Fès), hingen doch manche der engen Gassen übervoll mit wehenden farbenfrohen Tüchern.

Den großen Platz wieder in Richtung Bab Mansur querend, steuerten wir unsere nächsten Ziele an: die Sultansgärten mit Palast. Wir passierten das „schönste Tor Marokkos" und befanden uns nun auf dem weiten Place Lalla-Aouda, wo uns sogleich das schöne Minarett einer mir unbekannt gebliebenen Moschee auffiel, das diesem Platz sein Gepräge gibt. In die Sultansgärten gelangten wir durch ein offensichtlich nicht historisches Tor in einer vier Meter hohen Mauer, das dem Besucher wohl nur einen größeren Umweg bis zum nächsten regulären Tor ersparen soll.

Die Sultansgärten sind eine Augenweide für den Marokkoreisenden in den Sommermonaten, denn das Land ist verbrannt – braun und rot –, während diese Gärten vor Grün strotzen. Dafür sorgen ein paar Bedienstete, deren Aufgabe darin besteht, die Rasen regelmäßig mit Wasser zu bespritzen – sonst taten sie nichts, denn die Wege waren alles andere als sauber. Erstaunlich übrigens die Rasen selbst, auf denen wir wie auf zehn Zentimeter dicken Teppichen liefen. Blumen, blühende Sträucher und farbenprächtige Bäume waren zu dieser heißen Jahreszeit zwar nicht zu sehen, aber wir konnten erkennen, dass hier im Frühjahr sicherlich eine Fülle der verschiedensten Blüten die Besucher erfreuen, die Beete waren offensichtlich erst vor Kurzem von ausgeblühten Blumen befreit worden.

Nachdem wir den Park, der eine Länge von 700 Metern hat, durchquert hatten, waren wir bei den berühmten Vorratskammern, die zum alten Sultanspalast gehörten, angelangt. Doch leider hat hier der Zahn der Zeit gründliche Arbeit geleistet, denn außer den unterirdischen Räumlichkeiten und einem großen Wasserbecken war nichts mehr zu sehen. Allerdings sind die genannten Räume ein Abenteuer für sich, denn sie können ungehindert betreten und durchlaufen werden – dies bei fast totaler Finsternis. Oft sieht man am Ende eines Raumes oder eines Ganges nur eine kleine Öffnung, an die man sich regelrecht herantasten muss, ohne richtig erkennen zu können, wie die Böden eigentlich beschaffen sind, in eine Fallgrube sind wir jedoch nicht gestürzt.

Natürlich könnte oder sollte man sich in Meknès länger aufhalten, als wir es uns leisteten, denn fremde, immer wieder interessante Details gibt es auch hier en masse. Doch da sollte man sich auf jeden Fall eine andere Jahreszeit aussuchen, denn die erbarmungslose Sommerhitze lähmt die Sinne und macht unfähig, sich intensiv mit den tausend orientalischen Dingen zu befassen.

Es war gegen Abend, als wir Richtung Rabat, dem Ziel für morgen, aufbrachen. Die Straße war gut, so dass wir schnell vorankamen, aber da befiel uns nach einer Stunde Fahrt plötzlich ein derartig böses Unwohlsein, das uns auf der Stelle zwang, die Weiterreise zu unterbrechen. Nur unter größter Mühe gelang es uns, das Zelt unweit der Straße aufzubauen, doch bevor wir uns hinlegen konnten, mussten wir uns beide mächtig übergeben. Und dennoch aßen wir noch etwas Obst, schluckten eine Tablette und fielen bald in einen tiefen Schlaf. Heute waren wir im wahrsten Sinne des Wortes erledigt, wobei das Schicksal meinem Rainer noch schlimmer mitspielte als mir, denn er musste auch noch während der Nacht – was mir gottseidank erspart geblieben war – ein paar Mal das Zelt verlassen, ums sich draußen von gewissen Zwängen zu befreien.

Rabat

Am nächsten Morgen – wir notierten den 2. August – fühlte ich mich nach 10 Stunden Schlaf wieder auf den Beinen, aber dem Rainer ging es noch schlecht. Er hatte kaum etwas gegessen, und nach dem Morgentee musste er sich prompt übergeben. Wir nahmen uns deshalb viel Zeit mit dem Zeltabbauen und wären bereit gewesen, notfalls auch den ganzen Tag noch hierzubleiben. Doch Rainer wollte sich wohl stark zeigen, er biss die Zähne zusammen und willigte ein die Tour fortzusetzen. Während der Fahrt nach Rabat hatte er sich aber nur noch einmal übergeben, dann ging es mit ihm wieder aufwärts. In Rabat, der Hauptstadt Marokkos, angekommen, hatte er schließlich überhaupt keine Probleme mehr, das mag vielleicht auch an den jetzt wieder niedrigeren Temperaturen in Küstennähe zusammengehangen haben.

Wenn wir ausgerechnet heute krank gewesen wären, hätte das eine große Enttäuschung bedeutet, denn Rabat-Salè – wie der offizielle Name heißt – bietet dem Besucher sehr viel Sehenswertes, geht doch die Geschichte dieser alten Königsstadt vermutlich bis ins 4. Jahrhundert v. Chr. zurück. In damaliger Zeit hatte es sich um das römische Sala Colonia gehandelt, das bis zum 6. Jahrhundert n. Chr. bestanden hatte. Mit der eigentlichen Entstehung des heutigen Rabat hatte diese römische Epoche mithin nichts zu tun.

Um 1150 ließ Abd el-Mumen, der hiesige erste Sultan, an der Mündung des Bu-Regreg ein befestigtes Kloster – ein Ribat – errichten, aus dem sich die jetzige Kasbah entwickelte. Der Enkel dieses Sultans wollte aus dem Ribat

die glanzvolle Hauptstadt seines sich bis Tripolis/Libyen erstreckenden Reiches machen. Er ließ eine mehrere Kilometer lange Mauer um das Siegeskloster ziehen und begann mit dem Bau einer Moschee, die an Größe alles Bisherige in den Schatten stellen sollte. Ihr unvollendetes Minarett, der Hassan-Turm, und die Säulenreste künden noch heute vom Ehrgeiz dieses Jahub el-Mansur.

Das Hassan-Turm genannte Bauwerk ist das unvollendete Minarett einer Moschee, die um 1200 AD die größte Nordafrikas werden sollte.

Doch der Tod des Sultans beendete die kurze Glanzzeit Rabats. Unter den Meriniden entstanden zwar die Große Moschee und unter den Saadiern die heutige Médina, aber die Stadt verlor dennoch jegliche Bedeutung und war sogar lange Zeit der Nachbarstadt Salè tributpflichtig. Rabat wurde schließlich zu einem der berüchtigsten Seeräuberschlupfwinkel! Dies änderte sich erst, als 1912 die Franzosen einmarschierten und der Generalresident sowie der Sultan von Fès hier ihre Sitze einrichteten.

Ziel Nummer eins war für uns das heutige Wahrzeichen Rabats, der Hassan-Turm. Wie bereits beschrieben, handelt es sich um das nicht vollendete Minarett einer riesig konzipierten Moschee, die einmal 21-schiffig werden sollte, nicht weniger als 360 Säulen sollten das Dach tragen! Der frühe Tod des Sultans, ein schweres Erdbeben im Jahr 1755 und eine große Feuersbrunst ließen dieses Bauwerk nie fertig werden.

Wir sahen bereits von Weitem den 44 Meter hohen abgeflachten viereckigen Turm, der noch etwa 12 Meter höher werden sollte. Als wir uns auf der erhöht liegenden Anlage befanden, hatten wir Gelegenheit, zum ersten Mal in Marokko vor Staunen den Mund kaum mehr zuzukriegen, denn wir wurden von einer Marmorpracht umfangen, die diese Bezeichnung wirklich verdient. Ohne Schuhe – das war selbstverständliche Vorschrift – schlenderten wir über die gleißenden blank polierten Platten hinüber zum Turm, vorbei an mächtigen Säulen, deren Zahl bei 360 liegt. Erst als wir unmittelbar vor dem Hassan-Turm standen wurde uns bewusst, um welch mächtiges Bauwerk es sich handelt. Von hier hatten wir einen schönen Blick über den Fluss hinüber nach Salè, dem „anderen Rabat", von dem aus übrigens das Schiff mit der Romanfigur Robinson Crusoe gestartet war.

Sehenswert ist hier auch das prunkvolle Mausoleum König Mohammed V., dessen Inneres man über eine herrliche Marmortreppe erreichen kann. Die Wände, Säulen und die Decke sind überreich mit den typischen Ornamenten dieses Landes verziert, wobei man der Decke sichtbar die größte Sorgfalt angedeihen ließ. Sie ist ein wahres Prachtstück aus wertvollstem Holz, an der ein Leuchter riesigen Ausmaßes hängt. Bewacht wird der in der Mitte stehende Sarkophag des Königs von bunt uniformierten Wächtern, die sich – nicht immer mit Erfolg – darum bemühen, ihrer Wachaufgabe todernst nachzukommen. In unmittelbarer Nähe befinden sich eine Frauen- und eine Männermoschee, deren Inneres für uns aber auch hier tabu war. Doch war uns wenigstens ein Blick hinein möglich, so dass wir deren phantastische Ausstattung mit edlen Hölzern, viel Marmor und Glas gut erkennen konnten. Gespart wurde da an nichts!

Unser nächster Besichtigungspunkt war die Kasbah, die höchste Erhebung Rabats. Wir konnten entlang des Flusses fahren und weit oben parken, so dass es bis zum berühmten Tor der Oudaia nur noch 100 Meter waren. Wir hatten dieses markante Tor noch nicht erreicht, da war uns bereits klar, dass es sich tatsächlich um einen sehr malerischen Teil von Rabat handelt, der den Besucher wieder einmal ein paar Hundert Jahre zurückversetzt. Hier sieht man keine Autos und auch sonst nicht viel, was an die heutige Zeit erinnert, sondern nur historisches Pflaster, alte Mauern und Mauertürme. Den Namen „Kasbah der Oudaia" verdankt die Anlage dem Araberstamm der Oudaia, der im 11. Jahrhundert von Osten kommend nach Marokko eingedrungen war. Das prächtige Tor, das man passieren muss, um das gegenüberliegende Salè zu sehen, hatte im 12. Jahrhundert der baufreudige Jahub el-Mansur errichten lassen.

Diesen beiden Höhepunkten – dem Hassan-Turm und der Kasbah - sollten aber noch zwei weitere folgen, nämlich Königspalast und Schellah. Ich steuerte unser Auto zurück zum Bld. Hassan II., passierte die Große Moschee und die Mulai-Sliman-Moschee, um dann in die Avenue Mohammed V. einzubiegen, auf der man direkt bis zum Königspalast kommt.

Dieser Palast, dessen Front eine Länge von beeindruckenden 500 Metern hat, gehört mit zu den prunkvollsten Bauten, die ich je in der orientalischen Welt gesehen habe. Überwältigend sind die reich verzierten Tore und Fenster, die marmorne Verkleidung, die das Betrachten ohne Sonnenbrille erschwert und nicht zuletzt die weitläufigen gepflegten Anlagen. Wir konnten ungehindert alles aus nächster Nähe betrachten, was insofern erstaunlich war, als nämlich erst wenige Wochen zuvor rebellierende Luftwaffenoffiziere den Palast bombardiert hatten. Einige der innen liegenden Gebäude waren dabei beschädigt worden und sind noch eingerüstet.

Nun machten wir einen weiten Schritt in die uralte Geschichte dieser Stadt; denn wir besuchten das nicht weit vom Palast entfernt liegende Schellah beziehungsweise das römische Sala Colonia. Die Geschichte dieser Colonia geht bis ins 3. Jahrhundert v. Chr. zurück und reicht bis in das 6. Jahrhundert n. Chr. hinein. Wir passierten ein wunderschönes mit kufischen Schriftzeichen versehenes Tor aus dem Jahr 1339 und standen alsbald inmitten eines äußerst stimmungsvollen Ruinenfeldes.

Prunkstücke der nur 300 mal 300 Meter großen auf Hügeln liegenden Anlage sind das ausgegrabene Forum der Römerstadt und das 15 Meter hohe Minarett einer später errichteten Moschee, doch der Besucher gewinnt den Eindruck, als wenn die muslimischen Bauten selbstverständlich zur römischen Anlage gehören würden, doch diese liegen lediglich eng beieinander. Außerdem gibt es hier einige Merinidengräber, einen heiligen Brunnen sowie eine Anzahl erstaunlich gut erhaltener Ziegelbauten, deren Bedeutung wir nicht erfuhren. Zwischen diesen historischen Bauten stehen üppig wuchernde tropische Sträucher und Bäume, die genug Schatten spenden und so zu einem angenehmen Aufenthalt beitragen.

Als wir das Schellah wieder verlassen hatten, konnten wir vor dem Tor den Tanz eines trommelnden bunt gekleideten Mannes miterleben, der alles daran setzte, uns für ein paar Minuten die Welt zu verzaubern. Seine Masche war, den Tanz auf nur einem Bein auszuführen und dabei die lange Bommel seines Fèses im Rhythmus kreisen zu lassen. Da uns diese ungewöhnliche Vorführung gefallen hatte, ließen wir dankbar ein paar Dirhams bei ihm.

Das Wichtigste von Rabat hatten wir nun gesehen, wohl wissend, dass auch dieser Aufenthalt wieder viel zu kurz war. Ich bin sicher, dass man sich hier ein paar Tage aufhalten kann, ohne sich auch nur eine Stunde zu langweilen. Doch es zog uns weiter nach Süden, nach Casablanca, in Marokkos größte Stadt mit weit über 1,5 Millionen Einwohnern. Doch sie stand erst für morgen auf dem Programm.

Wir hatten keine Probleme, die Ausfahrt nach Casablanca zu finden und befanden uns binnen weniger Minuten auf einer stark befahrenen autobahnähnlichen Küstenstraße, die direkt nach Casablanca führt. Unser Ziel war für die letzten Nachmittagsstunden der Badeort Mohammedia kurz vor Casablanca beziehungsweise der dortige drei Kilometer lange Badestrand. Überraschend war die angenehme Temperatur hier, sie lag bei nur 27 Grad im Schatten – ein Genuss für Marokkofahrer, die in diesem Land schon 47 Grad im Schatten durchlebt hatten. Am Strand ruhten wir uns aus, erfrischten uns im kühlen Atlantikwasser und schlugen dann in unmittelbarer Strandnähe unser Zelt auf, um uns für morgen wieder fit zu schlafen.

Casablanca

Wenn es nur darum ginge auf weiten Reisen historische Bauten zu sehen und landschaftliche Schönheiten zu genießen, könnte man auf Casablanca glatt verzichten, denn diese Wirtschaftsmetropole bietet weder das Eine noch das Andere. Dennoch stehe ich auf dem Standpunkt, dass – wenn man sich schon mal in diesem Land befindet – der Besuch Casas (so die Kurzform) mit auf dem Besuchsprogramm stehen sollte. Wir erreichten die Millionenstadt am Morgen des 3. Augusts, es war ein Sonntag.

Die Geschichte Casablancas geht jedoch weiter zurück, als man das angesichts der modernen Hochhäuser, großen Plätze, eleganten Geschäfte und sauberen Straßen vermuten würde, denn der historische Ursprung soll auf die Phönizier oder Römer zurückgehen, über den Anfang herrscht also noch Unklarheit. Als der Hafenort jedoch zu einem Seeräubernest wurde, zerstörten die Portugiesen zunächst alles, um anschließend den neuen Ort Casa Blanca – Weißes Haus – zu errichten. Das verheerende Erdbeben von 1755 beziehungsweise das bekannte „Lissaboner Beben", hinterließ auch hier seine Spuren, hinzu kamen zunehmende Überfälle benachbarter Berberstämme, so dass sich die Portugiesen wieder zurückziehen mussten. Aber mit den Schwierigkeiten ging es weiter, es folgten Revolten und als Folge davon die lange Schließung des wichtigen Hafens. Als die Hafensperre 1830 wieder aufgehoben wurde, hatte die Stadt nur noch 500 Einwohner! Der eigentliche Aufstieg Casablancas begann 1907, als hier ein französisches Truppenkontingent landete. Für uns Deutsche hat die Stadt ebenfalls eine nicht geringe Bedeutung: Im Januar 1943 fand hier die namhaft gewordene Konferenz zwischen Roosevelt und Churchill statt, auf der die bedingungslose Kapitulation Deutschlands gefordert wurde.

Das Stadtzentrum hatten wir schnell erreicht und problemlos einen Parkplatz gefunden, was eine Stunde später sicher schwierig gewesen wäre. So befanden wir uns bereits halb neun inmitten dieser Großstadt, von der man mit Fug und Recht sagen kann, dass sie Weltstadt-Charakter hat. Der Platz, auf dem wir uns zunächst etwas umschauten, hieß – wie kann es anders sein – Place Mohammed V. Er strahlt eine Modernität aus, die man in Marokko nicht für selbstverständlich hält, wenn man beispielsweise Meknès oder Fès kennt. Hier dominieren Hochhäuser, an deren Fassaden alle möglichen großen Weltunternehmen firmieren und in deren Erdgeschossen sich modernste Banken und Geschäfte befinden. Unaufhörlich fließt der Straßenverkehr und wälzen sich Fußgängermassen über die Bürgersteige und durch die Unterführungen – nein, das hier ist fast nicht mehr Marokko!

Gleich daneben betritt der Besucher die Médina beziehungsweise das, was von der einstigen Altstadt übrig geblieben ist. Wir schlenderten durch ein paar fast menschenleere Gassen und begegneten hier keinem morgenländischen Markttreiben, wie es in tausend anderen marokkanischen Orten um diese frühe Zeit üblich ist. Umgeben ist dieser traurige Rest einer Médina von himmelragenden Betonsilos, die man am Ende einer Gasse stehen sieht oder die zwischen den Dächern der letzten alten Häuser klotzen. Schade, aber dieser Rest stirbt! Wer weiß, ob heute – viele Jahre nach unserem

Besuch – überhaupt noch etwas vom alten Casablanca zu sehen ist, ich glaube nicht.

Auch dieser historische Souk in Casablanca wird der Moderne zum Opfer fallen.

Zum Place des Nations-Unies sind es vom Zentrum aus nur ein paar Gehminuten. Dieser Platz mit dem Theater, dem Justizpalast und dem Hauptpostamt bildet unbestritten ein weiteres Zentrum Casablancas, doch hier hat man mehr Wert auf Großzügigkeit und Augenweide gelegt, denn die weiten Grünanlagen mit herrlichen Palmen sind bestens gepflegt, und die genannten Gebäude strahlen „Historie" aus. Es sind dies keine modernen Kolossalbauten, von denen man sich eher abwendet, sondern Gebäude mit ansehnlichen Fassaden, die man gern fotografiert, weil sie an Traditionelles erinnern.

Von hier geht man bis zum Hafen gemütlich eine Stunde. Als wir diesen letzten Besichtigungspunkt Casablancas, den wir uns vorgenommen hatten, erreicht hatten, wurden wir enttäuscht, war doch das Betreten dieses vor allem mit deutschen Reparationsgeldern angelegten Hafens untersagt. Sehr schade, denn hier hätten wir einen der größten Häfen Afrikas sehen können, wo 1974 nicht weniger als 11 Millionen Tonnen Güter umgeschlagen wurden. Was wir durch die hohen Gitter sahen und heimlich knipsten, waren ein paar angelegte große Schiffe, auf denen jedoch keine Aktivitäten zu erkennen waren. Wir befanden uns so nahe an einem dieser Riesen, dass es unmöglich war, einen davon zur Gänze aufs Bild zu bekommen. Aber hinter diesen verdammten Hochzaun führte kein Weg!

Um in die Gegend der neuen Médina zu gelangen, musste ich die Route de Médiouna einschlagen, jene Ausfallstraße, die direkt nach Marrakesch führt. Unser Ziel war hier nicht nur diese Médina, die von den Franzosen seit 1923 nach modernen hygienischen und architektonischen Gesichtspunkten angelegt wurde, sondern auch der hiesige königliche Palast, der sich in unmittelbarer Nähe befindet. Aber leider war der Palast für uns unzugänglich, und die anschließend besuchte Médina war alles andere als besuchenswert. Kein Marokkaner dürfte diese sogenannte neue Médina lieben – wir auch nicht.

El Jadida

Es war erst gegen 13 Uhr, als wir den Besuch Casablancas für beendet ansahen und wussten, dass wir Rabat und die Millionenstadt Casa in kürzerer Zeit als ursprünglich vorgesehen war besichtigt hatten. Geplant war eigentlich die direkte Weiterfahrt von Casablanca nach Marrakesch, aber ich dehnte die Tour angesichts „überflüssiger" Zeit etwas aus und entschied, über El Jadida und Safi an der Atlantikküste nach Marrakesch zu fahren. Das bedeutete für uns zwei Tage länger frischere Luft und den zusätzlichen Besuch von zwei historisch wichtigen Ortschaften. Ich fuhr deshalb nach Casablanca zurück ins Zentrum, um hier die direkte Straße gen Süden einzuschlagen.

Die Fahrt nach El Jadida hatten wir dank der guten und nicht sehr befahrenen Küstenstraße schnell hinter uns, so dass wir bereits gegen 15 Uhr unser treues Vehikel in die Nähe der „Portugiesischen Stadt" unter schattigen Bäumen abstellen und mit der Besichtigung dieser ungewöhnlichen Sehenswürdigkeit beginnen konnten.

El Jadida hat heute kaum mehr als 50.000 Einwohner, von denen wohl nur noch ein Bruchteil portugiesisches Blut in den Adern haben dürfte. In der Tat war diese Stadt von 1502 bis 1769 in portugiesischem Besitz, so dass sich hier keine Médina, also keine Altstadt arabischen Ursprungs, sondern nur eine portugiesische entwickelt hat, die aber ungemein sehenswert ist. Zwar handelt es sich bei den Bewohnern heute ausschließlich um Marokkaner, doch ihre bauliche Umgebung ist alles andere als orientalisch.

Wir passierten ein großes Tor in der im 16. Jahrhundert errichteten mächtigen Stadtmauer, die das sogenannte portugiesische Viertel umschließt. Diese massive Mauer ist meterdick und hoch, so dass sie sicherlich noch weitere Jahrhunderte das historische Kleinod portugiesischer Prägung schützen wird. Kaum hatten wir das Tor hinter uns, befanden wir uns scheinbar nicht mehr in Marokko, sondern in irgendeiner verträumten Kleinstadt auf der Iberischen Halbinsel. Die von Autos freie alte Stadt machte einen toten Eindruck auf uns, es schien, als ob die Marokkaner dieses Viertel ablehnen würden, denn ein großer Teil der Häuser ist nicht bewohnt und in entsprechend schlechtem Zustand. Die Fassaden sind vielfach schon ohne Verputz, und wenn noch etwas Putz vorhanden ist, erkennt man nur mit Mühe, welchen Farbanstrich die Gebäude einst hatten. Türen und Fenster, Dachrinnen und Schornsteine, Fußwege und Torbögen sind oft in einem erbarmungswürdigen Zustand. Es sieht so aus, als sei die „portugiesische Stadt" von den Restaurateuren noch nicht entdeckt worden. Ich bin aber davon überzeugt, dass – wenn erst einmal diese fremde Stadt wieder in Ordnung gebracht und bewohnt ist – dieses Viertel zu einer touristischen Sehenswürdigkeit ersten Ranges avancieren würde.

Abgesehen von verwinkelten engen Gassen mit grobem Pflaster bietet diese Stadt noch zwei sehenswerte Dinge, nämlich die „portugiesische Zisterne" und vier Bastionen auf der Stadtmauer. Die Zisterne aus dem 16. Jahrhundert liegt unterirdisch und kann gegen Eintrittsgeld und mit Führer begangen werden. Der feuchte kühle Raum ist 35 mal 35 Meter groß und fast dunkel. Das einzige natürliche Licht fällt durch eine kleine Öffnung von der Decke in den Raum und erhellt ihn auf eigenartige Weise: Der breite Lichtstrahl trifft auf das spiegelglatte Wasser und reflektiert das fahle Licht nach oben an die prächtigen Gewölbe und zu den vielen runden Steinsäulen, die dieses Gewölbe tragen.

Als wir diese etwas unheimlich anmutende Zisterne wieder verlassen hatten, mussten wir uns draußen erst wieder an das gleißende Licht und die Hitze gewöhnen, das war ein Wechsel aus 12 Grad hinein in 38 Grad! Wir durchwanderten ein paar Gässchen, passierten dabei eine Vielzahl unbewohnter verfallener Häuser und erreichten eine der Bastionen. Erst hier wurde uns bewusst, um welch mächtige Mauer es sich handelt: Sie misst stellenweise an die 10 Meter in der Breite! Durch Schießscharten, von Zinnen und klotzigen alten Kanonen aus hatten wir einen prächtigen Blick auf das historische Viertel, dessen räumliches Ausmaß wir erst aus dieser Perspektive erkennen konnten.

Nach diesem eindrucksvollen Besuch El Jadidas entschieden wir uns fürs Campingmachen, denn mittlerweile war es Abend geworden und unser Magen knurrte. In Küstennähe entdeckten wir rasch einen schönen Platz inmitten lichten Buschwerks, wo wir binnen einer Viertelstunde unser Zelt stehen hatten. Kurz vor Sonnenuntergang gingen wir zum Strand, aalten uns abwechselnd im frischen Atlantikwasser und im warmen Sand und hatten – als wir uns zum Schlafen langlegten – das Gefühl, heute wieder einen interessanten Tag hinter uns gebracht zu haben.

Safi

Auch am Morgen des 4. Augusts war für uns bereits gegen sechs die Nacht vorbei und wieder begann ein Tag großer Hitze und Anstrengung. Doch zunächst war es angenehm frisch, so dass wir ohne Schweißverlust die 150 Kilometer bis Safi hinter uns brachten.

Safi ist heute das Zentrum des marokkanischen Sardinenfanges, während es in früheren Jahrhunderten ebenfalls zum portugiesischen Einflussbereich gehörte. Das Gründungsjahr wird mit 1480 angegeben, es reicht die Geschichte vermutlich aber viel weiter zurück, doch stützt sich diese Annahme lediglich auf die vagen Beschreibungen eines arabischen Historikers des 14. Jahrhunderts, dennoch ist Safi die Nachfolgestadt des uralten Küstenortes Asfi.

Als wir in den Ort hineinfuhren, fiel uns zwischen dem langgestreckten Zentrum mit parkähnlichen Anlagen und der Küste eine riesige Festungsanlage auf, die – wie wir entsprechenden Hinweisschildern entnehmen konnten – ebenfalls aus portugiesischer Zeit stammt. Da zu dieser frühen Vormittagsstunde noch keine Möglichkeit bestand in die Anlage hineinzugehen, blieb uns nur die imposante Außenansicht, doch auch die war lohnend.

Wir wussten, dass Safi einen ungewöhnlich großen Sardinenhafen besitzt und bemühten uns deshalb, diesen besichtigen zu dürfen, aber auch das war uns nicht vergönnt, weil wir hierzu eine Spezialgenehmigung irgendeiner Verwaltung benötigt hätten. Natürlich verzichteten wir auf diesen Hafen, denn es war ja vorauszusehen, dass uns die Beschaffung einer solchen Genehmigung voraussichtlich Stunden gekostet hätte.

In einem der vielen einheimischen Restaurants gegenüber der portugiesischen Mammutanlage entdeckten wir zum ersten Mal in diesem Land hervorragend zurecht gemachtes frisches Gemüse, dem wir nicht widerstehen konnten, zumal uns auch das Restaurant selbst ausnahmsweise sauber vorkam. Wir ließen uns vom eifrigen Bedienungsjungen ein halbes Brot geben und verzehrten alles mit Heißhunger. Anschließend ließen wir hier unseren 40-Liter-Wasserkanister auffüllen (bis hierher hatte unser mitgebrachtes Münchener Wasser also gereicht), der uns vom Boy selbstverständlich auch noch zum Wagen geschleppt wurde, und als ich fürs Wasser und die Mühe zahlen wollte, schüttelte der gute Junge nur lachend mit dem Kopf – ein sicheres Zeichen dafür, dass Safi bisher von Touristenscharen verschont geblieben war. Übrigens hatten wir von München bis Safi bereits 4.000 Kilometer zurückgelegt.

Es war gegen 15 Uhr, als wir die Sardinenstadt – die man auch riecht – Richtung Marrakesch wieder verließen. Nun mussten wir uns abermals umstellen, wurde es doch auf dieser Fahrt ins Landesinnere von Minute zu Minute heißer. Es dauerte keine halbe Stunde, da war das Thermometer von 30 Grad in Safi auf über 40 Grad angestiegen. Doch das konnte uns jetzt nicht mehr überraschen, zumal wir einen derart rapiden Temperaturanstieg ja schon im Norden auf der Fahrt von der Küstenregion nach Meknès und Fès durchlebt hatten. Nach ermüdender und wegen der Hitze anstrengender Fahrt durch eine hügelige weitgehend trostlose Landschaft erreichten wir die Gegend von Marrakesch gegen Abend.

Marrakesch

Da Marrakesch weitläufig besiedelt ist, hatten wir heute etwas größere Probleme einen geeigneten Campingplatz zu finden. Zunächst gelangten wir in einen Dattelhain, wo wir hofften unser Zelt aufschlagen zu können, doch bevor wir damit beginnen konnten, wurden wir von einem Wächter darauf hingewiesen, dass dies hier nicht gern gesehen werde. Wir kurvten deshalb weiter in der plantagenähnlichen Umgebung von Marrakesch herum und fanden schließlich den gewünschten Platz. Heute Abend fiel selbst nach Sonnenuntergang das Thermometer nicht unter 35 Grad, so dass wir große Mühe hatten endlich Schlaf zu finden; um Mitternacht waren wir noch wach.

Marrakesch war nach Fès, Meknès und Rabat also die vierte und letzte Königsstadt dieses Landes, die wir uns genauer ansehen wollten, obwohl uns dafür leider nur ein Tag zur Verfügung stand, den allerdings nutzten wir zu 100 Prozent. Am Morgen des 5. Augusts wachten wir zeitig auf und stellten fest, dass wir trotz schwüler Nachtluft einige Stunden fest geschlafen hatten. Es war morgens sogar erstaunlich frisch, doch sollte dies leider nicht mehr lange anhalten.

Wir fuhren auf der Avenue Mohammed V. (so heißen in Marokkos Städten praktisch alle Hauptstraßen) in Marrakesch ein und hatten bald das historische Zentrum erreicht, wo wir nahe der Koutoubia, dem weit sichtbaren Wahrzeichen der Stadt, unser Auto parkten und mit der Besichtigung begannen.

Marrakesch ist mit 350.000 Einwohnern die zweitgrößte Stadt Marokkos und nennt sich dank ihres relativ gut verträglichen Klimas und der herausragenden Sehenswürdigkeiten „Perle des Südens“, die man als Reisender allerdings nicht zu jeder Jahreszeit besuchen kann. Dass Marrakesch im Juli und August von Europäern wegen der unglaublichen Hitze nicht besucht werden sollte, war uns bekannt, dass aber unser Thermometer ab 10 Uhr vormittags bis in den späten Nachmittag hinein bei konstant sage und schreibe 49 Grad Celsius im Schatten stehen blieb, hat uns geschockt.

Sonne gab es heute jedoch nur indirekt, denn sie schien überhaupt nicht. Sie versteckte sich nämlich hinter einer gleichmäßig grauen dunstigen Wolkenschicht, aus der sogar Kondenstropfen fielen, die binnen kürzester

Zeit nach dem Aufprallen wieder verdunsteten. Wir hatten deshalb regelrecht zu kämpfen diesen schwülheißen Tag zu überstehen. Aber auch die Einheimischen litten unter dieser stehenden Hitze. Wenn sie liefen, dann taten sie es nur sehr langsam, sonst hockten sie dösend in Parks und Häuserecken herum und warteten auf den etwas kühleren Abend.

Marrakesch wurde im Jahr 1062 von Taschfin, dem ersten Souverän der Almoraviden-Dynastie, gegründet. Dessen Sohn setzte die Bautätigkeit fort und errichtete Moscheen und eine mächtige Stadtmauer, von der heute allerdings schon Einiges fehlt. Schließlich bauten die Almohaden Marrakesch zur Hauptstadt ihres bis hinauf nach Spanien und hinüber nach Tunesien reichenden Herrschaftsgebietes glanzvoll aus. Zu dieser Zeit entstand die mächtige Koutoubia, die noch heute das absolute Wahrzeichen dieser „Perle des Südens" darstellt. Die nachfolgenden Meriniden, die bis ins 16. Jahrhundert hinein die Herren Marokkos waren, wählten jedoch Fès zur Hauptstadt, so dass Marrakesch zunächst zum Niedergang verurteilt war. Doch als vom Süden die Saadier kamen und Marrakesch zu ihrer Hauptstadt machten, begann eine zweite Blütezeit. Das Reich der Saadier, dessen Geschichte noch nicht voll aufgeklärt ist, reichte bis hinunter nach Senegal und Niger! Heute zählen die berühmten Gräber dieser Saadier zu den herausragenden Sehenswürdigkeiten dieser Stadt.

Aber dieser Stadt blieb ein weiterer Niedergang nicht erspart, denn die Alauiten residierten nur gelegentlich in Marrakesch. Sultan Mulay Ismail hasste Marrakesch und ging in seiner Eifersucht wegen der Leistungen seiner saadischen Vorgänger sogar so weit, dass er in mehrjähriger Arbeit den riesigen Badi-Palast zerstören ließ. Erst als 1912 endlich die Franzosen hier einrückten, lebte Marrakesch wieder auf, denn bereits im darauffolgenden Jahr wurde mit der Errichtung der Neustadt nach modernen Gesichtspunkten begonnen. Sie entstand drei Kilometer von der Médina entfernt inmitten der Wüste und ist heute angesichts breiter palmenbestandener Straßen und prachtvoller Parkanlagen bekannt. Hier erfreuen sich Nobeltouristen bester Hotels.

Unser eigentliches Ziel war natürlich das historische Marrakesch, weshalb wir die Neustadt lediglich durchfuhren. Von unserem schattigen Parkplatz neben der Koutoubia aus setzten wir uns in Marsch, dies angesichts der Hitze aber bedächtig langsam und vorsichtig, merkte ich doch, dass Rainer mit Problemen zu tun hatte: Durst, Müdigkeit, Hitzepickel und Nasenbluten, Letzteres trat in den folgenden Hitzetagen immer wieder mal auf, so dass wir des Öfteren Pausen einlegen mussten, um die gottseidank stets nur leichten Blutungen mit wassergetränkten Waschlappen wieder zum Stillstand zu bringen.

Unser erstes Ziel war die mächtige Koutoubia, ein Meisterwerk maurischer Architektur. Sie wurde im Jahr 1153 von Sultan Abd el-Mumen und seinem Sohn Jusuf an der Stelle des alten Palastes der Almoraviden errichtet und bedeckt eine Fläche von 60 mal 90 Metern. Natürlich konnten wir auch diese Moschee nicht betreten, doch war uns ein Blick in den 17-schiffigen Betsaal möglich. Wir sahen, wie harmonisch das reich geschmückte Innere gestaltet ist und wie die Gläubigen sich rituellen Waschungen und Gebeten zu Allah hingaben. Das mächtige Minarett, das sich an einer der vier Ecken befindet, hat eine stolze Höhe von 67,5 Metern und gilt als Vorbild des Hassan-Turmes zu Rabat und der Giralda zu Sevilla in Spanien.

Um von hier aus zu den Saadier-Gräbern und zu den Palästen zu gelangen, passierten wir das Bab Agnaou, welches das schönste Tor ganz Marokkos sein soll. Es wurde 1150 unter el-Mumen als Haupteingang zum damaligen Sultanspalast errichtet. Dahinter erhebt sich die von Mansur gegründete Mansur-Moschee mit ihrem prächtigen Minarett. Das Tor selbst war nicht auf Anhieb zu entdecken, denn es befindet sich versteckt inmitten alter Mauern, enger Gassen und Gebäuden. Meine Unsicherheit wurde natürlich sofort von ein paar Halbwüchsigen erkannt, die sich anboten, uns für zwei Dirhams das Tor und auch den schmalen Zugang – fast ein Geheimweg – zu den Saadier-Gräbern zu zeigen. Wie wir selbst sehen konnten, hätten wir ohne deren Hilfe die Saadier-Gräber unter Umständen gar nicht gefunden.

Zu dem kaum einen Meter breiten, von fünf Meter hohen Mauern umgebenen Durchgang und zu den als geheimnisvoll geltenden Gräbern weist kein Schild und auch kein Touristenstrom, so dass wir letztlich froh waren, dass wir kleine Führer bei uns hatten. Nach ein paar Metern hatten wir schließlich das Innere dieser Nekropole der saadischen Dynastie erreicht, die ihre heutige Form bereits gegen Ende des 16. Jahrhunderts erhalten hatte. Doch der berüchtigte Alauitensultan Mulay Ismail, der die Saadier noch nach deren Vertreibung mit größtem Hass verfolgte, tastete zwar ihre Gräber nicht an, ließ diese aber mit einer hohen Mauer umgeben, hinter der sie erst ein paar Jahrhunderte später, nämlich 1917, wieder entdeckt wurden.

Die Räume der beiden Mausoleen, in denen die Mitglieder der genannten Dynastie bestattet liegen, sind überreich mit wertvollen Mosaiken, Stuckornamenten und Zedernholzdecken ausgeschmückt. In Farbe und Form fügen sich diese drei voneinander sehr verschiedenen Materialien hier zu einer in Marokko nur selten anzutreffenden Einheit zusammen. Bestaunt haben wir vor allem die phantastischen Zedernholzdecken, die eine mir noch nie unter die Augen gekommene Mustervielfalt aufweisen. Bei mir hinterließ auch der kleine stimmungsvolle Garten mit seinen Rosmarinbeeten, zwischen denen sich weitere Gräber befinden, neben dem hervorragend gestalteten Grabüberbau einen nachhaltigen Eindruck.

Auch Rainer, der sich für Dinge dieser künstlerischen Art noch wenig aufgeschlossen zeigte, war beeindruckt und knipste fleißig drauflos. Ihm gefielen aber die in blank polierte Fußböden eingelassenen, sich nach oben verjüngenden und fein ziselierten Marmordeckel der Gräber, die so berühmte Saadier wie die Sultane el-Kaim, el-Abbas, el-Mansur und Mulay el-Abbas unter sich haben. Auffallend war die Tatsache, dass diese Grabdeckel erstaunlich klein sind, sie erinnern in fataler Weise an Kindergräber. – Die Geschichte dieser Saadier näher kennenzulernen, wäre wohl ein Hobby wert, doch müsste da noch weitere Pionierarbeit geleistet werden, da zu Vieles noch im Dunkeln der Geschichte liegt. Ob diese Gräber hier von Fachleuten schon einmal geöffnet wurden, fand ich nirgendwo dokumentiert.

In der Nähe der Saadier-Gräber liegt der Bahia-Palast, zu dem ein Schild weist. Gegen Eintrittsgeld hatten wir Gelegenheit, hier ein Musterbeispiel neuerer marokkanischer Baukunst aus den Jahren um die vorletzte Jahrhundertwende zu betrachten. Durch den lieblichen Garten mit blühenden Sträuchern und Blumen zu wandern, war ein echtes Vergnügen. Hinzu kamen vor allem die hervorragenden Bauleistungen, die wieder einmal bewiesen, mit wie viel künstlerischem Geschick, großer Phantasie und technischem Können auch hier wertvolles Holz und ebenso wertvoller Marmor zu einer Einheit verbunden wurden. Wir wanderten durch helle

Säulenhallen, bestaunten Wand- und Deckengemälde und genossen diese ungestörte Umgebung sitzend von kleinen Marmorbänkchen und schattigen Gärten aus. Hier muss sich ja der marokkanische König wohlgefühlt haben! Dass er seinen Sitz nach Rabat verlegte und den Bahia-Palast zum Museum werden ließ, könnte man ihm beinahe übelnehmen.

Ein paar Schritte vom Bahia-Palast entfernt liegt der gegen Ende des 16. Jahrhunderts errichtete Badi-Palast des saadischen Sultans el-Mansur. Auch diesen Palast oder das, was von ihm heute noch zu sehen ist, kann man besichtigen. Doch leider muss hier die lebhafte Phantasie mithelfen, denn übrig geblieben ist lediglich ein eindrucksvoll großes Ruinenfeld, das die einstige Pracht nur noch erahnen lässt. Historiker fanden heraus, dass dieser Palast mit Karrarischen Marmor verkleidet war, den el-Mansur in Zucker mit gleichem Gewicht hatte bezahlen müssen.

Blick auf die Eingangsmoschee zur Altstadt von Marrakesch am Place Djemna el-Fna.

Um einen rechteckigen großen Hof gruppieren sich verschwenderisch mit Gold und Marmor geschmückte Pavillons, von deren einstiger Schönheit heute in keiner Weise mehr etwas zu sehen ist. Dass auch hier kaum mehr etwas vorhanden ist, verdankt die Nachwelt ebenfalls dem offenbar krankhaft veranlagt gewesenen Mulay Ismail, auf dessen eifersüchtiges Geheiß hin dieser Prachtbau abgebrochen beziehungsweise zerstört wurde. Für Besucher aus mir nicht erklärlichen Gründen unzugänglich ist der danebenliegende Sultanspalast aus almohadischer, saadischer und alauitischer Zeit – ein noch größerer Komplex als der des Badi-Palastes!

In Marrakesch fügt sich Höhepunkt an Höhepunkt. Nun stand uns der Place Djemna el-Fna bevor, den man von der Koutoubia aus schon sehen kann, den wir aber erst jetzt zu etwas vorgerückter Stunde aufsuchten, wussten wir doch, dass das hier unbändige Leben erst in den kühleren Abendstunden beginnt. Um uns zunächst einmal einen Überblick zu verschaffen, erbaten wir uns Zugang zu einer hochgelegenen Terrasse eines Restaurants und hatten so die Möglichkeit, den 150 Meter langen und 100 Meter breiten größten Treff der Welt – wie viele sagen – aus der Höhe zu betrachten. Welch ein Ausmaß, welch ein Getummel!

Markant sind das fast 70 Meter hohe Minarett der Koutoubia und das flachdachige Meer meist braun-gelber Häuser der altstädtischen Umgebung. Etwas nervös wurden wir beim Anblick einer sich nähernden beinahe schwarzen Gewitterwand, in deren Vorfeld die Hitze immer unerträglicher wurde. Die feuchte drückende Luft konnte man kaum atmen – sie dürfte jetzt die Rekordhöhe von 50 Grad erreicht haben. Auch wir waren mit unseren Reserven nun ziemlich am Ende und mussten erst einmal im Palmengarten gegenüber der Koutoubia eine längere Zwangspause einlegen. Hier versuchte ich Notizen zu machen, aber derart schwüle Hitzegrade ließen das nicht zu – mein Denkvermögen versagte.

Nachdem wir über eine Stunde lang schweigend und triefend an einer Palme gedöst hatten, spürten wir auf einmal, wie die Temperatur plötzlich um ein paar Grad gesunken war und sahen, dass sich die Passantenzahl verdoppelt hatte. Jetzt also kam Bewegung in das vor feuchter Hitze erstarrte Leben dieser Stadt, immer mehr Menschen versammelten sich in Trauben auf dem Place Djemna el-Fna, um die Schlangenbeschwörer, Zauberer, Gaukler, Märchenerzähler, Koranvorleser, Akrobaten, Sänger und Musikanten zu sehen und zu hören. Diese Buntheit und Lebhaftigkeit des jetzt herrschenden Treibens dürfte in der orientalischen Welt einmalig sein, bis heute habe ich jedenfalls noch keine Steigerung erlebt.

Aber nicht nur die aufgezählten typischen Unterhalter geben sich hier ein Stelldichein, auch Wunderdoktoren, Hypnotiseure und Wasserverkäufer gehören zum Bild. Wunderdoktoren, die den Patienten die schwierigsten Backenzähne ohne Betäubung herausreißen, Hypnotiseure, die aus Analphabeten Lesende machen, Wasserverkäufer, die in ihren malerischen Trachten für ein paar Pfennige ihr Gekühltes aus Ziegenhäuten verkaufen. Letztere sind unüberhörbar, denn bei jedem ihrer Schritte klingelt und bimmelt es, und nicht von ungefähr sind sie dankbare Fotoobjekte, die sich fürs Posieren natürlich gut bezahlen lassen. Für sie dürfte hier das Wasserverkaufen nur noch eine Nebeneinnahmequelle sein.

Zu einer kühleren Jahreszeit möchte ich mich hier einmal ein paar Tage lang aufhalten und gemütlich dieses tollte Treiben studieren, das übrigens nicht für die Touristen veranstaltet wird, sondern zu 100 Prozent für das eigene Publikum, ich habe zur Zeit unseres Besuches hier nicht einen einzigen weiteren Touristen gesehen! Das Publikum der Marokkaner folgt zum Beispiel den Märchenerzählern mit derartiger Inbrunst, das man meinen könnte, sie seien geistig in eine andere Welt getreten. Sie klatschen rhythmisch mit dem Erzähler, lachen, weinen, schimpfen und drohen – je nach Art der ihnen erzählten Geschichte und je nach Geschicklichkeit der suggestiv veranlagten Erzähler. Ich spürte geradezu, dass sie die Seelen der Zuhörer in ihren Händen hielten.

Nördlich dieses Platzes, auf dem sich die wundersamsten Dinge auch mit dressierten Kleintieren abspielen, beginnt das Souk-Viertel, das ebenfalls mit zu den Höhepunkten unseres Besuches zählte, denn in keiner anderen marokkanischen Stadt – auch nicht in Fès – sind die Souks so farbenprächtig und abwechslungsreich wie hier. Die zahlreichen Handwerker und Kaufleute sind in ihren offenen Werkstätten und Läden zu beobachten, die sich – je nach Art ihres Gewerbes – in bestimmten Sträßchen zusammengefunden haben. Wir wanderten durch die Souks der Färber, Schuhmacher, Sattler, Schmiede, Metallhandwerker, Weber, Juweliere und Waffenhändler. Welch eine Welt ist das hier! Wer jedoch einen ungeübten Orientierungssinn hat, sollte sich möglichst nicht ohne Führer hier hinein wagen, er würde sich fast zwangsläufig in die Irre begeben. Dass wir's ohne Guide schafften den Großen Platz wiederzufinden, verdanke ich zwar auch meinem ausgeprägten Orientierungssinn, sicher aber auch dem begleitenden Glück.

Gegen Abend hatten wir das, was wir uns für Marrakesch vorgenommen hatten, geschafft. Es war dies zwar ein hoch interessanter Tag, aber angesichts der brutalen Waschküchenhitze auch ein sehr mühevoller. Dass wir dennoch alles schadlos überstanden hatten, dürfte wohl nur unserer besten Gesundheit und nicht zuletzt auch unserem Willen zu verdanken gewesen sein, hier wieder heil herauszukommen. Ich bin mir sicher, dass Besucher, deren Inneres nicht hundertprozentig in Ordnung ist, im Juli und August hier umfallen, sobald sie ihren Bus verlassen haben.

Wir verließen gegen Abend Marrakesch und steuerten auf den Hohen Atlas zu, den wir morgen gen Ouarzazate überqueren wollten. Ich hatte zwar Bedenken, denn in mir kam beinahe Angst bei dem Gedanken hoch, jenseits des Atlas-Gebirges könnte wegen der nahen Sahara die Hitze womöglich noch größer sein. Aber mich trieb es dennoch hinüber – ich wollte ja Saharasand zwischen die Zehen bekommen!

Wir kamen an diesem Abend noch erfreulich weit voran und zelteten dann irgendwo in den Vorbergen des Atlases, wo aber die Hitze nicht weniger groß war. Während Rainer Mühe hatte, mir beim Herrichten des Zeltes zu helfen, fühlte ich mich zwar müde, aber gesundheitlich wohlauf. Rainer begann schon etwas durcheinander zu reden, obwohl ich ihn gar nicht gefragt hatte. So erzählte er von der Schule, seinen Lehrern, vom bevorstehenden Umzug, von seiner Mama und Lothar beziehungsweise seinem daheimgebliebenen Zwillingsbruder. Sogar im Schlaf redete er weiter, so dass ich mir nun doch die besorgte Frage stellte, ob die Strapazen für ihn nicht zu groß wären. Ich selbst schlief erst gegen Mitternacht in der Hoffnung ein, dass wir beide morgen früh wieder in besserer Verfassung sein würden.

Hoher Atlas

Wir schliefen am Morgen des 6. Augusts zwar bis sieben, fühlten uns beide aber dennoch nicht ausgeschlafen, konnten wir doch wegen der Schwüle erst gegen Mitternacht unseren Geist aufgeben. Rainer war selbst nach Mitternacht immer wieder wach geworden. Aber ein starker Kaffee richtete uns schließlich wieder auf, und als wir ein paar Spiegeleier und Brot im Magen hatten, schien alles wieder in Ordnung zu sein. Ich war insofern für heute guten Mutes, weil ich im Gebirge kühle Luft anzutreffen hoffte, die uns helfen würde, die Strapazen insbesondere der letzten Tage wieder zu relativieren.

Wir erreichten die ersten Vorberge des Hohen Atlases bereits nach wenigen Fahrminuten und mussten uns jetzt an eine völlig andere Landschaft gewöhnen: an schroffe Gebirge, weite Täler, Berberdörfer, Geröllwüsten und winzige Oasen. Während Rainer allmählich das Interesse an seiner Umgebung zu verlieren begann und sich immer häufiger über Hitze, Durst und Müdigkeit beklagte, erwachte in mir von Stunde zu Stunde stärker das Verlangen, mir möglichst viel vom „Rande der Sahara" unter die Haut gehen zu lassen. Rainer machte aber trotz seiner Probleme nicht schlapp, sondern kämpfte mit sich bis zum letzten Tage dieser Mammut-Tour.

Nun wandt sich die schmale relativ gut ausgebaute Gebirgsstraße immer höher hinauf, und von Viertelstunde zu Viertelstunde spürten wir mehr von der angenehmen Frische dort oben. Es offenbarte sich zudem eine Landschaft, wie sie grandioser in Nordafrika nicht mehr sein kann, weshalb es mir gar nicht möglich ist, sie zu beschreiben, denn viele Seiten könnte man darüber von sich geben! Was sich bot, war eine braune riesige Bergwelt mit weiten Tälern, vielfarbenen kahlen Schutt- und Felsformationen, seltenen kleinen Oasen mit nur wenigen Palmen und an den Hängen klebenden Berberdörfern, deren Häuserfarbe stets mit der Farbe ihrer unmittelbaren Umgebung übereinstimmt. Großartig die häufigen Blicke in kilometerlange Täler, in wahre Mondlandschaften, in von Menschen noch nie berührte Gebiete. Beinahe unheimlich die weiten Geröllflächen mit verdorrten Dornenbüschen und grünen Kakteen. Hier waren wir einsam, denn binnen mehrerer Stunden begegneten uns nur zwei Autos. Oft machten wir Halt, fotografierten oder genossen ohne Motorengeräusch einfach die erhabene Stille dieser für uns so fremden Welt.

Wir passierten auf dieser Fahrt zwei namhafte Pässe, den Tizi n'Ait Imper (1.470 Meter) und den Tizi n' Tichka (2.270 Meter). Doch bevor wir den letztgenannten höchsten Pass auf dieser Route querten, machten wir im

Berberdorf Taddert Halt, einem der vielen typischen Lehmdörfer dieser Atlasgegend. Hier legen die meisten Atlas-Überquerer ihre erste größere Pause ein, zumal es in diesem Dorf fast alles zu sehen gibt, was eine normale Berbersiedlung bietet. Dennoch ist Taddert weit davon entfernt ein Touristenort zu werden, obwohl es direkt an der Hauptstraße Marrakesch – Ouarzazate liegt. Dieses Örtchen wird hoffentlich auch in Zukunft das bleiben, was es immer war: eine Ansammlung vieler Lehmhäuser mit winzigen Fenstern, mit schmalen und hügeligen Sträßchen und mit Menschen, denen der Begriff Tourismus so unbekannt ist, wie den Berbern der Begriff – sagen wir – Umweltschutz.

Obwohl wir zu dieser Zeit die einzigen Besucher dieses stillen Dorfes waren, bedrängten uns nicht einmal die Kinder, die in Marokko als echte Touristenplage bezeichnet werden können. Hier hatten wir Mühe überhaupt welche zu Gesicht zu bekommen, geschweige mit ihnen direkten Kontakt aufzunehmen. Doch wir nahmen uns Zeit, gingen langsam die steilen durch Stufen unterbrochenen Gassen hinauf, erblickten nur selten ein uns aus Richtung der Lehmhäuser beobachtendes Gesicht und hörten ab und zu das Bellen eines Hundes oder das Gegackere von Hühnern. Man könnte angesichts dieses beschaulichen Lebens wie vor tausend Jahren zwar meinen, das hier sei Rückstand, wie es schlimmer nicht mehr sein könnte, doch da bin ich anderer Ansicht, zumal ich weder kranke Kinder noch gestresste Alte gesehen habe. Hier lebt man so, wie es Gott offensichtlich gewollt hat: mit der Natur, in der Natur, für die Natur, von der Natur und letztlich für sich selbst.

Als wir uns schon längere Zeit hier aufgehalten hatten, wagten sich tatsächlich zwei 10-jährige Mädchen – wahrscheinlich Freundinnen – zu uns heran, ohne zu betteln oder uns bunte Quarzsteine aus dem Atlas anzubieten – nein, sie wollten uns einfach nur sehen. Ich gab ihnen ein paar Bonbons, wurschtelte ihnen durchs struppige Haar und kniff sie in ihre Wangen. Da war das Eis gebrochen, sie lachten lauthals und hatten schließlich nichts dagegen für ein Foto zu posieren.

Weiter ging die Fahrt durch eine immer atemberaubendere Gebirgslandschaft, die jetzt kein Grün mehr aufwies, sondern lediglich die farbigen Kahlflächen umliegender Berge – so weit das Auge reichte. Ich freute mich über diese Vielfalt und musste aufpassen, hier nicht gleich ein paar Filme auf einmal zu verknipsen. Wir erreichten nach unendlich vielen Serpentinen schließlich den höchsten Pass, den Tizi n' Tichka, auf dem wir nicht nur wegen der wohltuenden Frische einen längeren Halt einlegten, sondern auch wegen der prachtvollen Aussichten in von mächtigen Bergen umrahmte weite Täler.

Ein paar Kilometer hinter diesem Pass zweigten wir Richtung Telouet ab, einem weiteren Berberdorf, dessen Besuch sich kein Reisender entgehen lassen sollte. Die Fahrt auf einer Piste war zwar staubig, holprig und heiß, doch als wir die 35 Kilometer von der Abzweigung aus hinter uns hatten, wussten wir, dass sich diese Anstrengung gelohnt hatte. Schon unterwegs erkannten wir, dass sich die Welt hier verändert hat, es war noch trockener, wüstenhafter und einsamer. Die Berberdörfer kamen uns wie hingemalt, unwirklich und weit weg vom Jahr 1975 vor – Bilder, wie man sie vor vielen Jahrhunderten sicher nicht anders gesehen hat. Hier dominieren die Härte der wasserlosen Geröllwüste, die Einsamkeit und die natürliche Stille.

Telouet – ein Geisterort! Als wir uns den Häusern näherten, bellten nicht einmal die Hunde, wir entdeckten nicht eine einzige Palme und stapften durch knöcheltiefen Staub. Es waren zunächst keine Menschen zu sehen, auch keine Tiere, kein Wasser, keine Stromleitungen, keine Schilder. Hier hatte ich kein gutes Gefühl, unser Auto – wenn auch verschlossen – stehenzulassen, um diesen ausgestorbenen Wüstenort zu erkunden, aber ich riskierte es und wurde nicht enttäuscht.

Hier durch die verlassenen Gassen zu schlendern, vorbei an halb oder ganz verfallenen rot-braunen Lehmhäusern ohne Leben ist nicht jedermanns Sache, aber reizvoll. Ich fühlte mich wie ein Archäologe, der endlich eine lange gesuchte in Vergessenheit geratene alte Stadt wiederentdeckt hatte. Wir passierten ein paar über Gassen gespannte Torbögen aus Ziegeln, stolperten über gröbstes Pflaster und gelangten schließlich zur alten Kasbah, in deren Nähe wir tatsächlich den ersten Bewohner mit seinem Packesel sahen. Die aus dem 19. Jahrhundert stammende Kasbah muss eine glanzvolle Zeit hinter sich haben, denn sie ist mehrstöckig, mit zahllosen weiß umrandeten Fenstern versehen und riesengroß. Die Türme sind abgeflacht und verdanken ihre heutige Existenz nur der Tatsache, dass zahlreiche Holzbalken die Lehmziegel zusammenhalten. Bauten, deren

Material ausschließlich aus Lehm bestand, sind hier meistens schon heftigen Winterregen zum Opfer gefallen.

Und wer bewohnt heute diesen einst vielleicht sogar wohlhabenden Ort? Es sind ein paar Berberfamilien, die sich die untersten noch intakten Räume der alten Lehmhäuser zu Behausungen hergerichtet haben, Familien also, die ein äußerst bescheidenes Leben fernab jeglicher Zivilisation führen. Mir scheint, dass es sich dabei nicht um Reste der ursprünglichen Einwohnerschaft von Telouet handelt, sondern um viel später hier hängengebliebene Berberfamilien, die die Gunst der Stunde nutzten und sich der leerstehenden Räume bedienten. Was früher in Telouet vor sich gegangen sein mag, blieb mir zwar verborgen, aber die Größe der Kasbah beziehungsweise die Art der Stadtanlage deutet darauf hin, dass dieser Ort einmal ein bedeutender gewesen sein muss.

Als wir die geteerte Hauptstraße, von der aus wir nach Telouet abgebogen waren, wieder erreicht hatten, hatte ich das Gefühl, soeben auf einem anderen Stern gewesen zu sein, doch das sollte mir noch einmal so vorkommen, und zwar im nächsten Ort Ait Benhaddou. Zunächst ging es wiederum in vielen Kehren hinab, vorbei an einsam liegenden Lehmdörfern und durch eine immer saharaähnlichere Landschaft. Als wir die Abzweigung nach Ait Benhaddou erreicht hatten, stand uns abermals eine längere Pistenfahrt bevor, die ich zwar mit gemischten Gefühlen antrat, aber dennoch in großer Erwartung dessen, was uns wohl dort – weit hinter den kahlen Bergen – zu Gesicht kommen würde.

Aufgrund des schlechten Zustandes der Piste musste ich besonders vorsichtig fahren und in Kauf nehmen, für zwanzig Kilometer über eine Stunde zu benötigen. Vorbei ging es an blattlosen Dornenbüschen und sandfarbenen Lehmdörfern, die jedoch nie direkt an der Piste liegen, sondern stets ein paar Kilometer davon entfernt, als sei ein Stopp beziehungsweise Besuch nicht erwünscht. Als ich nach staubiger und wieder heißer Fahrt die ersten Häuser von Ait Benhaddou sah, war mir klar, dass es sich wiederum um eine mehr oder weniger verlassene alte Stadt handeln würde, deren Besuch sich aber dennoch lohnen würde. Der markanteste Unterschied zum verlassenen Telouet besteht darin, dass Ait Benhaddou aus zwei Teilen besteht: einem bewohnten und einem unbewohnten beziehungsweise historischen Teil. Wir näherten uns dem Ort so unauffällig wie möglich, parkten im Schatten einer Lehmmauer – Bäume und Sträucher gibt es hier nicht – und schickten uns an, auch diesen ziemlich geheimnisvoll aussehenden Ort für uns zu erschließen.

Zunächst schlenderten wir durch den bewohnten „neuen“ Ortsteil, aber selbst hier erblickten wir nur wenige Menschen, deren buntes und hartes Aussehen uns zeigte, dass es sich abermals um Berber handelte. Es sind scheue Leute, die sich beim Anblick Fremder eher umdrehen, als ihnen ins Gesicht zu schauen, selbst die Kinder wagten nicht, sich an unsere Fersen zu heften, obwohl sie natürlich genau wussten, dass unser Ziel das am anderen Ufer eines ausgetrockneten Flusses liegende historische Ait Benhaddou war. Woanders in Marokko hätten sich sofort jugendliche Guides aufgedrängt, doch hier – wie fast überhall außerhalb der Touristenzentren – hält man sich gottseidank zurück.

Wir querten ein ausgetrocknetes Flussbett und standen bald drüben im alten Ait Benhaddou, das – auf einem abbröckelnden einsamen Berg liegend – für jeden Besucher faszinierend ist. Hier fühlt man sich im Gewirr schmaler Gässchen und zwischen zahllosen Lehmhäusern beinahe noch einsamer als in Telouet, denn das alte Ait Benhaddou ist größer und noch leerer. Wir sahen während unseres über einstündigen Aufenthalts nur einen einzigen alten Mann mit seinem Esel und ein 10-jähriges Mädchen. Die Häuser sind auch hier praktisch alle unbewohnt, ebenso leer ist auch die alte Lehmburg. Hier fragte ich mich zum x-ten Mal, was damals wohl geschehen war beziehungsweise was die Menschen seinerzeit zur Aufgabe ihrer großen und wichtigen Städte gezwungen haben mag.

Am Ende einer holprigen steil hinaufführenden schmalen Straße beobachteten wir ein paar kleine Kinder, die sich spielend in der Nähe eines uralten Brunnens beschäftigten. Die Tatsache, dass diese Kinder vor uns nicht Reißaus nahmen, dürfte ein paar Mütter mit noch kleineren Kindern auf dem Arm dazu ermutigt haben, sich uns zu zeigen. Ich winkte ihnen zu, und sie winkten zurück, so dass es nun keine unüberwindliche Barriere zwischen uns gab. Wenn wir mehr Zeit zur Verfügung gehabt hätten, wäre uns hier sicher ein viel tieferer Einblick ins Berberleben möglich gewesen. Rainer verschenkte sein buntes T-Shirt, und ich gab ein paar Dirhams, ohne dass wir angebettelt worden wären. Die Freude war für uns spürbar, so dass ich zum Schluss auch noch ein farbenfrohes Dia machen durfte.

Als wir gegen Abend unser unangetastet gebliebenes Auto wieder erreicht hatten, konnten wir feststellen, wieder einmal einen erlebnisreichen Tag hinter uns gebracht zu haben. Nachdem wir wieder an der Hauptstraße waren, setzten wir die Fahrt Richtung Ouarzazate fort, und zwar in der Absicht, davor unser Zelt aufzuschlagen. Doch diese Absicht in die Tat umzusetzen, stieß auf unerwartete Schwierigkeiten, denn selbst nach längerer Suche fanden wir keinen geeigneten Platz, auf dem unser Zelt geschützt gestanden hätte. Schließlich hielten wir eine kleine Mulde für geeignet, doch war es hier unmöglich, die Heringe auch nur einen Zentimeter tief in den Boden einzuschlagen. Und da die Sonne bereits untergegangen war und die nächtliche Finsternis in diesen Breiten stets ziemlich unvermittelt hereinbricht, mussten wir uns heute für ein Nachtlager unter freiem Himmel entscheiden.

Aber auch das muss man einmal selbst erlebt haben. Als es Nacht war und ein unglaublich klarer Sternenhimmel über uns stand, fühlte ich mich glücklich, wenngleich es lange gedauert hatte, bis die verdammten Mücken uns endlich in Ruhe ließen; sie taten dies aber erst, als die Temperatur bei etwa 20 Grad lag beziehungsweise sich um 20 Grad gesenkt hatte. Doch dann kam die Kälte – jedenfalls empfand ich so – und es fröstelte mich, so dass ich Mühe hatte endlich einzuschlafen. Wüste, namentlich die Sahara, kann nachts wehtuend kalt werden!

Ouarzazate

Am Morgen des 7. Augusts konnte ich ins Tagebuch notieren, dass wir trotz gewisser Unbehaglichkeiten eine angenehm kühle Nacht gehabt hatten. Rainer hatte zwar gut geschlafen, aber wohl zu kurz, so dass er im Auto sofort wieder einschlief und erst wieder wach wurde, als wir die sehenswerte Kasbah von Ouarzazate erreicht hatten, die ich mir auf keinen Fall entgehen lassen wollte.

Im Gegensatz zu Telouet und Ait Benhaddou handelt es sich bei dieser historischen Kasbah um einen höchst lebendigen Ort, der alles bietet, was ein Wüstenörtchen hergeben kann: mit Menschen gefüllte schattige Plätzchen, enge Gassen, Hühner, Ziegen und Maultiere, Hunde, Katzen und nacktärschige kleine Kinder, Geschäftchen, Töpfer, Weber und Nichtstuer. Die Kasbah-Anlage selbst ist umgeben von einer hohen Mauer, die von Feinden wohl nie bezwungen wurde. Darin liegt vermutlich auch der Grund, warum es hier noch echtes Kasbah-Leben gibt und man bemüht ist, diesen kleinen Flecken in Ordnung zu halten. Die Kasbah selbst beziehungsweise die Wehrburg kann zwar nicht betreten werden, doch nicht wegen der Baufälligkeit, sondern wohl eher aus prinzipiellen Gründen. Sie ist von außen völlig intakt, ihre weißumrandeten Fenster und Zinnen sind vom Verfall weit entfernt, und auch die übrigen Lehmhäuser sind nicht vom Einsturz bedroht, sondern mit Leben erfüllt.

Wir konnten ungehindert durch die dunklen schmalen Gassen gehen und auf kleinen Plätzen verweilen, wo Handwerker ihr Bestes geben. Als wir entdeckt wurden, bat man uns, eine der fensterlosen muffigen Töpferwerkstätten zu besuchen, wo meist Kinder und Jugendliche mit erstaunlichem Geschick aus weichem Lehm Töpfe, Krüge und Schalen jeder Größe formen. Dabei drehen sie mit ihren flinken Füßen die Scheiben und formen mit ihren Händen in nur wenigen Minuten das gewünschte Produkt – stets in gleicher Größe und Qualität und dies ohne Waage und Zentimetermaß! Dabei schwitzen sie zum Erbarmen und atmen eine Luft, die feucht ist und stets um die 40 Grad schwankt. Ob diese Kinder, die wohl nie im Leben Lesen und Schreiben lernen, dabei glücklich sind, vermochte ich nicht eindeutig zu erkennen, einen bedrückten oder missmutigen Eindruck machten sie mir jedenfalls nicht.

Nun fuhren wir nach Ouarzazate hinein, in eine relativ neue Stadt, die erst 1928 als Militärstützpunkt ihren Anfang nahm. Militärstützpunkt ist dieser auf einer weiten Hochebene liegende Ort auch heute noch, sahen wir doch mehrere Gebäude mit den wehenden Flaggen des marokkanischen Königreiches und bewaffnete Posten davor. Doch ist dieser Ort ruhig, zudem zeichnet er sich durch relative Sauberkeit und breite Straßen aus.

Da wir Hilde vor der Abreise darum gebeten hatten, uns nach Ouarzazate postlagernd ein Telegramm zu schicken, waren wir nun sehr gespannt darauf, ob dieses nicht alltägliche Experiment gelungen war. Es war gelungen, denn auf der hiesigen Post an der Hauptstraße benötigte der zuständige Beamte nur wenige Minuten, um uns das ersehnte Telegramm auszuhändigen. „Alles okay, Mami“, stand schwarz auf weiß auf dem Papier, und so wussten wir, dass im Zusammenhang mit unserem bevorstehenden Umzug von München nach Isen es keine Probleme gab.

Auf unserem Spaziergang durch das brütend heiße Ouarzazate traten bei Rainer abermals Probleme auf: Die Nase begann wieder zu bluten und an Armen und Beinen brachen plötzlich tausend winzige Hitzepickel aus, die ihm – weil sie stark juckten – verzweifelte Tränen in die Augen trieben. Gottseitdank hatten wir das richtige Medikament bei uns, welches binnen einer halben Stunde wenigstens den quälenden Juckreiz beseitigte. Auch das Nasenbluten hatten wir bald im Griff, nachdem wir nach bewährter Methode kühle Waschlappen in den Nacken und auf die Stirn legten. Doch Rainer war geknickt und äußerte jetzt immer häufiger den Wunsch, möglichst bald wieder nach Hause zu kommen, sah andererseits aber ein, dass wir wegen dieser relativ harmlosen Probleme die Tour nicht abbrechen konnten.

Tal des Drâa

Abermals stand uns ein landschaftlicher Höhepunkt bevor, nämlich die lange Fahrt durch das Tal des Drâa bis hinunter nach Zagora, wo wir heute übernachten wollten. Zunächst ging die Fahrt durch die unwirtliche, aber ungemein reizvolle Berglandschaft des Dschebel Tifernine, die menschenabweisender kaum mehr sein konnte. Keine einzige Palme wies auf Wasser im Boden hin, auf den Geröllflächen spross nicht ein Halm, kein Lebewesen war zu sehen – selbst die Mücken blieben hier aus. Als wir in der Ferne das große Stadttor von Agdz sahen, wurde mir wieder wohler, denn wehe dem, der hier draußen mit seinem Fahrzeug Pech haben sollte!

Agdz ist wiederum eine ganz typische Wüstenstadt, umgeben von einer hohen Lehmmauer mit markantem Tor und eng aneinander gebauten flachdachigen Lehmhäusern, deren rotbraune Farbe wiederum genau mit der Farbe der sie umgebenden Landschaft übereinstimmt. Diese Stadt machte auf mich einen etwas geheimnisvollen Eindruck, denn es waren nicht nur wenige Menschen zu sehen, sondern sie schienen sich auch gegen äußere Eingriffe abzuschirmen. So befinden sich die Wohngegenden, die ebenfalls eingemauert sind, weit abseits der Durchgangsstraße, und die paar

Menschen, denen wir begegneten, nahmen uns nur teilnahmslos zur Kenntnis.

Typische Landschaft im Tal des Drâa, die zu den schönsten Marokkos zählt.

Aber nun wurde es freundlicher, denn je weiter wir uns von Agdz in Richtung Zagora entfernten, desto häufiger spiegelten sich Palmen im stehenden Wasser des Drâa wider und umso mehr lockerten sattgrüne geschickt angelegte kleine Bewässerungsflächen, die an den Hängen der Berge kleben, das Bild auf. Dahinter sahen wir eine Vielzahl typischer Berberdörfer, deren Farbe auch hier mit jener der Umwelt identisch ist. Dass es immer heißer wurde, sei nur am Rande vermerkt.

Schwitzend und geschafft erreichten wir nach 200 Kilometern von Ouarzazate aus endlich Zagora, abermals eine Wüstenstadt, deren Aussehen dem Besucher zunächst einmal sehr fremd vorkommt. Doch auch hier verschafften wir uns schnell einen Überblick, denn der Ort ist klein, wenn auch weit auseinandergezogen. Nachdem wir das mächtige Stadttor – das einzige fotogene Objekt des Ortes – passiert hatten, befanden wir uns abermals mitten in einer Saharastadt mit rotbraunen Flachhäusern, deren kleine weiß umrandeten Fenster wie Gucklöcher anmuten und deren spitze Türmchen an den Ecken unmissverständlich den Charakter der Saharaarchitektur zeigen. Im Allgemeinen sind die wenigen Straßen breit und gerade, aber es gibt auch sehr enge, eigenartigerweise aber schnurgerade Gassen, durch die man bis hinüber zu den angrenzenden kahlen Schuttbergen blicken kann. Menschen sieht man hier nur wenige, nur ab und zu Uniformierte, denn auch Zagora ist Militärstützpunkt – der letzte vor der Grenze zum benachbarten Algerien. Das schöne Minarett der Moschee passt zum hiesigen Baustil, denn es ist rotbraun getüncht und weiß abgesetzt.

Da wir inzwischen wussten, dass außerhalb der Orte in dieser steinigen Gegend das Zeltaufschlagen sehr problematisch beziehungsweise unmöglich ist, entschlossen wir uns für den hiesigen Campingplatz, der zwar recht schön liegt und tatsächlich auch über die wichtigsten sanitären Einrichtungen verfügt, aber andererseits eben auch ein Campingplatz mit allen Nachteilen ist. Er war überwiegend von Marokkanern belegt, die sich keinen Deut um das Ruhebedürfnis anderer scherten und ihre Transistorradios mit der katzenjammerähnlichen arabischen Musik erst weit nach Mitternacht abstellten.

Da wir jedoch sehr früh hier waren und ja wussten, dass an Schlaf so schnell ohnehin nicht zu denken war, traten wir halb sieben noch die Fahrt nach Tamegout an, nachdem ich vom einigermaßen Englisch sprechenden Campingverwalter gehört hatte, dass die Piste dorthin in Ordnung sei und wir auf jeden Fall vor dem Dunkelwerden wieder zurück sein könnten. Wir errichteten noch unser Zelt und tranken eine Coca Cola, bevor wir zu unserer Pistentour starteten.

Die Strecke war nur 20 Kilometer lang und führte abermals durch eine mondähnliche Geröllllandschaft, deren Aussehen in dem zur Neige gehenden Tag eine Wonne war – fürs Auge und für die Kamera. Nur ab und zu ein vertrockneter Dornenbusch auf weiten Wüstenflächen mit abermillionen Steinen, dahinter langgestreckte abgewaschene Berge, darüber ein türkisfarbener Himmel und vor uns eine schnurgerade Sandpiste ohne Begrenzungssteine, Beschilderung und Telefonkabel – nichts, was uns außer Fahrspuren im Sand den Weg nach Tamegout gewiesen hätte! Doch wir wussten, dass dies die richtige Piste war.

Mittelalterliche Lehmarchitektur des heißen Wüstenortes Tamegout.

Nach einer Dreiviertelstunde sahen wir am Horizont die ersten Palmen und wenig später die braunen Lehmhäuser von Tamegout. Welch ein Anblick! Es bot sich uns – je näher wir kamen – ein Blick wie im Bilderbuch: Im Vordergrund Wüste, dann ein paar sattgrüne Palmen, dahinter dichtgedrängte gelbbraune Lehmhäuser mit wiederum winzig kleinen Fensterchen und darüber ein immer farbiger werdender Abendhimmel, keine Straße, kein Lichtmast, kein Fabrikschlot, kein Auto – nichts, was dieses einmalig schöne Bild gestört hätte. Ich hatte beinahe Hemmungen, unser Auto zwischen die Palmen am Ortsrand zu stellen, denn mir war klar, dass ein solches Vehikel hier nicht hingehört.

Kaum hatten wir uns ein paar Schritte vom Wagen entfernt, wurden wir von einem hoch aufgeschossenen jungen Mann angesprochen, der sich mit einer Plakette auswies und uns bat ihm zu folgen, da es sonst schwierig werden könnte, zum Beispiel die für diesen Ort wichtige Koranschule zu finden. Wie ich sehen konnte, dürfte der junge Mann im Recht gewesen sein, denn er schleuste uns durch derart dunkle und verwinkelte Gassen, die wir wahrscheinlich gar nicht betreten hätten.

Wir kamen zu einem großen Platz, auf dem die Töpfer ihr Handwerk ausüben und gelangten zur berühmten Koranschule, die angeblich schon viele Jahrhunderte alt sein soll und bereits zahlreiche Korangelehrte hervorgebracht hat. Zagora nennt sich deshalb auch „heilige Stadt", obwohl sie im Gegensatz zu anderen heiligen Orten des Landes kein Pilgerziel ist. Der Zugang war uns auch hier nicht möglich, doch schien es, als sei sie ohnehin geschlossen, denn wir sahen weder drinnen noch auf dem zugänglichen Vorhof eine einzige Menschenseele.

Wir registrierten, dass wir von den wenigen tief vermummten Frauen und von herumspielenden Kindern neugierig, aber keineswegs abweisend beobachtet wurden. Die Männer hockten meist in kühlen Häuserecken, rauchten, tranken Tee und palaverten. Auch bei ihnen konnte ich keine missmutigen oder gar bösen Blicke erkennen, im Gegenteil, alle erwiderten freundlich meinen kurzen Gruß mit erhobener Hand. Ob sie auch so zugänglich gewesen wären, wenn wir uns ohne einheimische Begleitung hier aufgehalten hätten? – ich weiß es nicht.

Als wir wieder in Zagora beziehungsweise auf dem Campingplatz waren, wussten wir, dass wir soeben einen höchst abenteuerlichen Abstecher hinter uns gebracht hatten, der seine Mühe auf jeden Fall wert war. Verdammt unangenehm war nur dieser geräuschvolle Campingplatz, dessen weit hörbare Wasserpumpe keine Minute abgeschaltet wurde. Hinzu kam noch aus mehreren Radiolautsprechern Plärrmusik, so dass wir trotz großer Müdigkeit abermals Schwierigkeiten mit dem Schlafen in Kauf nehmen mussten. Es geht eben nichts um die absolute Ruhe irgendwo in weiter unberührter Landschaft! Beinahe beleidigend ist, dass man für Campingplätze dieser Art auch noch zahlen muss – in diesem Fall teure fünf Dirhams.

Straße der Kasbahs

Angesichts des bisher Gesehenen, das meine Erwartungen schon weit übertroffen hatte, erwartete ich nun kaum mehr eine Steigerung, denn was sollte uns dieses herrliche Stückchen Erde denn eigentlich noch bieten? Wenn auch landschaftlich Grandioseres kaum mehr möglich war, so ergaben sich in den kommenden Tagen aber doch noch eine ganze Reihe sehr überraschender Eindrücke, die mir nicht weniger gefielen als die bisherigen Höhepunkte.

Zunächst hatten wir noch einmal das Tal des Drâa vor uns, denn in Tamegout ist sozusagen die Welt zu Ende; denn dort muss man kehrtmachen und auf der selben Strecke wieder zurück nach Ouarzazate fahren. Hier erledigten wir ein paar Kartengrüße nach Holland und Deutschland, gönnten uns eine kühle Coca Cola, um dann die Route in Richtung Ksar-es-Souk einzuschlagen, die sich auf der Ostseite des Hohen Atlases befindet. Es ist dies die berühmte Straße der Kasbahs, eine echte Wüstenstraße mit allem, was dazugehört: große Hitze, weite Geröllflächen, unbewohnte malerische Oasen, riesige Schuttberge, abermals größte Trockenheit und natürlich Dutzende der schönsten Kasbahs.

Unser Nahziel war Kelaa-des-Mgouna, ein Ort 100 Kilometer von Ouarzazate entfernt an der Strecke nach Ksar-es-Souk. Einem Reisehinweis nach soll es sich bei diesem Ort um das Zentrum der marokkanischen Rosenkultur handeln, aber davon konnten wir dort beim besten Willen nichts entdecken. Der Ort selbst ist ein Wüstenort wie viele andere auch, hat ein fotogenes weiß gezinntes Stadttor und setzt sich aus ein paar Dutzend mehr oder weniger intakter Lehmhäuser zusammen. Doch hier gibt es kleine kräftige Laubbäume, deren Schatten natürlich äußerst begehrt sind. Auf dem von einem niedrigen Häuserquadrat umgebenen Stadtplatz konnten wir lediglich ein paar abenteuerlich aussehende Wüstengestalten beim Zubereiten irgendeiner Suppe am offenen Feuer beobachten, sonst schien auch dieser Ort ziemlich ausgestorben zu sein.

Zwanzig Kilometer weiter – vorbei an Kasbahs an Felshängen, die sich harmonisch in das Landschaftsbild einfügen – zweigt eine Piste in das Tal des Dadès ab, dessen Besuch sich für Naturliebhaber außerordentlich lohnt. Wer aber sein Auto schonen und es heil durch Marokko bringen will, dem sei der gut gemeinte Rat gegeben diese Piste zu meiden. Sie kann oder sollte nur mit Geländefahrzeugen befahren werden, da sie ungemein steinig ist und permanent die Gefahr besteht, dass man Gesteinsbrocken aufsitzt und das Fahrzeug unten beschädigt wird, so etwas kann in Marokko kaum repariert werden – östlich des Hohen Atlases ganz bestimmt nicht. Deshalb entschieden wir uns nach 10 Kilometern für die Umkehr, zumal ich glaubte, bis hierher bereits viel von diesem schönen Tal gesehen zu haben. Umgeben von teilbegrünten Bergen und großen Felsbrocken in Pistennähe, entlang des Dadès – einem winzigen Fluss – und unterbrochen von schönen Palmenoasen zieht sich dieses Tal in Richtung des Hohen Atlases. Es ist, wie gesagt, für Naturliebhaber zwar eine Augenweide, für Autofahrer aber ein Zumutung, so dass ich froh war, mit heilem Auto die Straße der Kasbahs wieder erreicht zu haben.

Zwar war dieser Abstecher etwas enttäuschend, aber umso mehr kamen wir etwas später auf unsere Kosten und zwar im Tal des Todrha. Wir fuhren zunächst bis Tinehir, einem inmitten von unzähligen Palmen liegenden Ort und erkannten mit „Kennerblick", dass es sich nicht lohnen würde dieses Nest zu besuchen. Stattdessen schwenkten wir gleich in das genannte Tal ein und erlebten nun abermals einen Landschaftszauber erster Güte. Auf guter Piste kamen wir den mächtigen Felsbergen, die vom Todrha durchschnitten werden, immer näher und befanden uns bald inmitten einer schroffen wildromantischen Felsenlandschaft, die eine angenehme Kühle ausstrahlte und dazu einlud, sich hier länger aufzuhalten. Der Weg schlängelte sich um mehrere Felsberge herum, bis er schließlich aufhören musste, weil die Wildwasser des Flusses das Talende markierten.

Hier hinten waren wir natürlich nicht die einzigen Besucher und parkten deshalb dort, wo bereits mehrere andere Fahrzeuge standen. Über große Kopfsteine hinweg konnten wir den lebhaften Fluss gefahrlos überqueren und unsere Tour per pedes fortsetzen. Wiederum machte der Fluss – jetzt eigentlich nur noch ein Bach – eine Biegung, dem der schmale Fußweg in etwa folgte, so dass wir uns wenig später in einer äußerst eindrucksvollen Schlucht befanden. Steil ragen die kahlen braunen Felsen in den stahlblauen Himmel, das Rauschen des wilden Todrha tönt tausendfach wider und ein paar grüne Palmen, von denen sicher niemand weiß, wie die wohl hierher kamen, heben sich farblich einmalig schön von den Felsen ab. Wir verließen die Schlucht in der Gewissheit, soeben wieder einmal ein großes Naturschauspiel erlebt zu haben.

Da die Zeit schon fortgeschritten und uns inzwischen bekannt war, dass man östlich des Hohen Atlases nur auf Campingplätzen sein Zelt aufschlagen kann, entschieden wir uns für den nahe am Taleingang gelegenen, diesmal aber ruhigen Platz, der zudem den Vorteil hatte, reichlich kühles fließendes Wasser zu haben und nur wenige Gäste. Auch die Kosten lagen mit drei Dirhams unter dem hier Erwarteten.

Wir machten auf dem Platz die Bekanntschaft eines älteren französischen Ehepaares, das mit einem alten VW-Campingbus auf großer Tour war und das uns versicherte, etwas Erlebnisreicheres und Reizvolleres als Marokko gebe es überhaupt nicht. Sie seien bereits zum vierten Mal hier und entdeckten immer wieder für sie Neues. Im Prinzip musste ich zustimmen, räumte aber ein, dass man sich für eine geeignetere Jahreszeit entscheiden sollte.

Da wir heute hundemüde waren und uns dieser Platz hier endlich eine ruhige Nacht versprach, legten wir uns bereits gegen acht aufs Ohr und schliefen auf der Stelle ein. – Hier in Tinehir hatten wir übrigens genau 5.000 Kilometer hinter uns – unfallfrei, aber doch ziemlich mitgenommen, da die Augusthitze erbarmungslos war.

Tizimi-Gebiet

Da wir eine ruhige Nacht hinter uns hatten, in der wir mindestens zehn Stunden schlafen konnten, waren wir am Morgen des 9. Augusts bereits gegen sechs auf den Beinen und fühlten uns wieder gut. Doch der wolkenfreie Himmel und die totale Windstille kündigten uns abermals einen sehr heißen Tag an. – Wir fuhren weiter in nordöstliche Richtung und passierten zunächst den wichtigen, dem Touristen aber nichts bietenden Ort Ksar-es-Souk, von wo aus wir nochmals einen weiten Abstecher in das Saharagebiet in Angriff nahmen. Unser Ziel war die Tizimi-Area mit seinen Hauptorten Erfoud und Rissani.

Die Straße war auch hier sehr schmal, aber dennoch gut zu befahren, so dass wir die 4.000 Einwohner zählende Oase Erfoud bereits vormittags erreicht hatten. Schon auf der Fahrt hierher, insbesondere ab Ksar-es-Souk, war aufgefallen, dass wir uns wieder harten Wüstengegenden näherten, denn die Straße durchschnitt Landschaften, die öder nicht mehr sein konnten. Wir befanden uns inmitten einer riesigen Geröllwüste, die stellenweise schnell in Sandwüste überging.

Im Ort mussten wir erst einmal eine längere Pause einlegen, denn uns quälten schon wieder weit über 40 Grad Celsius im Schatten. Wir parkten im weiten Stadtzentrum unter großen schattenspendenden Laubbäumen und beobachteten die wenigen Menschen, die sich um ihre Einkäufe kümmerten oder palaverten. Dieser Platz schien mir zehnmal größer, als er angesichts der paar Leute hätte sein müssen, doch nehme ich an, dass sich an bestimmten Wochentagen hier reges Marktleben abspielt, nämlich dann, wenn sich die Landbevölkerung der ganzen Umgebung trifft. Umstanden ist dieser Platz mit rot getünchten niedrigen Häusern mit zurzeit fast leeren Arkaden, da sich heute nur fünf Kaufleute hier eingefunden hatten, um Lederwaren und Obst anzubieten. Erfoud ist kein historischer Ort, sondern ein 1916 von den Franzosen angelegter Militärstützpunkt.

Bereits vom Zentrum aus kann man die einzige Sehenswürdigkeit dieser Stadt erblicken: das auf einem unvermittelt aus dem flachen Boden ragenden Felsen stehende Bordj Est. Ob wir es würden besuchen können, wussten wir noch nicht, als wir uns mit dem Auto in Richtung dieses Berges in Bewegung setzten. Doch erstaunlicherweise führt sogar eine Straße zum Bordj, welches auf einem kleinen Hochplateau liegt und weithin zu sehen ist. Die Straße war für mein Auto zwar kein Vergnügen, denn sie war in schlechtem Zustand und wandt sich in zig Haarnadelkurven nach oben, aber dennoch war sie kein unüberwindliches Problem für den Käfer.

In luftiger Höhe angekommen sahen wir, dass dieses Militärfort sogar noch von zwei alten Soldaten, die man mit noch älteren Gewehren ausgerüstet hatte, bewacht wird. Wozu eigentlich? Von ihnen bekamen wir ohneweiteres die Erlaubnis, uns hier frei umsehen zu dürfen. Es überraschte, dass die befestigte Fläche doch viel größer war, als es zunächst den Anschein hatte, aber sie war mit ihren alten Mauern und Behausungen längst zu einem historischen Stück von Erfoud geworden, umso erstaunlicher registrierten wir die Tatsache, dass hier noch immer zwei alte Kameraden Wache schoben.

Der Ausblick hinunter auf die unzähligen Palmen von Erfoud und auf die Stadt selbst sowie zur südlichen und östlichen Seite hin in die unendliche Weite der Geröllwüste wird mir unvergesslich bleiben. Gen Süden erkannte ich schon recht deutlich die zunehmende Anzahl großer meterhoher Sanddünen, deren knalliges Gelb wie willkürlich hingemalte Flecken zur Auflockerung des eintönigen Brauns und Graus der Geröllflächen aussahen. Weit hinten glaubte ich sogar Palmen und Häuser im typischen Sahara-Stil zu erkennen, doch ich war mir nicht im Klaren darüber, ob ich einer Fata Morgana aufgesessen war, oder ob ich von hier oben den Wüstenort Rissani sehen konnte, denn die Luft war heiß und flimmerte stark.

Unser nächstes Ziel war Rissani, dessen Entstehung auf Mulay Ismail, der bis 1727 lebte, zurückgeht. Doch bis wir dort waren, hatten wir noch ein kleines Abenteuer zu bestehen, das unangenehm hätte ausgehen können. Tausendmal hatte ich beim Anhalten in diesem Land sehr genau darauf geachtet, nicht von befestigten Straßen abzukommen, doch auf der Fahrt von Erfoud nach Rissani passierte es: Binnen weniger Sekunden steckten alle vier Räder hoffnungslos im Sand – vorbei! Mir brach der Angstschweiß aus, denn wer in aller Welt sollte mich hier wieder herausziehen? Freischaufeln wäre sinnlos gewesen. Allah muss meine miese Situation sofort erkannt haben, denn er schickte mir gleich ein ganzes Dutzend kräftiger junger Burschen, die plötzlich zwischen den riesigen Sanddünen auftauchten und sich nach einem kleinen Handel bereit erklärten, den Wagen wieder auf die Straße zu hieven. Für 10 Dirhams – für weniger wollten sie sich partout nicht anstrengen – stand binnen fünf Minuten das Auto wieder auf geteerter Straße. Allah sei Dank!

Trotz unglaublicher Hitze kämpften wir uns hinauf auf ein paar zehn Meter hohe Sanddünen und hatten so die Möglichkeit, weit in die Umgebung hineinzublicken. Welch eine phantastische Landschaft! Vor uns nur Sanddünen, deren extrem helles Gelb in der Mittagssonne für die Augen kaum zu ertragen war. Obwohl Luftbewegungen hier nicht spürbar waren, konnte ich deutlich beobachten, dass laufend Abermilliarden kleinster Sandpartikelchen über die Kämme der Dünen krochen und wieder fielen, also nicht aufwirbelten. Dieser Vorgang ist faszinierend, denn auf diese Weise werden in der Sahara täglich ungezählte Tonnen Sand verfrachtet (Wanderdünen). Interessant ist, dass man fast mit der Nase an die messerscharfen Dünenkämme herangehen muss, um diese faszinierende Bewegung überhaupt sehen zu können. Übrigens: Saharasand ist fast kein Sand mehr, das ist eher Staub, ich habe davon ein Pfund mitgebracht, sonst glaubt's mir ja niemand!

Rissani ist zwar ein heiliger Ort, denn hier liegt Mulay Ali begraben – der Stammvater der heute noch regierenden Alauiten-Dynastie –, aber es scheint noch weniger bewohnt zu sein als Erfoud. Oder lag es an der unerträglichen Mittagshitze, die das Leben für Stunden lahm legte? Das Zentrum Rissanis erinnerte uns an das von Erfoud; denn auch hier sahen wir fast nur leere Arkaden und ein paar dösende Menschen unter besonders kleinwüchsigen schattigen Laubbäumen. Sehenswert ist die von hohen Lehmmauern umgebene Altstadt, der wir wegen der verflixten Hitze aber nur einen kurzen Besuch abstatteten, sowie das prächtige Stadttor, das jedoch neueren Datums ist. Es ist mit leuchtend grünen Ziegeln gedeckt und mit kunstvoll gestalteten Ornamenten übervoll.

Wir spürten, dass wir uns hier wieder einmal an einem Ende der Welt befanden, wo Menschen existieren, deren einziges Streben nur das Überleben ist, das heißt Kampf gegen Hitze, Durst, Hunger, Sandwüste und heiße Stürme. Ich habe mich angesichts so harter Lebensbedingungen in Marokko schon oft gefragt, was das eigentlich für Menschen sind, die sich diesem Lebenskampf stellen, die den Unbilden der Natur widerstehen wollen und letztlich obsiegen. Über Eines bin ich mir jedoch restlos im Klaren: Sie stehen mit der Natur nicht auf Kriegsfuß, sondern haben vor ihr tiefen Respekt, wenn auch Tiere alles andere als ehrfürchtig behandelt werden.

Da uns der Campingplatz Rissanis gefiel – er war ruhig, schattig und hatte sogar ein kleines Schwimmbad – entschieden wir hierzubleiben, schlugen unser Zelt auf und legten uns nach einem Bad schon gegen neun aufs Ohr, denn die Tageshitze hatte uns beide fertiggemacht.

In den Atlasbergen

Der heutige 10. August sollte jener Tag sein, an dem wir Abschied nehmen mussten von den unwirtlichen Gebieten östlich des Hohen Atlases, unsere nächsten Ziele lagen fast alle wieder in den kühleren Bergen. Tagesziel war zunächst der Bergort Midelt und später der Agelman-See – oder auch Aguelman de Sidi Ali genannt. Wir passierten aus Rissani kommend abermals Ksar-es-Souk und erreichten nach vier Stunden Midelt 300 Kilometer von Erfoud entfernt. Nun wurde die Landschaft wieder grüner, nachdem wir den Tizi n' Talrhemt, einen 1.847 Meter hohen Pass, hinter uns hatten.

Der Ort Midelt unterscheidet sich prinzipiell von den östlich des Atlases gelegenen, denn hier dominiert wieder eine andere Bauweise, also kein Sahara-Stil mehr, und vor allem trifft man hier auf Menschen, deren Aussehen, Kleidung und Gebaren sich ebenfalls grundsätzlich von denen der Wüstenmenschen unterscheidet. Midelt macht angesichts der Souks und des riesigen Marktes zwar einen historischen Eindruck, aber dieser täuscht, denn das Geburtsjahr war erst 1917 – die Franzosen legten die Stadt an. Die Lage inmitten teils grüner und teils kahler Berge ist eindrucksvoll.

Wir schlenderten zunächst über den Sonntagsmarkt, der trotz vorgerückter Stunde kurz vor Mittag noch immer in vollem Gange war, da die in dieser Gegend nicht mehr so harten Klimabedingungen und die schattigen Laubbäume dies zulassen. Von diesem Markt, der die Landbevölkerung der ganzen Umgebung hierher gelockt hatte, waren wir sehr beeindruckt, denn seine Buntheit und Echtheit war kaum mehr zu übertreffen. Hier sahen wir Berber, wie man sie sich vorstellt: hochgewachsen und hager, mit groben und dennoch freundlichen Gesichtern, die Frauen in langen, überaus bunten Kleidern und reichlich mit Schmuck behangen. Wir konnten uns hier ungehindert bewegen und wurden nicht ein einziges Mal von irgendjemand angeredet. Angeboten wurde von Schafen und Hühnern bis zu Wollballen, Obst und Gemüse, Seife und Zahnbürsten alles, was die karge Landschaft hergibt beziehungsweise was man fürs tägliche Leben braucht.

Anschließend besuchten wir die Souks von Midelt, diesmal allerdings weniger als Touristen, sondern als Verbraucher, denn es wurde höchste Zeit, dass wir unsere Vorräte wieder auffrischten. Wir erstanden gutes Hammelfleisch, Eier, Brot und Tomaten und waren überrascht, dass dieser Souk hier in jüdischen Händen ist! Wieder einmal wunderten wir uns, denn in Marokko ist es erstaunlicherweise – und das schon seit Jahrhunderten – möglich, dass Menschen jüdischen und islamischen Glaubens friedlich miteinander auskommen; Midelt war dafür ja nicht der einzige Beweis, dass Derartiges funktionieren kann.

Mit gefüllten Tüten und gut gelaunt gingen wir zum Wagen zurück und zwar in der Absicht, so schnell wie möglich außerhalb der Stadt ein Plätzchen zu finden, an dem wir uns ungestört Fleisch und Eier braten konnten. Kurz hinter der Einfahrt zur Muluia-Schlucht, die ebenfalls als Besuchspunkt auf unserem Programm stand, fand sich dann schnell ein geeigneter Platz, wo wir uns in aller Ruhe ein kräftiges Mahl zusammenbraten konnten.

Ausgeruht, gestärkt und angesichts der wieder „menschlicheren Temperaturen" von knapp 30 Grad machten wir uns nachmittags auf den Weg zum Agelman-See, wo wir hofften, uns etwas länger ausruhen zu können, denn das hatten wir beide verdammt nötig. Die Fahrt ging wieder durch eine wunderbare Berglandschaft, die größtenteils mit Grün überzogen ist und deren Flüsse ausnahmslos klares kaltes Wasser führen. Besonders schön ist die Landschaft in der Gegend des Col du Zad, einem 2.178 Meter hoch gelegenen Pass, den wir kurz vor dem Agelman-See passierten. Wenig später wies ein Schild zum in den Bergen liegenden See, den wir auch bald auf kiesigem Weg erreicht hatten.

Bei dem See, dessen tiefblaues Wasser uns schon von Weitem anlachte und unsere Stimmung hob, handelt es sich um einen Kratersee. Er ist drei Kilometer lang und liegt 2.000 Meter über dem Meeresspiegel inmitten weitgestreckter von Buschwerk bewachsener Berge. Die Ufer sind teils mit unzähligen Lavasteinen übersät, teils aber auch mit Schilf bestanden, das von ein paar pechschwarzen Kühen, die bis zum Bauch im Wasser stehen, genussvoll gefressen wird. Das Seewasser ist so kalt, dass es für uns unmöglich war hier ein Bad zu nehmen. Wir schlugen unser Zelt 50 Meter von einem älteren französischen Ehepaar entfernt auf, das uns freundlich begrüßte und uns zu verstehen gegeben hatte, dass man hier ohneweiteres campen darf.

Welch ein Genuss, nach langen heißen Tagen hier in 2.000 Metern Höhe die Frische dieser Bergwelt genießen zu können! Außer den genannten Franzosen, die schon seit Jahren am Agelman-See den Großteil ihrer Urlaube verbringen, waren hier keine weiteren Besucher anwesend, so dass wir uns endlich einmal erholen konnten. Besonders romantisch wurde es am Abend und in der Nacht, als sich der helle Mond im wellenlosen Wasser widerspiegelte und ebenso die Lagerfeuer der Berberjungen, die in den gegenüberliegenden Bergen ihre Schafs- und Ziegenherden hüteten.

Auch den 11. August verbrachten wir hier am See, es war dies für uns der längst überfällige Bummeltag, nachdem wir in der vergangenen Nacht bereits 11 Stunden fest geschlafen hatten. Rainer wagte sich ein paar Minuten ins eiskalte Wasser, während ich mich in der angenehmen Sonne aalte, Notizen nachtrug und etwas über den bisherigen Verlauf der Reise nachdachte. Mir war klar, dass ich längere Zeit benötigen würde, um die vielen fremden Eindrücke zu verarbeiten. Bereits jetzt wusste ich, dass diese Reise ein voller Erfolg werden würde.

Die Nacht auf den 12. August war wiederum angenehm frisch, so dass wir ausgezeichnet schliefen und ausgeruht gegen acht die Fahrt fortsetzen konnten. Unser nächstes Ziel war Azrou, ein wichtiger Ort inmitten der außergewöhnlich reizvollen Berggegend zwischen Meknès und Midelt. Hier sind es die herrlichen Zedern- und Steineichenwälder, die dieser Landschaft das Gepräge geben. Die Stadt selbst bietet dem Besucher nicht allzu viel, wenn man von den interessanten Märkten absieht und der Tatsache, dass es hier Sommer wie Winter eine Reihe beliebter Sportmöglichkeiten gibt. Azrou ist – wie auch Ifrane – in erster Linie Urlaubsort und Ausgangspunkt für erlebnisreiche Ausflüge in die waldreiche Umgebung.

Auch wir hatten vor, von hier aus drei Abstecher zu machen und zwar ins pittoreske Berberdorf Ain Leu, zu den römischen Ruinen von Ito und ins Skigebiet am 2.019 Meter hohen Mischliffen, wo wir hofften, heute Abend unser Zelt aufschlagen zu können. – Wir hatten Ain Leu noch nicht erreicht, da wusste ich bereits, dass sich dieser Ausflug lohnen würde – schon der Landschaft wegen. Das Berberdorf liegt auf mehreren Hügeln und wird immer wieder vom Grün der Pappeln und anderer Bäume unterbrochen. Die flachdachigen einfachen Häuser sind meist dunkelbeige bis braun getüncht und haben die üblichen kleinen Fenster.

Während es Rainer vorzog im Auto zu bleiben um zu schlafen, ging ich über eine grob gepflasterte Straße ins Dorf hinein und traf jene Bilder an, die ich erhofft hatte: einen kleinen romantischen Zentralplatz mit schlichter Moschee, steile Wege, die oft durch Treppen unterbrochen sind, einfache freundliche Menschen und viele Kinder, die mich zwar aufmerksam und manchmal auch winkend zur Kenntnis nahmen, die sich aber hüteten, mich anzubetteln oder sonst wie zu belästigen – wie das leider in Marokko oft der Fall ist.

Plötzlich hörte ich die typischen Rhythmen harter Trommeln und fremdartiger Blasmusikinstrument, die aus einer engen Seitenstraße herausdrangen. Als ich einbog, sah ich eine große dicht gedrängte Menschenmenge vor einem bunt geschmückten Pferd, auf dem ein stolzer Vater mit seinem herausgeputzten 6-jährigen Söhnchen saß und sich feiern ließ. Ich nahm an, dass es sich hierbei um eine Art Taufe handelte, denn der Junge wurde mit Blumen beworfen und man berührte ihn – so oft es möglich war – mit den Händen. Diesem Freudenzug folgte ich noch ein paar Straßen weiter, ohne dass mich jemand daran gehindert hätte, auch fotografieren konnte ich ohneweiteres. Als ich zum Wagen zurückging, klang mir noch lange die einheimische harte Musik in den Ohren, Musik übrigens, zu der Europäer in der Regel keinen Zugang haben.

In entgegengesetzter Richtung befindet sich Ito, ein römisches Ruinenfeld, von dessen Größe wir uns aber noch keine Vorstellung machen konnten. Wir fuhren zurück nach Azrou, passierten diesen Ort und schlugen dann die Richtung nach Meknès ein. Etwa zehn Kilometer hinter Azrou hätte meiner Schätzung nach Ito liegen müssen, doch wir konnten kein Hinweisschild entdecken, wie das bei historischen Stätten in Marokko normalerweise der Fall ist. Schließlich fragten wir den Bewohner eines Hauses direkt an der Straße nach Ito und erfuhren, dass wir das Ruinenfeld längst passiert – also übersehen – hatten. Wir richteten uns nach der uns gegebenen Beschreibung und entdeckten rechter Hand dann tatsächlich ein paar historische Überreste. Doch diese waren so minimal, dass es sich nicht einmal gelohnt hatte, hierfür ein Hinweisschild aufzustellen. Wir stolperten über ein paar Mauerreste, die – wenn man genau hinschaute – die quadratischen Häusergrundrisse von einst erkennen ließen. Markant war lediglich ein niedriges Stück Rundmauer, deren Bedeutung ich nicht erkennen konnte.

Nun stand uns abermals ein schönes Landschaftserlebnis bevor, und zwar die herrlichen Nadelwälder um den Mischliffen, einer Berggegend südlich von Azrou, die auch im Winter gern von Skiwanderern besucht wird. Jetzt im Sommer schien die ganze Gegend ausgestorben zu sein, Touristen sahen wir jedenfalls nicht. Bereits nach kurzer Suche hatten wir den Wunschplatz für heute Nacht gefunden, rasch unser Zelt aufgebaut und ein reichliches

Abendessen zu uns genommen. Auch Rainer war von diesem einmalig schön gelegenen wilden Campingplatz begeistert und genoss ebenfalls die würzige frische Bergluft. Ich streifte etwas in der Gegend herum, und als ich bei Dunkelheit zurückkam, brannte zwischen ein paar Steinen ein schönes Lagerfeuer, das Rainer während meiner Abwesenheit entfacht hatte. Da es frisch war, saßen wir noch lange vor den wärmenden Flammen, erfreuten uns der ruhigen mondhellen Nacht und redeten ein bisschen über die vielen Dinge dieses Landes, die uns jetzt nicht mehr so fremd waren.

Als Mittwoch der 13. August angebrochen war, fühlten wir uns dank der Ruhe und Frische gut erholt und ausgeschlafen, so dass wir wieder Mut für ein größeres Programm hatten. Um nach Ifrane, unserem nächsten Ziel, zu gelangen, wählten wir die Fahrt über den Tizi n' Tretten, einen landschaftlich wunderschön gelegenen Pass, so dass wir Azrou nicht mehr berührten. Vom Pass aus hatten wir einen reizvollen Blick weit in die Bergwelt des Atlases hinein und vor uns ein gestrecktes Tal, das an Schönheit nichts mehr zu wünschen übrig ließ.

Ifrane ist ein Höhenort im Atlas, der eigentlich mit Marokko nur so viel zu tun hat, als er sich in diesem Land befindet. Die Straßen sind sauber, die Häuser in bester Ordnung und von allerbester Qualität, an den Straßen befindet sich kein einziger Kramladen, sondern die Waren werden hier in modernen Geschäften zu festen Preisen angeboten (das gibt es sonst nur noch in Casablanca, aber selbst dort nicht überall), und wo immer es möglich war, wurden saubere Parkanlagen mit Bäumen, Blumenbeeten, Rasen und Springbrunnen angelegt. Manche Häuser sind sogar im Fachwerkstil gebaut, die auch in Hessen oder in der Eifel stehen könnten. Die Bewohner Ifranes sind gut gekleidet, belästigende Jugendliche oder Kinder gibt es nicht, und das Klima könnte auch zu dieser Jahreszeit besser und angenehmer nicht sein. Nein, dieser Ort ist kaum Marokko, zumal, wenn man die fürchterlich dreckige Altstadt von Fès oder die wahnsinnige Hitze der Wüste schon kennengelernt hat. Ifrane ist meines Erachtens der einzige Ort im Land, in dem Europäer einen ruhigen, gepflegten und erholsamen Urlaub verbringen können. Dass es hier natürlich teurer als anderswo ist, liegt auf der Hand.

Nur 30 Kilometer weiter in Richtung Fès liegt Imouzzer, unser nächstes Ziel. Kaum hatten wir die Stadtgrenze passiert, wussten wir, dass sich dieser Ort nicht viel von Ifrane unterscheidet, obwohl sich hier mehr marokkanisches Leben abspielt. Es dominieren gute Hotels, schöne Parks mit wuchtigen Laubbäumen und Urlauber.

Doch es gibt hier auch noch einen Rest Altstadt, der es im wahrsten Sinne des Wortes in sich hat, denn inmitten alter Häuser kann man nach intensiver Suche ein paar Höhleneingänge entdecken, die mit Säcken verhangen, mit Brettern vernagelt oder mit Buschwerk zugewachsen sind. Diese Eingänge befinden sich an den Seiten tiefer Löcher im Boden. Bei den Höhlen von Imouzzer handelt es sich angeblich um schon immer bewohnte Grotten. Dass man als europäischer Besucher hier keinen Einblick erhält, ist schade, aber verständlich.

Daran, dass man in Marokko ständig von einem Extrem ins andere fällt, hatten wir uns längst gewöhnt, weshalb wir schon gar nicht mehr sehr überrascht waren, in Sefru – dem nächsten Ziel – wiederum eine ganz andere Situation anzutreffen. Hier nämlich dominiert wieder das ursprüngliche marokkanische Leben in einer ungemein reizvollen Altstadt, die durch mehrere alte gezinnte Stadttore betreten werden kann. Da schuften sich bepackte Esel durch die engen Gässchen, vermummte Frauen riskieren für uns Fremde verstohlene Blicke, Waschweiber klatschen ihre Wäschestücke auf polierte Steine sowie im Rest eines fast ausgetrockneten, von alten Steinbrücken überspannten Flusses, der auch die Abfälle dieser Stadt aufnimmt. Viele Häuser, besonders die in Flussnähe, erinnern an den südspanischen Stil, denn die meisten haben große Holzbalkone, sowie Türen und Fenster, die man in Marokko normalerweise nicht kennt. Ich bin mir allerdings nicht sicher, ob hier irgendwann einmal die Andalusier Einfluss hatten, denn die Stadt mit dem eindeutigsten andalusischen Flair und Stil – Chechaouen weiter im Norden – sieht nämlich ganz anders aus. Auffallend für uns waren hier die vielen blonden marokkanisch quasselnden Kinder - wahrscheinlich Nachkommen ansässig gewesener Franzosen.

In rascher Fahrt ging es weiter bis Taza, dem letzten Ort in den Atlasbergen beziehungsweise an der Grenze zwischen dem Atlas- und dem Rif-Gebirge. Von Taza erwartete ich noch einmal einen Höhepunkt, handelt es sich doch um jene Stadt, in der man auf Märkten das angeblich ursprünglichste Berberleben ganz Marokkos sehen könne. Doch da wurden wir enttäuscht, denn wir erwischten leider keinen Markttag und mussten deshalb mit „normalen Marokkanern“ vorlieb nehmen.

Am frühen Morgen des 14. Augusts fuhren wir noch zur malerisch gelegenen Altstadt von Taza, die von der im Tal liegenden Neustadt vollkommen getrennt ist; es könnte sich bei diesen beiden Ansiedlungen tatsächlich um zwei verschiedene Ortschaften handeln. Wir parkten am Fuße des Altstadtberges und gingen dann zu Fuß weiter.

Hinauf führt eine breite schlecht unterhaltene Treppe, die von Passanten und Maultieren ebenso benutzt wird wie von Schweinen, Eseln und Hühnern, es führt auch eine befahrbare Straße hinauf, die wir aber erst oben entdeckten. Linker Hand erhebt sich eine zehn Meter hohe mit Wehrtürmen bestückte historische Mauer, deren Alter nirgends festgehalten ist. Sie ist jedenfalls äußerst baufällig. Einer der mächtigen Türme ist in der Mitte gespalten und dürfte beim nächsten größeren Erdstoß vermutlich zusammenfallen.

Oben angekommen, hatten wir einen schönen weiten Blick hinüber auf die kahlen Berge des Rif-Gebirges und hinunter auf „Neu-Taza“. Südlich des weiten Zentrumsplatzes, der von einigen modernen Gebäuden im maurischen Stil umgeben ist, beginnt die Médina von Taza, ein allerdings nicht besonders sehenswertes Überbleibsel aus früheren Zeiten. Die engen Gassen sind nicht gepflegt, das Anbieten von Waren und das Feilschen um die Preise verlaufen ausgesprochen müde. Die wenigen Menschen kamen mir vor wie Zurückgebliebene ohne Hoffnung darauf, dass doch noch einmal ein Zug kommen könnte, auf den man aufspringen kann.

Unten in der sogenannten Neustadt, die dem Besucher außer einer neuen Moschee nichts weiter bietet, hielten wir uns nicht lange auf, denn mittlerweile war es Abend geworden, so dass sich Hunger und Müdigkeit bemerkbar machten. Aber auch Rainer rührte sich jetzt, allerdings auf eine ziemlich unangenehme Art, denn plötzlich war ihm jede Lust an der Tour vergangen – er hatte einfach genug, rang sich aber das Versprechen ab, die letzten Tage noch durchhalten zu wollen. Dass er ab heute keine Aktivitäten mehr entfaltete, machte sich natürlich beim Zeltauf- und -abbau und Kramen bemerkbar, wodurch leider ein paar strenge Worte meinerseits provoziert wurden.

Auf dem Campingplatz machten wir noch die Bekanntschaft mit ein paar jungen Deutschen, die mit einem VW-Bus unterwegs waren. Lustige Burschen, aber wohl nicht ganz glaubwürdig, denn sie berichteten uns von einer Choleraepidemie im gesperrten Erfoud, die schon 70 Tote gefordert haben soll. Da wir nur einen Tag nach ihnen in Erfoud waren und dort von all diesen Dingen absolut nichts bemerkt hatten, könnte entweder eine Verwechslung vorgelegen haben – doch man beharrte auf Erfoud –, oder die wollten uns einen kräftigen Bären aufbinden.

Al Hoceima

Es war 14 Uhr, als wir Taza als abgehakt betrachten konnten und uns entschlossen, noch heute bis Al Hoceima – am Mittelmeer gelegen – zu kommen. Dieses Vorhaben schien gemäß bisher gemachter Erfahrungen auf Marokkos Straßen kein Problem zu sein, da die Entfernung normalerweise in zwei Stunden bewältigt gewesen wäre, doch da hatte ich mich getäuscht, denn von Taza hoch nach Al Hoceima besteht nur eine schlechte Querverbindung durch das Rif-Gebirge, die natürlich zeitraubend war. So kurvte ich mehr als vier Stunden durch dieses Schuttgebirge fast ohne Bäume und Sträucher, begegnete einem einzigen Auto, durchfuhr Wadis, die bei Regen unpassierbar sind und wurde in Dorfnähe immer wieder von aufdringlichen, teils auch rabiaten Burschen bedrängt, die mir unter allen Umständen ihre schillernden Quarzsteine verkaufen wollten. Wenn ich vorbeifuhr, schimpften und pfiffen sie hinter uns her und warfen sogar mit Steinen. Nur gut, dass keiner getroffen hat, sonst hätte es bei denen ein paar blaue Augen gegeben.

Endlich wurde die Landschaft grüner, feuchter und wohnlicher, und wenig später hatten wir die 11.000 Einwohner zählende Hafenstadt Al Hoceima erreicht. Weil es jedoch schon spät war und zudem die Fahrt von Taza bis hierher sehr anstrengend, hatten wir jetzt nur noch einen Wunsch, nämlich möglichst schnell einen Campingplatz zu finden und den Geist aufzugeben. Doch da war auf Anhieb nichts zu machen, denn die Umgebung der Stadt ist ungeeignet für einen „wilden Camp“ und die Strände der näheren Umgebung waren für uns nicht zugänglich. So mussten wir uns wohl oder übel für den städtischen Campingplatz an einer Bucht entscheiden, der natürlich wieder laut und außerdem steinhart war. Hier seine Heringe in den Boden zu bekommen, ist mit viel Schimpfen und Kraftanstrengung verbunden.

Am nächsten Morgen – ich notierte den 15. August – waren wir leider alles andere als ausgeschlafen, doch nach einem starken Kaffee (Pulver immer noch von zu Hause!) fühlten wir uns wieder besser. Bevor wir in die Stadt gingen, räumten wir erst einmal unser Zelt zusammen, denn wir hatten vor, Al Hoceima noch heute wieder zu verlassen und weiter in Richtung Chechaouen zu fahren.

Aber das, was wir nun zu sehen bekamen, war leider nichts Attraktives, denn Al Hoceima als Stadt bietet dem Besucher außer ein paar alten spanischen Verwaltungshäusern nichts. Diese spanischen Bauten dominieren hier, zumal sie auch heute noch als Sitz für Schulen und andere Kultureinrichtungen ihre Verwendung finden. Sehr schön sind die parkähnlich angelegten Gärten vor diesen altherrschaftlich anmutenden Häusern, in denen hohe Palmen stehen und tropische Blumen von überdimensionaler Größe wuchern. Von der erst im Jahr 1926 beginnenden Geschichte Al Hoceimas sieht man – außer ziemlich heruntergekommenen Wohn- und Verwaltungsbauten – leider nichts. Man weiß lediglich, dass Al Hoceima damals an jener Stelle entstand, an der im September 1925 die zum Kampf gegen den Rebellenführer Abd el-Krim entsandten spanischen Truppen gelandet waren.

Doch eines muss man dieser Stadt lassen, denn ihre landschaftliche Lage ist beneidenswert schön. Sie liegt an einer ruhigen Mittelmeerbucht, die von einer steil abfallenden Felsenküste umschlossen ist. An dieser Bucht liegt übrigens auch der städtische Campingplatz. Aber nicht weit von der Bucht entfernt gibt es einen schönen Badestrand, der allerdings vom Club Méditerranée in Beschlag genommen ist, zu dem wir Camper natürlich keinen Zutritt hatten.

Dass wir die Stadt bereits nach zwei Stunden kannten, hatte uns selbst etwas überrascht, zumal wir uns von diesem namhaften Küstenort mehr versprochen hatten. So konnten wir schon gegen zehn Uhr unsere Weiterfahrt nach Chechaouen antreten.

Chechaouen

Was uns nun bevorstehen würde, ahnten wir natürlich nicht. Besonders ich als Fahrer wurde wieder einmal auf eine harte Probe gestellt, denn es folgten einige Stunden höchst anstrengender Fahrt mitten durchs Rif-Gebirge, das zwar landschaftlich viele Höhepunkte aufweist, aber dessen Hauptdurchgangsstraße sehr schmal, äußerst kurvenreich und außerdem meist in einem miserablen Zustand ist. Hinzu kam natürlich noch die Hitze, die alle halbe Stunde spürbar größer wurde. Wir querten zunächst den 1.580 Meter hohen Pass Bab Tizichen und erreichten Ketama, einen Ort, den wir zwar auf unserem Besuchsprogramm hatten aber spontan strichen, als wir gesehen hatten, dass er außer einem Hotel und ein paar Hütten nichts bot. Ich möchte aber nicht unerwähnt lassen, dass sich Ketama in besonders schöner Landschaft befindet, denn hier breiten sich mit riesigen Zedern bewachsene Hügel aus, deren Erholungswert zu günstigerer Jahreszeit außer Zweifel steht.

Wir setzten deshalb nach kurzer Pause die Fahrt durch das Rif-Gebirge fort, querten den 1.240 Meter hohen Pass Bab Berret und quälten uns weiter durch nicht enden wollende Haarnadelkurven. Äußerst unangenehm waren auch hier oben die vielen entlang dieser Straße postierten Quarzsteinverkäufer – meist Kinder und Heranwachsende, deren aggressives Verhalten Durchreisenden gegenüber man nicht unterschätzen sollte. Auf die Nerven gehen nicht nur die gefährlichen Provokationen, um Reisende anzuhalten – man stellt sich ganz plötzlich auf die Straße, so dass man blitzschnell bremsen muss –, sondern auch das ständige Anpfeifen und Herumfuchteln mit blitzenden Steinen. Besonders auf dieser Strecke ist es wiederholt vorgekommen, dass man uns Steine hinterher warf, doch wurden wir gottseidank nur einmal getroffen. Wem sein Auto lieb ist und wer auf Sicherheit bedacht ist, sollte diese Rif-Gegenden nicht befahren.

Nach stundenlanger nervenzehrender Kurvenfahrt erreichten wir Chechaouen, das wenige Kilometer abseits der über Tetuan bis Ceuta führenden Straße liegt, und zwar in landschaftlich wieder reizvoller Lage. So enttäuscht wir auch vom heute Morgen besuchten Al Hoceima waren, so angenehm überrascht waren wir von dieser Stadt – um nicht zu sagen verblüfft, denn auch Chechaouen ist ein Ort, der im Vergleich zu allen anderen Orten des Landes völlig aus dem Rahmen fällt.

Chechaouen (span. Xauen) hat 15.000 Einwohner und gehört mit zu den sehenswertesten Orten Marokkos, jedenfalls ist das meine Meinung. Der schon im 15. Jahrhundert gegründete Ort blieb bis zur Besetzung durch spanische Truppen 1920 allen Europäern verschlossen und gehörte bis dahin zu den angeblich „heiligsten und geheimnisvollsten“ Städten des ganzen Orients überhaupt. Um Chechaouen ranken sich phantastische Geschichten, die noch heute zum Repertoire nicht nur der marokkanischen Märchenerzähler gehören.

Chechaouen ist seit Sidi Ali ben Raschid, dem Stadtgründer, heilige Stadt und berühmter Wallfahrtsort, dies jedoch in einem Stil, der in ganz Nordafrika nicht seinesgleichen findet. Hier quetschen sich keine Massen an die heilige Quelle des Ras el-Ma und in die Moscheen, sondern hier begegnet man nur vereinzelt tief in sich gekehrten Pilgern, die die eigenartige Atmosphäre dieser maurisch-andalusischen Stadt regelrecht in sich einzusaugen scheinen. Sie wandeln ruhig und besonnen durch die malerischen gepflegten Parks und stören sich nicht an „ungläubigen“ Touristen.

Für Besucher, die wie wir viele marokkanische Orte gesehen haben, ist Chechaouen aber auch aus einem weiteren Grund beachtlich: Es ist die sauberste orientalische Stadt, die man sich vorstellen kann. Die meisten der mit grünen Ziegeln gedeckten Häuser sind zwar einfach, aber ausnahmslos in gutem Zustand und frisch geweißt, die Parks sind sauber und gepflegt und letztlich sind die engen grob gepflasterten Sträßchen von einer Reinheit, die ich bisher nirgendwo antraf. Sogar die Pflaster der engen von zahlreichen Bögen überspannten Gassen sind mit weißer oder hellblauer Farbe gestrichen – je nach der Farbe angrenzender Wohnhäuser. Aber auch die nicht bepinselten Gassen strahlen vor Sauberkeit. Ist das überhaupt noch Marokko?

Angesichts dieser Parks, Häuser und Gassen in Chechaouen musste ich mich fast zur Realität zwingen. Sehenswert ist hier auch die an einem weiten, von hohen Bäumen bestandenen Platz liegende Kasbah, ein historisches Bauwerk großen Ausmaßes, das offensichtlich seit Jahrhunderten nicht mehr bewohnt ist. Hier dominiert ein alter gezinnter Turm, dessen quadratische Wuchtigkeit anmutet, wie die einer geheimnisumwitterten Ritterburg in Mitteleuropa.

Auch drinnen hatten wir das Gefühl, plötzlich gar nicht mehr in Marokko zu sein, denn die halb verfallenen Mauern mit ihren zahlreichen Nischen, Fenstern, Torbögen und Durchgängen, der uralte Baumbestand, die Brunnen und steinernen Bänke erinnern ebenfalls eher an Europa. Ich nehme deshalb an, dass sich der Stadtgründer Raschid viel von der europäischen Bauweise abgesehen hat oder vielleicht europäische Baumeister beschäftigte.

Es war gegen Abend, als wir dieses sehr besuchenswerte Chechaouen nun ebenfalls „in der Tasche" hatten und uns entschlossen, noch ein Stückchen in Richtung Tetuan zu fahren. Dreißig Kilometer vor dieser Stadt ergatterten wir in freier, leicht hügeliger und waldloser Landschaft einen schönen Campingplatz, der unser letzter auf marokkanischem Boden sein sollte. Wir freuten uns, dass wir nun dieses tausendfach interessante Marokko fast geschafft hatten und hofften, morgen eine Fähre zurück ins spanische Algeciras zu bekommen. Aber bis dahin mussten wir noch viele Stunden in Kauf nehmen.

Ceuta

Am nächsten Morgen, dem 16. August, fühlten wir, dass wir eine ausgezeichnete Nacht hatten, die helfen sollte, den vor uns liegenden turbulenten und anstrengenden Tag schadlos zu überstehen. Als wir nach kurzer Fahrt Tetuan erreicht hatten und abermals auf dem Zentralplatz in der Neustadt standen, musste ich mir gedanklich an den Kopf greifen, denn zwischen unserem ersten Eintreffen hier vor wenigen Wochen und heute lag unser ganzes „Marokko-Abenteuer"! Bevor wir zur Weiterfahrt starteten, schrieb ich auf der Hauptpost Tetuan die letzten Karten und nahm sozusagen Abschied von Marokko. „Marokko gehört uns" – hatte ich etwas überschwänglich ins Tagebuch notiert, doch die Reise war noch nicht zu Ende.

Die nächste und letzte Station auf nordafrikanischem Boden war Sebta, wie die Marokkaner das spanische Ceuta nennen, eine winzige Exklave, die heute als Freihafen bezeichnet wird. Ob es sich aber tatsächlich um einen Freihafen im eigentlichen Sinn handelt, möchte ich bezweifeln, liegen doch die Preise hier teils sogar noch weit über jenen drüben auf dem spanischen Festland.

Unser erstes Ziel war der Fährhafen, denn ich hoffte, noch heute im Laufe des Tages ein Ticket für die Überfahrt zu bekommen. Wiederum hieß es anstellen und höllisch aufpassen, dass man nicht von rabiaten Leuten einfach verdrängt wurde. Doch hier auf dieser Seite Spaniens ging es etwas ruhiger zu, denn überall sorgten bullige und mit schweren Holzknüppeln bewaffnete Polizisten für Ordnung. Als ich endlich an der Reihe war und hören musste, dass für uns heute nur noch ein Platz auf der Null-Uhr-Fähre zur Verfügung stand, war ich zwar sauer, aber es half nichts. Ich erstand das Nacht-Ticket und bereitete mich mental auf einen langen schweren morgigen Tag vor.

So ergab sich für uns zwangsläufig noch die außerplanmäßige Möglichkeit, Ceuta etwas kennenzulernen, eine Hafenstadt, die bereits seit 1580 in ununterbrochenem Besitz Spaniens ist. Zwar haben schon des Öfteren militante marokkanische Gruppen die Einverleibung Sebtas ins Marokkanische Königreich gefordert und sind dabei am Grenzübergang auch schon handgreiflich geworden, doch ist diese Forderung auf jeden Fall absurd. Bei Ceuta handelt es sich zweifellos um eine spanische Stadt, deren wenige marokkanische Bewohner im Stadtbild überhaupt nicht auffallen.

Wir stellten nach problemlosem Grenzübertritt unser Auto in eine schattige Seitenstraße und gingen zunächst ins Zentrum, das spanischer gar nicht mehr sein konnte. Eine runde Parkanlage mit hoch gewachsenen Palmen markiert die Mitte dieses weiten Platzes, und alte bestens unterhaltene spanische Verwaltungsgebäude sowie eine doppeltürmige, für Spanien ganz typische katholische Kirche umschlossen dieses schöne Zentrum.

Entlang des Hafenkais, von dem sich ein fotogener Blick über Hunderte kleiner Fischerboote zur Skyline Ceutas bietet, führte unser Weg in die breiten Geschäftsstraßen der Stadt, die absolut europäischen Charakter haben. Die Geschäfte sind mit besten Waren aller Art gefüllt und besonders dekorativ gestaltet, so dass sie für die meisten Besucher, die nur mal wegen dieser Stadt vom spanischen Festland aus einen Abstecher nach Afrika machen, unwiderstehlich sind. Auch wir konnten angesichts einer appetitlichen Konditorei nicht widerstehen und kauften leckere Sahne- und Cremetörtchen sowie andere Süßigkeiten, auf die wir so lange hatten verzichten müssen.

Wir bummelten durch alle wichtigen Straßen und steuerten einem Bergrücken zu, von dem aus wir einen beeindruckenden Blick auf ganz Ceuta, den Hafen und den 198 Meter hohen Monte Acho hatten. Dieser Berg, der sich zunächst mit einem Table Cloth zugedeckt hatte und erst nach zwei Stunden frei wurde, gilt als eine der beiden „Säulen des Herkules", die andere Säule ist der Felsen von Gibraltar. Hier oben hielten wir es in windgeschützter Ecke bis zum Abend aus.

Wieder unten in der Stadt, machten wir zur Zeit des Sonnenunterganges einen Spaziergang im Hafen, der uns sicher noch lange in guter Erinnerung bleiben wird. Sehr eindrucksvoll wurde das Wasser des Hafens in schimmerndes Smaragdgrün und später in dunkles Rot getaucht, der Himmel färbte sich vom Gelb bis zum Weinrot, und tausend Lampen machten die Skyline Ceutas zu einem „Halsband der Königin". Dieses schöne Bild erinnerte mich an Bombay, wo das „Halsband der Königin" sozusagen eine Attraktion der Stadt ist.

Nach Sonnenuntergang wurde es für uns allerdings langweilig, denn die Stunden bis zur Einschiffung gegen 23 Uhr wollten einfach nicht vergehen. Wir nickten zwar etwas im Auto, doch dies war natürlich nur von kurzer Dauer. Als es dann endlich soweit war, mussten wir wieder hellwach werden, setzt doch eine Einschiffung mit dem Auto stets voraus, dass man höllisch auf sich und das Fahrzeug aufpasst. Aber alles ging gut. Ich zog die Bremsen besonders fest, spürte ich doch bereits hier im Hafen, dass Wind aufkam und deshalb die 15 Kilometer weite Überfahrt vielleicht etwas ungemütlich werden könnte.

Und sie wurde es auch. Kaum hatten wir das ruhige Hafenbecken gegen Mitternacht verlassen und endgültig Abschied von Afrika genommen, nahm starker Wind vom Schiff Besitz und trieb es über schwere Wellen, die einige Meter hoch gewesen sein mussten. Unangenehm war diese Situation insofern, als uns stockfinstere Nacht umgab, die es nicht zuließ, auch nur fünf Meter weit hinauszusehen. Auch der Aufenthalt auf dem Schiff selbst war alles andere als ein Vergnügen, denn man musste sich ständig an festgeschraubten Tischen, Stühlen und an den Handstangen anhalten, ein freihändiges Herumgehen war tatsächlich unmöglich.

4. Kapitel
MAGHREB
Marokko – Algerien – Tunesien

Mancher Leser wird sich angesichts meiner bisherigen Nordafrikareisen fragen, ob ich denn vom Hafer gestochen worden sei, ein Jahr nach der großen Marokko-Tour 1975 abermals eine ausgedehnte Reise per Auto durch den Brutofen Afrikas zu unternehmen. Wer aber weiß, dass ich Zwillingssöhne habe, wird ahnen, wie kompliziert es sein kann für Ausgewogenheit zu sorgen. Mit Rainer war ich 1975 in Marokko und erlebte zusammen mit ihm dieses Land in vollen Zügen, und diesmal sollte nun Lothar in den Genuss einer „Wüsten-Tour" kommen. Natürlich war es auch für mich reizvoll, das eigentliche Saharaland Algerien kennenzulernen, galt es doch auch, die „Erlebnislücke" zwischen Marokko und Tunesien zu schließen.

Wie indirekt der Überschrift entnommen werden kann, handelte es sich diesmal um eine Rundtour, die wir abermals per VW-Käfer bewältigen wollten, doch weniger freiwillig, denn vorgesehen war ursprünglich die Rückkehr auf gleichem Weg also über Spanien, Frankreich und die Schweiz. Den Strich durch die Planung machte uns das erste Mal die Natur, waren wir doch Hitzegraden ausgesetzt, die für uns absolut unerträglich waren. So konnten wir die vorgesehene Route bis hinunter ins Hoggar-Gebirge leider nicht befahren, sondern mussten der Vernunft folgen und den unglaublichen Temperaturen entfliehen. Unterwegs hieß es umzuplanen und über Tunesien und Italien wieder nach Hause zu fahren. Bis auf die erhofften Saharaerlebnisse im Süden Algeriens hatten wir allerdings den Reiseplan einhalten können und konnten sogar noch einiges Interessante in Tunesien mitnehmen – dies sozusagen außerplanmäßig. Für uns war der Tunesienaufenthalt ein Wiedersehen mit jenem Land, in dem wir 1971 glückliche Erlebnisferien verbracht hatten.

Die Tour führte ab dem 30. Juli 1976 abermals durch die Schweiz, Südfrankreich und Spanien. Da die Überfahrt vom spanischen Almeria aus hinüber nach Melilla (spanische Exklave in Marokko) wider Erwarten nicht möglich war, fuhren wir weiter bis Algeciras, setzten nach Tanger über und durchfuhren zunächst den gesamten Nordteil Marokkos. Nach dieser qualvollen Tour querten wir hinter Oujda die Grenze nach Algerien, um dann nach und nach Tlemcen, Oran, Mascara, Cherchell, Algier, Djemila, Constantine und Annaba zu besuchen. In Tunesien gab es ein freudiges Wiedersehen mit Sousse und Kairouan, außerdem sahen wir im für uns noch unbekannten Nabeul und im historisch bedeutsamen Karthago Dinge, über die es sich nachzudenken lohnt.

Nach insgesamt drei Wochen erlebnisreicher Tour erreichten wir am 18. August 1976 nach 7.500 gefahrenen Kilometern wieder wohlbehalten München, abgekämpft zwar, aber um viele wertvolle Reiseerfahrungen reicher.

Anreise

Aufgrund meiner Erfahrungen, gemacht erst im Vorjahr in Marokko, wusste ich ziemlich genau, worauf es auch diesmal bei den Vorbereitungen ankommen würde. Zudem war mir aus der Literatur bekannt, dass es in Algerien zumindest hinsichtlich Landschaft, Klima und Menschen im Vergleich zu Marokko keine allzu großen Unterschiede gibt; dass sich aber die politischen Verhältnisse so markant von denen anderer nordafrikanischer Staaten unterscheiden würden, war für mich die eigentliche Überraschung. Die technischen Vorbereitungen, deren Durchführung angesichts der Marokko-Erfahrungen kein Problem darstellten, waren sozusagen Routine.

Unser Vehikel war diesmal nicht der bewährte alte graue Käfer, sondern ein relativ neuer roter Käfer, ein nicht weniger verlässliches Gefährt für Touren durch den heißen trockenen Norden Afrikas. Ich gehe sicher nicht zu weit wenn ich meine, dass es für diese Extremtouren kaum ein besser geeignetes Fahrzeug gibt, denn auch diesmal verlief technisch gesehen alles ohne geringste Panne, obwohl ich diesem Auto wirklich alles abverlangen musste.

Wie gewohnt, beschaffte ich mir erst einmal genügend Gedrucktes, das mir das Algerische Fremdenverkehrsamt in Frankfurt auch prompt und in beachtlich guter Qualität zuschickte. Man versorgte mich mit allgemein gehaltenen Informationen über Benzinpreise, Währung, Straßenverhältnisse und Anderem. Anhand dieses Materials und eigenen Unterlagen entstand schließlich ein Tourenplan bis hinunter nach Tamanrasset, von dem ich überzeugt war, dass er ausgereifter fast nicht mehr sein konnte. Dass uns diesmal aber die Natur eine unüberwindliche Schranke setzte, bedauerte ich zwar außerordentlich, doch da war auch unter hartem Zwang gegen sich selbst nichts zu machen. Bei 50 Grad im Schatten hört nämlich das Denkvermögen auf und da ist man gut beraten, der Vernunft zu folgen und sich seine Supertour für später aufzuheben, wenn der Urlaub entweder im Frühjahr oder im Spätherbst genommen werden kann.

Wie ich einen VW-Käfer für Nordafrika zu präparieren hatte, war mir noch geläufig und war deshalb auch relativ einfach durchzuführen, denn das notwendige Material war ja noch vorhanden. So musste ich nur den 40 Liter fassenden Wasserkanister, den Gaskocher und den Reservekanister an die selben Stellen platzieren, das bewährte Zelt und die beiden Liegen, die Schlafsäcke, Decken und Lampen wurden übersichtlich verstaut und nicht zuletzt kaufte ich alle Lebensmittel ein, von denen ich wusste, dass sie sich in Nordafrika abermals bewähren würden. Besonderen Wert legte ich diesmal auf mehr Obstbüchsen, die uns in Marokko am vorteilhaftesten bekamen. Selbstverständlich fehlten zudem weder haltbare Brote, verschiedene Käse- und Wurstsorten, Eier, Marmeladen, Tees und der absolut unentbehrliche Kaffee.

Als es um die Beschaffung der Devisen ging, wurde die Sache etwas schwieriger, denn nach bestehender strenger Vorschrift durfte nur eine geringe Menge, nämlich 50 algerische Dinare pro Kopf, eingeführt werden. Da jedoch der Einkaufskurs in Deutschland gegenüber dem offiziellen Umtauschkurs spürbar günstiger war, riskierte ich die doppelte Menge, also 200 Dinare (das waren zirka 100 DM). Für mich als Autofahrer ausgesprochen ärgerlich war die Tatsache, dass es trotz der großartigen Ankündigung in Prospekten weder hier noch im Land die versprochenen 40 Prozent billigeren Benzingutscheine gab. So kostete ein Liter Super statt 0,58 DA stolze 0,97 DA, was jedoch im Vergleich mit unseren Preisen immer noch günstiger war. Dagegen ging die Beschaffung der erforderlichen Visa völlig glatt über die Bühne, wenn auch das Ausfüllen eines mehrseitigen Formulars erforderlich war. Doch im Gegensatz zum gebührenpflichtigen Marokko erteilte die algerische Amtsstelle in Frankfurt unsere beiden Touristenvisa gratis.

Nachdem alle erforderlichen Vorbereitungen abgeschlossen waren und ich außerdem von meiner Aral-Tankstelle bestätigt bekommen hatte, dass mein Käfer in Topform sei, konnten wir am Freitag, dem 30. Juli gen Nordafrika starten. Abermals Abschied von meiner lieben Hilde für drei Wochen, die ich leider ohne sie verbringen musste, obwohl es mir tausendmal lieber gewesen wäre, auch ihr einmal auf etwas abenteuerliche Weise ein Stück Orient zu zeigen. Abschied auch von Rainer, der seinem Bruder gegenüber beileibe nicht verschwiegen hatte, was in einer so langen Autotour drinsteckt und wie kritisch angesichts der extremen Verhältnisse das ständige Zusammensein manchmal werden kann. Doch Lothar hatte sich fest vorgenommen einmal zu zeigen, was in ihm steckt und in den Tagen vor der Abfahrt wiederholt versichert, mir unterwegs keine Sorgen zu machen. Das klang glaubwürdig.

Das Wetter war mit uns. An einem wolkenlosen Himmel strahlte eine helle Sommersonne, und von einem Wetterumschwung innerhalb der nächsten Stunden war nicht einmal andeutungsweise etwas zu sehen. Auf besten Bundesstraßen und bei zunächst geringem Autoverkehr hatte ich keine Probleme, den randvollen, aber nicht überladenen Käfer in Richtung Schweiz zu fahren. Die Fahrt ging über Memmingen bis Lindau. Hier gab es den ersten Stau, denn es war jetzt später Freitagnachmittag, eine Zeit, zu der jeder so schnell wie möglich zum Wochenende entweder in die Schweiz, oder umgekehrt nach Deutschland will. Der Grenzübertritt erfolgte reibungslos, obwohl ich wegen des vielen Gepäcks und der Fressalien zunächst ziemliche Bedenken gehabt hatte.

Unsere Route führte wiederum über St. Gallen, jener Stadt, in der uns im Vorjahr ein überaus freundlicher Mechaniker die eingerosteten Bremsen unseres alten grauen Käfers wieder in Ordnung gebracht hatte, über Zürich weiter in Richtung Bundeshauptstadt Bern. Auch hier trafen wir bestes Wetter an, das wohl mit zu unserer Hochstimmung beigetragen hatte. In der Tat, da bisher alles absolut reibungslos verlief und der Wettergott uns hold war, befanden wir uns beide in einer Reiselaune, die besser nicht hätte sein können.

Als die Sonne sich anschickte unter den Horizont zu tauchen, war es schließlich für uns an der Zeit, einen geeigneten Campingplatz für die erste Nacht zu suchen. Schließlich sagte mir ein ausgewachsener Tannenwald zu, der sich zufälligerweise als jener Wald entpuppte, in dem wir bereits im letzten Jahr unser Zelt für die erste Nacht aufgeschlagen hatten. Ich durchfuhr eine mir bekannte Schneise und landete beinahe automatisch genau an jener Stelle, wo ich vor einem Jahr das selbe Zelt schon einmal aufgeschlagen hatte. Zufall?

Vielleicht freute ich mich ob dieser angenehmen Überraschung etwas zu überschwänglich, denn Lothar ertappte mich beim lauten Pfeiffen und besonders eifrigen Zupacken beim Zeltaufschlagen, so dass er leicht kopfschüttelnd von sich gab, ich sei wohl der geborene Abenteurer. Tatsächlich verspürte ich wenig später im Schein unserer großen Taschenlampe (auf die stinkende Petroleumlampe hatte ich diesmal verzichtet), angesichts des stramm stehenden Zeltes und des reichlichen Abendschmauses so etwas wie Freiheit, die jeder Mann braucht. Unser erster Tag war gegen neun zu Ende, und Lothar gab mir zu verstehen, sich schon jetzt auf den Morgenkaffee des nächsten Tages zu freuen.

Die Nacht auf den 31. Juli war für mich nicht besonders erholsam, weil mich der fast ununterbrochene Zugverkehr in der Nähe störte, von dem ich aber in den gestrigen Abendstunden so gut wie nichts gehört hatte (die Zuggeräusche wurden vermutlich durch das nahe Rauschen des Straßenverkehrs überlagert). Lothar hingegen hatte bis zum Wecken gegen halb fünf tief und fest geschlafen.

Weiter ging's in Richtung Frankreich, dessen Süden wir heute unbedingt erreichen wollten. Die Fahrt durch die Schweiz am heutigen Samstag über Bern, Fribourg, Lausanne entlang des Genfer Sees bis nach Genf war angenehm, auch das Wetter hielt sich prächtig. Doch nach dem Grenzübertritt wurden wir auf eine harte Probe gestellt, denn die zu schmalen Bergstraßen zwischen der französisch-schweizerischen Grenze und Nantura waren teilweise hoffnungslos verstopft. So mussten wir mehr als einmal „stehenden Verkehr" in Kauf nehmen und vor Nantura sogar eine ganze Stunde stehen – nichts rührte sich mehr!

Doch auch dieses Nadelöhr gehörte schließlich der Vergangenheit an, so dass wir nach Nantura bis Lyon zügiger fahren konnten. Als wir die ersehnte Autobahn von Lyon in den Süden endlich erreicht hatten, konnten wir aufatmen, doch stellte ich fest, dass in diesem Jahr der nach Süden strömende Verkehr wesentlich dichter als der im vorigen war, so dass angesichts der relativ hohen Geschwindigkeit besondere Vorsicht geboten war. Wir rasteten einige Male, ließen die warme Sonne auf uns scheinen und waren zuversichtlich, dass es auch weiterhin ohne große Staus abgehen würde. Doch da täuschten wir uns, denn 50 Kilometer vor Avignon kam alles zum Erliegen, so dass die Weiterfahrt über lange Zeit nur noch im Kriechtempo möglich war – und das auf einer Autobahn. Ins Tagebuch notierte ich mir: „Kriminell! Im Gegensatz zum Vorjahr alles verstopft! Fürchterlich!"

Entgegen meines Planes erreichten wir die französisch-spanische Grenze heute nicht mehr, sondern mussten 50 Kilometer vor Perpignon von der Autobahn runter, um uns für die zweite Nacht einen Zeltplatz zu suchen. Diesen fanden wir schließlich weit genug von der Autobahn entfernt in einem schönen Kiefernwäldchen, in welchem wir in Ruhe unser Zelt aufschlagen und zu Abend essen konnten. Auch dieser Tag endete für uns gegen neun. Gesundheitlich war alles in Ordnung, und die Laune war noch gut.

Auch am heutigen Sonntag, dem 1. August, war für uns gegen fünf morgens die Nacht vorüber, denn angesichts der vielen bisher erlebten Staus kamen mir jetzt Bedenken, ob sich der ausgetüftelte Zeitplan einhalten lassen würde. Ich drängte deshalb auf ein schnelles Frühstück und auf eine möglichst baldige Weiterfahrt. Da wir uns bereits gegen halb sechs wieder auf der Autobahn befanden, hatten wir gottseidank freie Fahrt, so dass wir schon nach einer halben Stunde am Grenzübergang waren. Hier wurden wir endlich einmal angenehm überrascht, denn das im letzten Jahr noch im Ausbau befindlich gewesene Straßenstück über die Grenze war inzwischen fertiggestellt worden, so dass die Abfertigung und die Weiterfahrt ohne zeitraubenden Aufenthalt beziehungsweise ohne weitere Staus verlief.

Bis Valencia hatten wir freie Fahrt, doch ab hier wurden wir abermals auf eine harte Geduldsprobe gestellt. Wir erlebten ab jetzt auf unserer Weiterfahrt in den Süden einen scheußlichen Stau nach dem anderen, so dass mir schließlich der Kragen platzte und ich mich für Umwege entschied, auf denen ich hoffte zügiger voranzukommen. Doch meine Straßenkarte stimmte bedauerlicherweise nur bedingt mit der Wirklichkeit überein, denn die zu überwindenden Pässe waren ebensowenig eingezeichnet, wie die äußerste Enge der Fahrbahnen und die nicht mehr zu zählenden Haarnadelkurven. Besonders kritisch war es auf der Fahrt von Oliva bis Benidorm – da konnte selbst die ansehnliche Bergwelt mich nicht mehr trösten. Wir schafften es noch bis kurz hinter Alicante und richteten uns hier wiederum in einem schönen Kiefernwald für die dritte Nacht ein. Wir fielen nach dem Essen todmüde auf die Liegen und störten uns nicht daran, dass unsere Schlafstelle ständig von Dutzenden schwarzer Fledermäuse umschwirrt wurde. Das Zelt konnten wir wegen des steinigen Bodens heute Abend leider nicht aufstellen.

Dass wir die Nacht auf den 2. August trotz der Fledermäuse und ohne Zelt fest schlafend hinter uns gebracht hatten, lag an unserer großen Müdigkeit. Wir waren heute bereits vor fünf wieder wach und bemühten uns möglichst schnell die Weiterfahrt anzutreten. Das Ziel für heute war Almeria und, wenn irgend möglich, die Überfahrt nach Melilla. Natürlich waren wir hinsichtlich der Überfahrt zuversichtlich, denn mir war in einem Münchener Reisebüro gesagt worden, dass eine Vorbuchung nicht erforderlich sei. Zudem hatte uns die Autofahrt bis hierher schon arg zugesetzt, so dass wir jetzt nur noch danach trachteten, Spanien mit seinen chaotischen Straßen- und Verkehrsverhältnissen so schnell wie möglich hinter uns zu lassen.

Doch abermals wurden wir auf eine harte Probe gestellt, denn zwischen Lorca und Almeria ging es fast ständig nur im Schritttempo voran – es war zum Verzweifeln! Als wir endlich in Almeria waren, atmeten wir auf, denn nun glaubten wir dieses nervenzehrende Spanien hinter uns zu haben. Ohne Schwierigkeiten erreichten wir die Hafengegend und parkten unter riesigen Palmen, die zu Hunderten die prachtvolle Seepromenade säumen. Hier, so vermutete ich, würde sich bestimmt auch das Ticketbüro der Tras Comp. Mediterrania befinden, jener Fährgesellschaft, die seit Jahr und Tag zwischen Spanien und Spanien beziehungsweise zwischen Almeria und Melilla hin- und herpendelt.

Nach kurzem Durchfragen standen wir schließlich vor diesem Büro, das sich auch tatsächlich in der Nähe unseres Parkplatzes befand. Riecher? Drinnen herrschte zwar Betrieb, aber kein Chaos. Letzteres wäre mir diesmal fast lieber gewesen, denn das hätte auf die bevorstehende Abfahrt eines

Fährschiffes hingewiesen. Mir kam also die relative Ruhe in diesem Office trügerisch vor, und als ich schon nach Sekunden beim zuständigen Mann in Seeuniform war, ahnte ich nichts Gutes. Und leider hatte sich meine Befürchtung auch bestätigt, denn mir wurde in gutem Englisch klar gemacht, dass wir erst in fünf Tagen mit dem Auto auf eine Fähre kommen könnten. Auch mit meinem vorsichtigen Angebot, freiwillig vielleicht die Hälfte mehr zu zahlen, war nichts zu machen. Was nun? Wir verließen mit hängenden Köpfen das Büro und gingen zum Wagen, ohne zu wissen, für was wir uns jetzt entscheiden sollten.

Angesichts der diesmal äußerst anstrengend gewesenen Fahrt bis hierher neigte ich fast zur Umehr, denn ein Umweg über Algeciras/Ceuta nach Melilla konnte uns – so befürchtete ich – unter Umständen ein paar Tage kosten – und dann noch mal den gleichen Gewaltakt auf der Rückreise? Das war auch zeitlich kaum drin, denn schließlich stand uns ja noch ganz Algerien bis hinunter ins Hoggar-Gebirge bevor! Doch Lothar wollte erstaunlicherweise von Aufgabe überhaupt nichts hören und blieb bei seinem Wunsch einen großen Umweg zu machen, trotzdem ich ihn über die Strapazen aufgeklärt hatte. Nun gut, wir setzten unsere Fahrt auf der Küstenstraße fort, die über Malaga nach Algeciras führte.

Vor uns lagen also außerplanmäßige weit über 300 Kilometer bis Algeciras, und auf der marokkanischen Seite weitere zusätzliche weit über 400 Kilometer von Ceuta bis Melilla, Strecken, vor denen ich mich regelrecht fürchtete. Es kam leider so, wie ich ahnte, denn die Strecke von Almeria nach Malaga wurde zur Höllentour: nur S-Kurven, die jeder Beschreibung spotteten. Aber die Parole hieß jetzt „Durchhalten“ trotz unverschämter Hitze, Ärger mit wild herum pfeifenden spanischen Verkehrspolizisten und windigen Autofahrern und trotz Niedergeschlagenheit wegen des riesigen Umweges. Gegen sieben erreichten wir endlich Algeciras, jene Hafenstadt, von der aus Fährschiffe täglich mehrere Male nach Ceuta und Tanger abfahren. Ich atmete auf, denn angesichts vieler Abfahrten auch in den Abendstunden rechnete ich mir noch für heute eine Chance aus hinüberzukommen.

Chaos wie gehabt an den Ticketbuden. Als ich endlich an der Reihe war, rann mir vor Aufregung, Spannung und wildem Gedränge der Schweiß aus allen Poren, doch nun, so dachte und hoffte ich, würde endlich alles gut gehen. Es wäre ja zu schön gewesen, wenn es für heute noch geklappt hätte, denn wieder mussten wir eine Enttäuschung in Kauf nehmen: Tickets nach Ceuta gab es erst für morgen Abend 23 Uhr! Liebe Leser, kommen Sie mal mit dem Auto und hoffnungslos übermüdet nachts nach ein Uhr in Ceuta an! Mir graute, doch blieb mir in der Tat nichts anderes übrig, als die späten Tickets für morgen Nacht zu akzeptieren.

Im Besitz der in diesem Jahr wesentlich verteuerten Tickets waren wir aber dennoch erleichtert, denn nun wussten wir wenigstens definitiv, wann wir marokkanischen Boden erreichen würden. Wir suchten uns weit außerhalb von Algeciras einen geeigneten Campingplatz, von dem aus es keine 50 Meter bis zum Meer waren und der einen ungehinderten Blick auf den eigenwilligen Felsen von Gibraltar ermöglichte. Hier zelteten wir und freuten uns, heute endlich einmal in absoluter Ruhe schlafen zu können. Da wir beide äußerst müde waren, hatten wir für das schöne blaue Mittelmeer, für den prächtigen Felsen und für den farbigen Abendhimmel kaum einen Blick. Der Mond hatte heute volle Größe und schien eine Stunde später so hell, dass wir vor dem Schlafengehen hinunter zum Strand gingen und uns die seichte Brandung um die Beine spülen ließen.

Am 3. August schliefen wir dank der Ruhe fest bis acht. Wir hatten jetzt auch unsere innere Ruhe wiedergefunden, denn das Schiff sollte ja erst heute Nacht 23 Uhr abgehen. Deshalb nahmen wir uns viel Zeit mit dem Frühstück, dem Zeltabbauen und dem Verstauen unserer Utensilien, bevor wir nach Algeciras aufbrachen, um etwas Hafen- und Stadtluft zu schnuppern.

Für mich war die Hafenstadt Algeciras zwar nichts Neues mehr, aber Lothar war interessiert vor allem den Hafen kennenzulernen. Wir durchstreiften die Hafengegend, beobachteten verwitterte Fischer, wie sie geschickt ihre Netze flickten oder aufrollten und erfreuten uns an dem unüberschaubaren Gewirr von Takelage, Masten und Farben. Dass es überall stark nach Fisch roch, störte uns keineswegs, denn das gehört zu diesem malerischen Hafen. Wunderschön war wieder der weite Blick hinüber zur Stadtsilhouette – ein äußerst fotogenes Panorama! Lothar besorgte sich ohne Hemmungen in einem von vielen dubiosen Gestalten bevölkerten Hafenrestaurant ein paar belegte Brote und eine Limonade, zahlte selbständig mit spanischem Geld und bewies auf diese Art und Weise, dass ihm die fremde Umgebung nichts anhaben konnte. Mit ihm würde ich also in dieser Hinsicht in Nordafrika keine Probleme haben, das beruhigte mich. – Bis Algeciras hatten wir übrigens stolze 2.610 Kilometer hinter uns gebracht.

Da wir heute viel Zeit hatten, fuhren wir noch einmal zum menschenleeren Strand, erfrischten uns im sauberen Wasser, bevor wir uns nach Sonnenuntergang ausgeruht nach Algeciras begaben, um uns für die nächtliche Überfahrt nach Ceuta vorzubereiten. Wir reihten uns in die bereits 50 Meter lange Autoschlange ein und harrten der Dinge. Nach einer halben Stunde begannen die Ticketgewaltigen mit der Kontrolle, klemmten nach der Abfertigung die bekannten Pappschildchen mit dem Aufdruck „23 hora“ zwischen Windschutzscheibe und Wischer und taten so, als hätten sie noch 15 Minuten vor der planmäßigen Abfahrt übermäßig viel Zeit. Stimmte da vielleicht schon wieder etwas nicht?

Als wir dran waren, rollte der junge Mann mit den Augen, als wollte er uns zu verstehen geben, was wir doch für Greenhorns seien, fuchtelte mir nervös mit den Tickets vor dem Gesicht herum und machte mir schließlich klar, dass die Schlange für Tanger dort drüben sei, nicht hier. Ich fiel aus allen Wolken und wusste in diesem Moment nicht, ob ich platzen, oder ganz ruhig bleiben sollte – zu viel Zeit stand ja auf dem Spiel! Durfte es denn wahr sein, dass die trickreichen Ticketverkäufer mir einfach die Fahrt nach Tanger verkauft hatten, obwohl ich eindeutig Ceuta verlangt hatte? Ja, es war tatsächlich so, doch aus dem Ticket war das nicht zu ersehen! Wieder ein Niederschlag, der diesmal aber unter die Gürtellinie ging, denn Tanger bedeutete nicht nur eine längere Überfahrt, sondern natürlich noch mehr Straßenkilometer in Marokko. Als Lothar mitbekam, was uns soeben geblüht war, gingen ihm beinahe die Nerven durch, doch was half es, auch das musste durchlebt werden.

In der Nebenschlange waren wir dann endlich „richtig“, die Ticketkontrolle ging glatt und kurze Zeit später konnte ich unser Auto in den riesigen Bauch des Fährschiffes hineinbugsieren. Doch der Gedanke an Tanger ließ mich erzürnen, und ich malte mir schon aus, mit dem Auto in dieser verrückten Stadt irgendwo in einer Seitenstraße zu stehen, um dösend den Morgen abzuwarten.

Das Fährschiff legte gegen Mitternacht ab und manövrierte sich vorsichtig aus dem engen Hafen von Algeciras hinaus aufs offene Mittelmeer. Um uns herum pechschwarze Nacht, denn der Himmel war bewölkt und ließ dem Mond keine Chance etwas fahles Licht in diese Finsternis zu bringen. Je weiter sich die riesige Fähre vom Hafen entfernte, desto windiger wurde es, so dass ich mir sicher war, dass das Schiff sehr gegen die meterhohen Wellen anzukämpfen hatte. Drinnen klammerte sich jeder an feste Stangen und angeschraubte Tische, keine Kaffeetasse blieb stehen, und der an Bord tätige Passbeamte hatte Mühe, die ihm vorgelegten Reisedokumente bei sich zu halten. Ich hatte bisher noch nie eine derart stürmische Überfahrt erlebt und war froh, nach einer guten Stunde endlich die ersten Lichter von Tanger zu sehen.

Von Tanger bis Oujda

Endlich hatte gegen halb zwei am frühen Morgen des 4. Augusts die gefährliche Schaukelei ein Ende, aber die Angst blieb mir vorerst im Nacken, denn noch wusste ich nicht, ob auch unser Auto diese verrückte Überfahrt schadlos überstanden hatte. Wenn nur ein einziges Fahrzeug losgekommen sein sollte – so ging es mir durch den Kopf –, wäre das eine Katastrophe. Aber es war gottseidank nichts passiert und jeder, der jetzt hinunter zur Autoetage steigen durfte, atmete erste einmal tief durch.

Da unsere Fähre die letzte von Algeciras nach Tanger war, hatten es die abfertigenden marokkanischen Grenzbeamten wohltuend eilig. Sie stempelten zwar sorgfältig, aber zügig die Visa ab, fragten nur das Notwendigste und winkten durch. Nachdem wir weitere zwei Posten unbeanstandet hinter uns gebracht hatten, lag nun die schlafende Stadt Tanger vor uns. Auf den nächtlichen spärlich beleuchteten Straßen nur selten eine Gestalt, über uns pechschwarzer Himmel und immer noch verflixt starker Wind. Ich suchte mit müden Augen die Hinweisschilder für Tetuan und befand mich dann auch bald auf der richtigen Straße. Meine Absicht war, möglichst schnell einen Standplatz abseits der Route Tanger – Tetuan zu finden, um noch etwas schlafen zu können. Diesen fand ich auch recht schnell, doch das Problem war hier der Boden: steinhart und deshalb für unser Zelt nicht geeignet. Da ich ein langes Suchen in dieser windigen schwarzen Nacht für zwecklos hielt, entschied ich mich für einen steil ansteigenden und zerfurchten Seitenweg, der heute Nacht als Standplatz für unser Auto dienen musste.

Lothar war sauer als er zur Kenntnis nehmen musste, dass seine Liege für heute unbenutzt im Auto bleiben musste, denn bei diesem starken und zudem frischen Wind hätte man draußen ohne Zelt mit Sicherheit keine einzige Minute schlafen können. Wir blieben also im Wagen sitzen und versuchten ein bisschen Augenpflege in der Hoffnung zu betreiben, dass diese unfreundliche Nacht möglichst schnell vorübergehen möge.

Gerädert, müde und natürlich nicht bester Laune entschlossen wir uns morgens gegen sechs zum Kaffeekochen und Fertigmachen für eine lange Autofahrt Richtung Osten. Mein Ziel war, wenn irgend möglich, noch heute bis Oujda zu kommen, das ist eine Strecke von ziemlich genau 600 Kilometern! Bei normalen mitteleuropäischen Straßenverhältnissen wäre das natürlich ein Kinderspiel gewesen, doch in Marokko – zudem noch im Rif-Gebirge – ist das eine Qual!

Die Strecke führte von Tanger nach Tetuan und Chechaouen, weiter über Pässe, vorbei an Al Hoceima und Melilla bis Oujda nahe der Grenze zu Algerien. Da dies die einzige durchgehende Verkehrsader im Norden Marokkos ist, hoffte ich sehr, dass uns nicht auch noch Verzögerungen durch chaotischen Straßenverkehr bevorstehen würden, denn mir war bewusst, dass sonst unser Tourenplan hoffnungslos durcheinander geraten würde. Wir starteten mit starkem Bohnenkaffee im Magen gegen acht Richtung Algerien.

Bis Tetuan gab es keine Probleme, die Straße war frei und gut ausgebaut. Auch bis Chechaouen ging alles noch nach Wunsch. Doch was hinter dieser heiligen Stadt auf uns zukam, erforderte ein Höchstmaß an Nervenkraft und Konzentration. Die Straße wurde sehr eng und wandt sich in unzähligen Kurven durch das Rif-Gebirge, für dessen landschaftliche Reize wir uns leider nur wenig Zeit nahmen. Nur selten gönnten wir uns eine kleine Pause, denn das Ziel Algerien wollten wir heute ja noch erreichen!

Die Fahrt ging durch weite Täler und vorbei an riesigen braun-grauen Schuttbergen. Grün oder gar Wald war nur selten zu sehen. Wir querten den 1.240 Meter hohen Bab-Berret-Pass und hinunter ging es nach Ketouma. Diese Berggegend ist mit schönen Kiefernwäldern bewachsen und landschaftlich insgesamt so reizvoll, dass man es hier als Freund des freien

Campings sicher wochenlang aushalten könnte. Danach querten wir den 1.580 Meter hoch gelegenen Bab-Tizichen-Pass, um danach die kurvenreiche Straße weiter in Richtung Al Hoceima zu nehmen. Als wir auf der Höhe dieser Stadt waren und sie am blauen Mittelmeer liegen sahen, war für uns die Welt fast wieder in Ordnung, denn ich vermutete, dass die kräfte- und nervenzehrende Kurvenfahrerei nun endlich zu Ende sein würde. Wir hatten für die nur 250 Kilometer lange Fahrt Tetuan – Al Hoceima über sechs Stunden benötigt und dabei kaum mal einen halben Kilometer gerade Straße erlebt.

Doch diese Schwerarbeit war immer noch nicht zu Ende, denn es folgte eine weitere kurvenreiche Strecke hoch zum Pass Tobaggan und viel Ärger mit Halbwüchsigen an der Straße, die oft gefährlich nahe ans Auto kamen, um uns auf ihre glitzernden Kristallsteine aus dem Rif-Gebirge aufmerksam zu machen (die Farben sind oft nur geschickte Fälschungen). Es ist uns mehr als einmal passiert, dass man uns aus Verärgerung darüber, dass wir nicht anhielten, Steine nachgeworfen hat, doch trafen gottseidank nur harmlose kleine. Ein weiterer, vielleicht noch gefährlicherer Ärger war der Benzinmangel hier oben. Wir fuhren tatsächlich nicht weniger als vier leere Tankstellen an, konnten uns aber zum Glück damit trösten, noch genügend Reservesprit bei uns gehabt zu haben, voll tanken wollten wir lediglich aus Sicherheitsgründen.

Plötzlich sahen wir, wie unsere schmale Straße von einer riesigen weißen Wolke verschlungen wurde, die sich über einen Berg herabwälzte und mit der Erde fest verbunden zu sein schien. Diese Wolke war schätzungsweise dreißig Meter dick und vielleicht 500 Meter lang. Wie dicht sie war, merkte ich bald, denn kaum hatte ich das Auto vorsichtig hineingesteuert, wurde es so finster um uns herum, dass ich die Scheinwerfer anschalten musste. Es legte sich sofort nasskalter Nebel auf die Scheiben, die nur mittels Scheibenwischer im Schnellgang freigehalten werden konnten. Nach zehn Minuten vorsichtiger Fahrt war dieser düstere Spuk so plötzlich wieder vorbei, wie er gekommen war, es wurde schlagartig warm und binnen kürzester Zeit hatte die sengende Sonne unser Auto wieder trocken gemacht. Ein solches meteorologisches Phänomen hatte ich bisher nur hier im Rif-Gebirge erlebt.

Ein seltenes Naturphänomen im Rif-Gebirge:
Eine dichte Nebelwolke scheint ein Tal ersticken zu wollen.

Die Kurven blieben zwar, aber sie wurden allmählich länger und waren jetzt etwas bequemer zu meistern. Weiter ging es durch die Garet-Ebene bis Zelouane, wo die Straße nach Melilla abzweigt, zu jener Stadt also, die eigentlich unser erstes Ziel in Marokko gewesen wäre. Ich überlegte einen Moment, ob es ratsam sei, sich dort ein Fährticket nach Almeria zu kaufen, doch ich musste diese Idee wieder verwerfen, weil es für uns ja keine Rückkehr nach Marokko gegeben hätte, unsere Visa wären durch den Grenzübertritt nach Melilla beziehungsweise nach Spanien ungültig geworden.

Wir setzten die Fahrt nach Oujda fort und machten das erste Mal in Berkane für eine längere Verschnaufpause Halt. Erreicht hatten wir jetzt endlich Berkane, waren bis hierher also geschlagene sechs Tage unterwegs! Ich bekam angesichts der verknappten Zeit doch große Bedenken, ob sich unsere große Saharatour auch durchführen lassen würde. Hinzu kam eine Augusthitze, die uns beinahe den Verstand geraubt hätte. Hier in Berkane entschloss ich mich schweren Herzens, die große Südentour zu streichen und stattdessen über Tunesien und Italien wieder nach Haus zu fahren, zumal ich weder Lothar noch mir nochmals qualvolle sechs Reisetage durch Marokko, Spanien und Frankreich zumuten wollte. Ich schrieb hier eine Postkarte nach München und teilte diese Routenänderung mit, obwohl ich noch keine Ahnung hatte, was in Tunesien passieren könnte, wenn es beispielsweise um den Ticketkauf für die lange Überfahrt nach Palermo gehen würde. Aber da vertraute ich schlicht dem Himmel, denn etwas noch Schlimmeres, als diese zermürbenden Anfahrtswege, war für mich kaum mehr vorstellbar.

Als wir Oujda erreicht hatten, wusste ich, dass wir die Grenze nach Algerien noch heute würden überschreiten können, wenn auch erst in den Abendstunden. Oujda ist mit 180.000 Einwohnern die Hauptstadt Ostmarokkos und an sich ein interessanter historischer Flecken, denn die Stadtgründung geht immerhin auf das Jahr 994 n. Chr. zurück, und die Geschichte war bis kurz nach der letzten Jahrhundertwende sehr bewegt, doch wir wollten uns keine Zeit für eine Besichtigung gönnen, weil unser Hauptziel diesmal Algerien war. Als wir durch die breit angelegten Straßen fuhren, blieb uns nicht verborgen, dass Oujda heutzutage kaum mehr sehenswert ist und sich ein längerer Aufenthalt vermutlich nicht lohnen würde. Überraschenderweise entdeckten wir hier kein einziges Straßenschild, das uns die Ausfallstraße nach Algerien gewiesen hätte, so dass ich erste einen Verkehrspolizisten nach der richtigen Straße fragen musste. Die kurze Fahrt bis zur Grenze, das waren 15 Kilometer, lag schnell hinter uns, so dass wir noch vor Sonnenuntergang die Grenzstation erreichten.

Daran knüpfte ich natürlich die Erwartung, dass wir noch vor dem endgültigen Dunkelwerden drüben unser Zelt würden aufschlagen können, doch da hatte ich noch nicht die Bekanntschaft mit algerischen Grenzorganen gemacht, die sich zunächst überhaupt nicht blicken ließen, obwohl wir nach der problemlosen Abfertigung durch die Marokkaner bereits zehn Minuten später als Einzige vor dem algerischen Schlagbaum standen. Ich ging mit unseren Pässen in das bescheidene Abfertigungsgebäude und begehrte einen Beamten. Lustlos und müde nahm man mich endlich zur Kenntnis. Als ich die beiden Pässe los war, verwies man mich in ein anderes Gebäude, wo ich für drei Wochen eine obligatorische Haftpflichtversicherung abschließen musste, weil unsere Grüne Karte in diesem sozialistischen Land keine Gültigkeit hat. Schließlich tauschte ich noch etwas Geld ein und war mir dann sicher, dass nun alles erledigt sei. Doch weit gefehlt, denn nun traten erst einmal die Durchsuchungsspezialisten in Aktion, die sich zu zweit genau den Inhalt unseres vollgepackten Käfers zeigen ließen, aber die vielen noch geschlossenen Konservenbüchsen im Raum hinter dem Rücksitz sahen sie gottseidank nicht, da wäre wohl eine saftige Zollgebühr fällig gewesen.

Als wir diese umständliche Abfertigung endlich hinter uns hatten, war es längst stockdunkel geworden, so dass wir wieder eine schwierige Nacht vor uns glaubten, denn wie soll man bei absoluter Finsternis im fremden Grenzgebiet einen geeigneten Campingplatz finden? Durfte man überhaupt in Grenznähe sein Zelt aufschlagen? Aber zunächst machten wir die Bekanntschaft mit sozialistischen Straßenverhältnissen: unbeschilderte Löcher, schlechte Straßensäume, keine weißen Begrenzungspfähle oder -linien, nicht reflektierende Schilder, meist nur „einäugige" Fahrzeuge, schwer auszumachende Fußgänger auf den Straßen, Schafs- und Ziegenherden. Sofort war mir klar, dass hier höchste Vorsicht geboten ist. Ich möchte jedoch gleich hinzufügen, dass wir es mit diesen miserablen Zuständen nur im Grenzbereich zu Marokko zu tun hatten, denn im Landesinnern wurden die Straßen- und Verkehrsverhältnisse besser, doch blieben sie immer noch gefährlich genug.

Nach kurzer Suche wenige Kilometer hinter der Grenze fanden wir schließlich im Scheinwerferlicht schneller als erwartet einen Platz für unser Zelt, das wir rasch aufgebaut hatten, so dass wir uns wenig später erschöpft den Liegen anvertrauen konnten

Tlemcen

Als wir am Morgen des 5. Augusts bereits gegen halb sechs aufstanden, hatten wir eine ruhige erholsame Nacht hinter uns. Das Wetter war sehr gut, der ekelhafte Wind der letzten Tage gehörte der Vergangenheit an, doch spürten wir bereits jetzt, dass dieser Tag sehr warm werden würde. Wir beeilten uns daher, möglichst bald die relativ kurze Strecke nach Tlemcen 60 Kilometer von der Grenze entfernt in Angriff zu nehmen.

Anhand des kleinen Reiseführers hatten wir herausgefunden, dass diese heute 80.000 Einwohner zählende größte Stadt im äußersten Westen Algeriens von besonderer geschichtlicher Bedeutung ist. Entsprechend hochgesteckt waren unsere Erwartungen, zumal im Reiseführer von künstlerisch hochkarätigen Bauten in hispano-maurischen Stil die Rede ist, ferner von lieblicher Umgebung und rein erhaltenen Volksgruppen. Richtig, die Geschichte reicht tatsächlich bis ins 8. Jahrhundert n. Chr. zurück, als König Idris I. vor den Toren des heutigen Tlemcen die Stadt Agadir errichtete (nicht zu verwechseln mit dem marokkanischen Agadir). Es folgte die Herrschaft der Almoraviden von Marokko und später die der Almohaden, und danach machten die Berber Tlemcen zu ihrer Hauptstadt, die im 15. Jahrhundert als wichtigster Handelsplatz zwischen Europa und Innerafrika annähernd 100.000 Einwohner gehabt haben soll. Es folgte 1555 die Türkenherrschaft und der beinahe zwangsläufige Niedergang. Nach vielen weiteren Wirren besetzten 1842 schließlich die Franzosen die Stadt. Und heute?

Wir parkten unser braves Auto in der Nähe der Porte du Sud, ohne hier, wie das drüben in Marokko der Fall gewesen wäre, gleich von einem Dutzend angeblicher Aufpasser bestürmt zu werden. Auffallend war, dass sich hier kein Einziger um uns kümmerte, niemand beglotzte unseren roten Käfer, die kleinen Kinder und die Halbwüchsigen traten ebenso wenig unangenehm in Erscheinung wie die Erwachsenen. Es schien, als könnte man sich als europäischer Besucher unbehelligt, ja frei bewegen – eine Wohltat im Vergleich zum königlichen Nachbarn! Waren wir aber wirklich so frei, wie wir uns im Moment noch fühlten?

Unser Hauptziel war das Mechouar, die einstige Zitadelle von Tlemcen, die an jener Stelle errichtet wurde, an der Jussuf Ibn Taschfin sein Heerlager aufgeschlagen hatte, als er im Jahr 1145 Agadir belagerte. Bis zur Eroberung des Tlemcen-Reiches durch die Türken war diese Festung königliche Residenz. Heute besteht das Innere vorwiegend aus modernen Gebäuden, doch die klobige 15 Meter hohe historische Mauer ist noch gut erhalten. Wir umgingen die Zitadelle und hatten lediglich das Vergnügen, von außen immer nur die mächtigen Mauern zu bestaunen, ein Blick ins Innere wurde uns nicht ermöglicht. Uniformierte Posten an mehreren Toren und die nationale Beflaggung bewiesen unzweideutig, dass es sich heute um eine militärische Anlage handelt, die selbstverständlich von Besuchern nicht betreten werden darf.

Ein paar Gehminuten von dieser Zitadelle entfernt befindet sich die Djama el-Kebir, die Große Moschee, die wir als „Ungläubige" ebenfalls nur von außen zu Gesicht bekamen. Wir durften lediglich den Eingang sehen und beobachten, wie Gläubige ihn in beide Richtungen passierten. Ich hatte den Eindruck, als wenn der Zulauf hier nicht besonders stark sei, ein Eindruck, den ich auch später noch des Öfteren verspürte. Auffallend war zudem, dass jugendliche Besucher nur selten zu sehen waren – dies ebenfalls nicht nur hier. Mir schien, als würde sich die Jugend in Algerien bewusst vom Religiösen distanzieren beziehungsweise die Moschee als Ort des Gebetes für längst überholt ansehen. Tatsächlich konnten wir in Algerien oft beobachten, dass sich die jungen Leute besonders in den Städten meist modern geben, freilich ohne es wirklich zu sein.

Wir schlenderten durch das zwischen der Großen Moschee und der Zitadelle gelegene Judenviertel, das wir als solches aber nicht identifizieren konnten und machten ein paar notwendige Einkäufe, denn wir brauchten Eier, Brot und Wasser. Auf dem Rückweg zum Auto passierten wir ein Stückchen historische Altstadt und stellten fest, dass es hier keine markanten Unterschiede zu den Médinas in Marokko zu entdecken gab. Was bei genauerem Hinschauen aber auffiel, war das hier nicht so üppige und bunte Angebot wie drüben, denn es dominierten billige Plastikwaren aller Art und unifarbene Konfektionswaren für jedermann. Gutes Obst, Fleisch, Brot und Gemüse musste man schon etwas intensiver suchen, jedenfalls hatte es längere Zeit gedauert, bis ich endlich Eier und Brot hatte. Außerdem kamen mir hier die Preise im Vergleich zu Marokko sehr hoch vor, doch daran mussten wir uns wohl oder übel gewöhnen, denn Algerien ist für Besucher, die individuell wie wir reisen, insgesamt deutlich teurer als der westliche Nachbar.

Ich wusste zwar, dass wir noch nicht alles von Tlemcen gesehen hatten, doch war mir andererseits klar, dass wir wichtige Dinge nicht ausgelassen hatten. Mit der Zitadelle, dem Judenviertel, der Großen Moschee, der Altstadt und einem Stück alter Stadtmauer hat man Tlemcen eigentlich „in der Tasche", mehr sei Zeitverschwendung – meinte übrigens mein Herr Sohn.

Mansoura

Sehr historisch wird es, wenn man die Ruinen von Mansoura auf sich wirken lässt, zu denen man gelangt, wenn man Tlemcen in westliche Richtung auf der Straße nach Oujda verlässt und auf verfallene Mauern achtet. Drei Kilometer außerhalb Tlemcens wird ein markantes Minarett sichtbar, das Kenner als Meisterwerk hispano-maurischer Kunst bezeichnen und das deshalb mit dem Minarett der Koutoubia in Marrakesch oder mit dem berühmten Hassan-Turm in Rabat zu vergleichen sei. Doch da sind massive Zweifel angebracht.

Wir hatten zu der großen übersichtlichen Anlage freien Zugang und konnten uns als einzige Besucher ohne Führer ungehindert bewegen. In der Tat war dieser aus dem 14. Jahrhundert stammende Turm imposant, schade aber, dass nur noch zwei Seiten respektabler Höhe stehen, die Vorderseite fehlt völlig. Es gibt eine Legende, die besagt, dass an diesem Bau zu viele „Ungläubige“ mitgebaut hätten, weshalb er verfallen musste.

Das meiner Meinung nach Beachtlichste an der teils zerstörten, teils von selbst zerfallenden Moschee ist ein von zwei weißen Marmorsäulen flankierter Eingang, der von einem reich ornamentierten Steinbogen überwölbt ist. Blickt man hindurch, stehen im Hintergrund dunkelgrüne schlanke Pappeln, die einen fotogenen Kontrast zum Gelbbraun der alten Mauerwerke bilden. Im Übrigen ist anerkennenswert, dass sich diese große Anlage trotz größter historischer Schäden in gutem Zustand befindet. Es liegen keine Quader herum, die alten Straßen und Wege sind begehbar, und die hohen Mauerreste mit ihren klobigen Öffnungen machen nicht den Eindruck, als wollten sie bald zusammenfallen.

El Eubbad

Dieses unscheinbare Dorf in der Nähe von Tlemcen sollte man besuchen, denn für die Gläubigen des Landes ist es von großer Bedeutung. Das Dorf wurde nach dem großen Heiligen des Maghreb – Bou Bedine – benannt, der hier im Jahr 1197 auf seiner Pilgerreise nach Marrakesch starb.

Wir mussten das Auto im Dorf abstellen und zu Fuß die letzten hundert Meter gehen, um auf eine Anhöhe mit der Koubba, dem Grabheiligtum, zu gelangen. Da der ganze Hügel mit größtenteils uralten typischen Araberhäuschen bebaut ist und die Bevölkerung hier oben ein gewisses Eigenleben zu führen scheint, kam mir diese erhöhte Gegend – obwohl zum Dorf gehörend – vor wie ein Viertel, das mit El Eubbad nichts zu tun hat. Die Frauen liefen hier fast ausnahmslos mit schwarzen Gesichtsschleiern herum, während in den bisher besuchten algerischen Ortschaften viele Frauen – wahrscheinlich die meisten – längst auf diese Vermummung verzichtet haben.

Die 1339 erbaute Moschee hier oben ist sehr sehenswert, denn hinsichtlich ihres Stils erinnert sie an Bauten in Granada und Fès! Man vermutet tatsächlich, dass hier andalusische Künstler zumindest mitgewirkt haben. Die zur Moschee führenden schmalen Straßen sind sauber, mit Grün überwachsen und nur für Fußgänger benutzbar. Von den Einheimischen zwar aufmerksam registriert, konnten wir dennoch ungehindert diese heilige Stätte erreichen und den eingezwängten blendend weißen Kuppelbau auf uns wirken lassen. Wir sahen in die prächtige Vorhalle hinein und bewunderten die reich geschmückte überschwere Tür aus Zedernholz, doch der Zutritt blieb uns „Ungläubigen" natürlich auch hier versagt.

Nicht weit von dieser prachtvollen Moschee entfernt befindet sich das historische Zentrum, ein ausgegrabener Wohnbezirk, der einst offensichtlich sehr Wohlhabenden gehörte, denn gut erhalten sind prächtige Bögen, großzügig angelegte Fenster und Tore sowie Mauern, deren Mächtigkeit Respekt einflößt. Wir wurden hier von einem alten Führer begleitet, der sich redlich Mühe gab, uns auf Französisch das Ganze zu erklären, doch leider redete er praktisch umsonst, da wir beide fast nichts verstehen konnten. Ich habe nur so viel mitbekommen, dass die Ausgrabungen relativ jungen Datums sind und die Stätte mit dem Heiligen Sidi Bou Medine angeblich nichts zu tun hat.

Wir schlenderten noch durch die enge malerische Altstadt, erfreuten uns der Sauberkeit hier und sahen unbeschwerten Kindern zu, wie sie im Schatten einer alten ehrwürdigen Moschee Fußball spielten. Bevor wir uns entschlossen nach Oran weiterzufahren, gönnten wir uns eine erfrischende

Limonade und genossen von hier oben noch einmal den phantastischen Blick hinunter auf Tlemcen.

Oran

Die Fahrt nach Oran – eine Strecke von 150 Kilometern – war angesichts guter Straße zwar kein Problem, doch setzte uns die Hitze zu, denn entgegen unserer Erwartung wurde es in Richtung Norden nicht kühler, sondern immer heißer. Nach glatter Fahrt pausierten wir am Sebkra d'Oran, einem riesigen Salzsee, dessen flimmernde Oberfläche uns regelrecht anzog. Wir entdeckten einen schmalen Weg, der bis ans sogenannte Ufer führt, wo sich eine moscheeartige kleine Grabhalle befindet, in deren Mitte ein noch ungeöffneter Sargopharg steht. Der Innenraum war dunkel und angenehm kühl.

Lothar erkletterte das Kuppeldach und hielt mit seinem ausziehbaren Fernrohr Ausschau nach „Piraten", doch zu sehen war nur unendliche flimmernde Weite und ein wie mit dem Lineal gezogener hitziger Horizont. Mit voller Thermosflasche und Kamera bewaffnet gingen wir bei unvorstellbar hoher Temperatur 200 Meter weit „in den See", querten dabei aber nichts weiter als ausgetrocknete Böden. Aber faszinierend war dieser Salzsee dennoch.

Nach Oran, der mit 400.000 Einwohnern zweitgrößten Stadt Algeriens, waren es vom Salzsee aus nur ein paar Kilometer, dann umfing uns eine Stadt imponierenden Ausmaßes. Wie fast überall führten auch hier die Hauptverkehrsstraßen direkt bis ins Stadtzentrum, in dessen Nähe wir unser Auto in den Schatten stellten.

Dass Oran keine rein orientalische Stadt ist, war uns zwar bekannt, doch dass wir hier eigentlich überhaupt nichts Orientalisches antrafen, hat uns doch ziemlich überrascht. Oran ist eine riesige überwiegend moderne Stadt, in der der Hafen und die Industrie die dominierenden Rollen spielen. Einzeln und in Gruppen stehende weiße Hochhäuser bestimmen das Bild jener Stadtteile, die zum Hafen hin liegen. Überragt wird der Hafen im Westen vom Fort Santa Cruz, das der Besucher als einziges Zeugnis einer historischen Vergangenheit besuchen kann. Doch es gibt mehrere Beweise geschichtlicher Hintergründe, aber sie zu finden ist mühsam, sofern man sich nicht mit einem Museumsbesuch zufrieden gibt.

Wir hatten nicht vor, diesen Koloss einer pulsierenden Hafenstadt bis in den letzten Winkel hinein zu erforschen, sondern unser Ziel war, uns einen Gesamteindruck zu verschaffen und dabei das Wichtigste zu sehen. Aber bevor wir das taten, führten wir uns die wesentlichsten Geschichtsdaten vor Augen: Im Gegensatz zu fast allen wichtigen Städten Nordafrikas gibt es in und in der Nähe Orans keinerlei Spuren phönikischer oder römischer Ansiedlungen, sondern es scheint, dass erst zu Beginn des 10. Jahrhunderts maurische Seeleute aus Andalusien, die mit Innerafrika Handel trieben, hier einen Stützpunkt angelegt hatten.

Einen großen Aufschwung erlebte Ouahran im 15. Jahrhundert, als die Stadt mit dem Tlemcen-Reich vereinigt wurde. Aber Oran war auch berühmt-berüchtigter Piratenstützpunkt, was die Spanier veranlasste, sie 1509 zu erobern und dem Mutterland einzuverleiben. 1708 drangen schließlich die Türken ein, doch dauerte deren Herrschaft nur bis 1732, als die Spanier Oran zurück eroberten. Nach dem schweren Erdbeben von 1791 wurde die entvölkerte Stadt abermals den Türken überlassen, doch der eingesetzte Bey, der bis dahin in Mascara residiert hatte, unterstellte sich 1830 den Franzosen, die dann bis zur Unabhängigkeit hier das Sagen hatten.

Wir ließen jetzt unseren braven Käfer allein und gingen zurück zum Zentrum Orans, dem Place 1. Novembre, den wir bei der Einfahrt in die Stadt schon einmal passiert hatten. Bevor wir uns die sehenswerten alten Bauten näher betrachteten, statteten wir erst einem fürchterlich lauten Restaurant einen Besuch ab, in welchem man außer gekühltem Falschenbier und Zigaretten absolut nichts bekommen konnte. Aber genau dieses Bier war es, das wir suchten, das uns wieder zu richtigen Menschen werden ließ!

Prunkstück dieses Platzes ist die 1906 errichtete Oper, die in jeder mitteleuropäischen Stadt ihren Platz hätte, nur nicht hier! Steht man direkt vor diesem Bauwerk und vergisst einen Moment lang den verrückten Verkehrslärm, die leiernde nordafrikanische Musik und die verdammte Hitze, fühlt man sich in Wien, Salzburg oder sonstwo in Europa. Aber nichtsdestoweniger können und sollen die Einwohner von Oran stolz auf dieses Meisterwerk der Theaterbaukunst sein! Eine breite Treppe führt hoch zu drei großen Eingängen, die von weit zurückliegenden übergroßen Fenstern überragt werden. In den Fensterwölbungen hängen dekorative Lampen, die sich im dahinterliegenden Scheibenglas spiegeln. Krönender Abschluss ist eine riesige Frauenstatue, flankiert von zwei etwas zu verspielten Außentürmchen.

Die 1906 von den Franzosen errichtete Oper im Zentrum von Oran, der zweitgrößten Stadt Algeriens.

Schräg gegenüber der Oper befindet sich das nicht viel weniger imposante Postgebäude, das vermutlich ebenfalls um die letzte Jahrhundertwende errichtet wurde und den Platz fast mehr zu beherrschen scheint als das Opernhaus. Auch die übrigen Gebäude – meist dürfte es sich um Verwaltungsbauten handeln – stammen aus der selben Zeit. Chaotisch ist der Straßenverkehr, wobei die stinkenden und krachenden alten Busse den Vogel abschießen. Zu allem Überfluss befindet sich neben dem Opernhaus auch noch der zentrale Busbahnhof, der an dieser Stelle absolut deplatziert ist.

Lässt man den Busbahnhof linker Hand liegen, gelangt man auf relativ steiler Straße hinunter zum Hafen, der Hauptschlagader Orans. Wie viele Einheimische auch, führten wir uns den von einer hochgelegenen Straße aus gut überschaubaren Hafen zu Gemüte, ein wirklich imposantes Bild! Festgemacht hatten mehrere Überseefrachter und Tankschiffe, die Kräne waren in voller Aktion und auf den Schienen im und am Hafen herrschte Hochbetrieb.

Nachdem wir uns lange Zeit die Aktivitäten dieses bedeutenden Hafens angesehen und ohne beanstandet worden zu sein genug Dias gemacht hatten, was in einem sozialistischen Land eigentlich nicht üblich ist, gingen wir ins Zentrum zurück, ruhten uns bei kühlem Bier aus und fragten uns dann zur Kathedrale durch. Diese befindet sich nicht weit vom Zentrum entfernt am Boulevard Abderrahmana Mira und ist keine hervorragende Sehenswürdigkeit in Oran. Der Anblick erfreut, zumal in dieser mohammedanischen Welt, auch wenn diese hier zu bröckeln beginnt, was eher in Richtung modernen sozialistischen Unglaubens weist. Nach der radikalen islamischen Wiedergeburt des Islam im Iran regt sich allerdings auch im „fortschrittlichen" Algerien etwas, doch glaube ich nicht an eine Renaissance des Islam in diesem Land, allerdings auch nicht an eine „christliche Wiedergeburt".

Der wuchtige Kirchenbau wird flankiert von zwei gedrungenen backsteinernen Fronttürmen, die nicht weniger als vier Eingangstore zwischen ihnen liegen haben. Diese vier Eingänge sind von einem riesigen Mosaikhalbkreis mit christlichen Motiven überwölbt, einer eigenwilligen architektonischen Konstruktion, die diese Kathedrale von allen anderen prinzipiell unterscheidet. Dass wir keinen Zutritt hatten, war bedauerlich.

Gewissermaßen das Gegenstück dieses wuchtigen christlichen Bauwerkes inmitten Orans stellt die Pascha-Moschee oder die Große Moschee dar, der wir einen Besuch machten. Sie befindet sich wenige Gehminuten südlich des Place 1er Novembre und zählt mit zu den sehenswertesten Bauten Orans, doch dominiert sie nicht – man muss sie suchen: Auch hier wurde uns am Eingang der Zutritt verwehrt, obwohl die Moscheegewaltigen uns „Ungläubigen" doch eigentlich dankbar sein müssten: Erst die reichlich fließenden Lösegelder für christliche Sklaven ermöglichten nämlich diesen Bau! Uns war lediglich vergönnt, einen kurzen Blick ins Innere zu werfen, wo sich ein schattiger, mit viel Grün verzierter und marmorverkleideter Hof befindet.

Beeindruckend sind auch die blendend weißen Überbauten, die erkennen lassen, dass hier wahre Meister der Marmorkunst am Werk waren. Diese Grande Mosquée, die auf Veranlassung des Paschas von Algier Baba Hassan zur Erinnerung an die Beendigung der spanischen Herrschaft errichtet wurde, stellt jedoch keine historische Sehenswürdigkeit von besonders hohem Rang dar, sie wurde im Jahr 1796 erbaut.

Nach einem letzten Bier (nur kleine Flaschen!) verließen wir Oran in den Abendstunden, wissend, dass wir uns einen guten Überblick über diese wichtige Hafenstadt verschafft hatten. Wir steuerten in Richtung Mascara, unserem nächsten Ziel, und campierten ein paar Kilometer außerhalb Orans auf freier Fläche.

Übrigens ist in Algerien das Zeltaufschlagen auch außerhalb der offiziellen Campingplätze ohne besondere Genehmigung erlaubt. Auffallend sind die vielen Wracks liegengebliebener Pkw, Lkw und Busse, die entweder wegen hoffnungsloser Überalterung zusammengebrochen sind oder die aufgrund von Unfällen zu Schrotthaufen wurden. Die Wracks, das kann man ohneweiteres erkennen, liegen teilweise schon seit Monaten oder gar Jahren in der Landschaft herum, wobei es sich stets um Privatfahrzeuge handelt; denn Militärfahrzeuge sind stets in allerbestem Zustand! Uns wunderten diese Wracks bald nicht mehr, denn die Fahrweise der Algerier ist haarsträubend. Hier unfallfrei durchzukommen, ist beinahe ein Kunststück.

Mascara

Auch die Nacht auf den 6. August verbrachten wir ruhig und erholsam. Wir standen abermals früh auf, so dass wir bereits um acht unsere Weiterfahrt nach Mascara antreten konnten. Nun wechselten wir wieder aus dem grünen Küstenbereich hinein in das unwirtliche Graubraun der Atlasberge, die lediglich für die Kamera ein Schmaus sind. Wir durchfuhren weite trockene Täler und hatten wieder beachtliche Hitzegrade zu durchstehen, die uns von Tag zu Tag mehr zusetzten. Unsere Launen waren jedoch gut, denn nun hatte sich ja gezeigt, dass wir prima vorankamen und praktisch alles zu Gesicht bekamen, was wir für wichtig hielten.

Mascara, 100 Kilometer südöstlich Orans gelegen, ist eine Stadt mittlerer Größe und von nicht geringer wirtschaftlicher und geschichtlicher Bedeutung. Sie ist Mittelpunkt der fruchtbaren Eghris-Ebene, aus der die bekannten Mascara-Weine kommen. Im 18. Jahrhundert war diese alte Berberstadt

Sitz eines türkischen Beys und in den Jahren 1832 bis 1841 ein wichtiger Stützpunkt Abd el-Kaders in seinem Kampf gegen die Franzosen.

Auch hier fanden wir problemlos das Stadtzentrum, zumal Mascara mit nur 35.000 Einwohnern nicht zu den großen Städten des Landes zählt. Wir parkten in Zentrumsnähe unter schattigen Palmen und schickten uns an, für uns nun auch diese Stadt zu erschließen. Zunächst schauten wir uns ausgiebig im parkähnlich angelegten Zentrum um, tranken ein paar kühle Säfte und erkletterten eine kleine Anhöhe, von der aus wir den ganzen Platz und die sich zu allen Seiten hin ausbreitende Stadt übersehen konnten. Wieder im Zentrum, wurden wir unvermittelt von zwei jungen Männern angesprochen, deren „Unauffälligkeit" uns auffiel. Sie wiesen sich als Polizisten in Zivil aus und forderten unsere Pässe.

Was blieb uns übrig, als widerwillig die Pässe herauszurücken, hoffend, dass sich alles bald erledigt haben würde. Doch die „Unauffälligen" steckten sie – ohne dafür eine Erklärung abzugeben – weg und fingen an, uns auf Französisch auszufragen. Leider verstand ich nur Bruchstücke, aber die reichten: Sie wollten wissen, wo sich unsere Gruppe befände, da ein Entfernen von der Gruppe verboten sei. Ich versuchte mit Händen und Füßen zu erklären, dass wir Einzelreisende seien, doch das wurde uns zunächst einfach nicht geglaubt. Ich fasste einen der beiden freundschaftlich am Ärmel und bat darum, mit mir zum Auto zu gehen, hatte dabei jedoch ein sehr ungutes Gefühl in der Magengegend. Durften wir uns in Mascara vielleicht gar nicht aufhalten – militärisches Sperrgebiet? Oder hatte ich hier etwas Verbotenes fotografiert? Im Geiste sah ich mich schon hinter algerischen Gittern ohne Möglichkeit, mich den Leuten gegenüber richtig verständlich machen zu können.

Endlich, nach ein paar Minuten standen wir vor unserem Käfer. Die „Unauffälligen" prüften alles Prüfbare und reichten uns dann endlich beide Pässe mit dem Ausdruck des Bedauerns zurück. Alles war in Ordnung, wir durften wieder frei sein. Von jetzt an wurde ich allerdings das Gefühl nicht mehr los, in Algerien ständig beobachtet zu werden. Kein Zweifel: Das waren Spitzel!

Aber jetzt mischten wir uns erst einmal in der großen Marktstraße unters Volk, denn hier endlich zeigte sich der Orient, hatten doch die privaten Kaufleute ihre bunten Gemüsesorten auf dem Boden ausgebreitet, wurden

Unmengen Obst feilgeboten und begegneten uns weiß gekleidete Frauen, die tiefer verschleiert waren, als wir dies jemals im Orient gesehen hatten: Geblieben ist als Ausguck nur ein winziges dreieckiges Loch, durch das gerade ein Auge hindurchschauen kann – und das im fortschrittlichen Algerien! Die meisten Männer tragen orientalische Kleidung, einfache geschlungene Kopftücher oder breite Strohhüte. Geradezu unorientalisch kamen uns dagegen die Kinder vor, die normale europäische Kleidung trugen und uns kein einziges Mal anbettelten, wie das in Marokko fast immer und überall der Fall ist. Wir wollten hier ein paar Bonbons an kleine Schulkinder verschenken, die uns in gebührendem Abstand neugierig verfolgten, doch zu unserer Überraschung nahm keines dieser Kinder etwas an. In Marokko dagegen muss man ständig auf der Hut sein, dass die Kinder einem nicht alles gleich aus der Hand reißen.

Ein kurzer Blick in die Altstadt von Mascara zeigte mir, dass sie es leider nicht wert sei näher betrachtet zu werden, schien es mir doch, als wenn hier nur noch gehaust werden würde und sich das geschäftliche Kleinleben in die soeben besuchte Einkaufsstraße verlagert hat. Zu sehen waren nur sehr enge ungepflegte Gassen und die typischen niedrigen Araberhäuser, hier jedoch fast ohne Farbe und alles andere als phantasievoll gestaltet.

Eine gewisse Sehenswürdigkeit stellt die Djama el-Kebir – die Große Moschee – dar, die vor wenigen Jahrzehnten von den Franzosen errichtet wurde und von den Bewohnern offensichtlich gehegt wird. Sie war zum Zeitpunkt unseres Besuches blendend weiß getüncht und Sammelstelle allerdings meist nur älterer Gläubiger. Das genaue Gegenstück dazu befindet sich in der Nähe, eine offensichtlich aus der glorreichen französischen Vergangenheit stammende katholische Kirche, deren Außenmauern schon seit vielen Jahren keinen Anstrich mehr gesehen hatten und deren Mauersubstanz für jeden Besucher sichtbar allmählich verfällt. Da es in Mascara vermutlich keine Katholiken mehr gibt, hat man diesen schönen Kirchenbau kurzerhand in ein riesiges Materiallager umfunktioniert.

In den frühen Nachmittagsstunden hatten wir das Wichtigste von Mascara bereits gesehen und uns auf die Weiterfahrt in Richtung El Asnam, dem früheren Orléansville, begeben. Wir durchfuhren auf ziemlich gerader Strecke das weite fruchtbare Tal des Oued Chétiff und hatten besonders auf dieser Strecke hart mit einer immer unerträglicher werdenden Hitze zu kämpfen. Wir verhängten die Scheiben bis auf einen schmalen Fahrerschlitz mit Tüchern und verschlossen sämtliche Fenster, denn draußen herrschte eine noch höhere Temperatur als im Fahrzeuginnern.

Nach 150 Kilometern durch den Backofen des Chétiff-Tales erreichten wir El Asnam, eine Stadt, die durch das verheerende Erdbeben von 1954 fast völlig zerstört worden war und seither eigentlich keine orientalische Stadt mehr ist. Am modernen Marktplatz, der statt üblicher Verkaufsstände nur noch normale Läden hat, machten wir Pause, tranken ein paar kühle Limos und ließen uns frisches Wasser in den Kanister füllen. Wir befuhren alle wichtigen Straßen El Asnams und fanden den ersten Eindruck bestätigt: Diese Stadt, die ganz überwiegend aus neuen Häusern in niedriger Bauweise besteht und heute nichts mehr mit dem alten Orléansville zu tun hat, ist seelenlos und keinen Touristenbesuch mehr wert. Tragisch, das El Asnam im November 1980 abermals von einem zerstörenden Beben heimgesucht und völlig zerstört wurde, dabei fanden 3.000 Menschen den Tod – trotz moderner Bauweise!

Nun stand uns ein weiterer heißer Abschnitt bevor: die Fahrt über den Dahra hoch nach Ténès am Mittelmeer, denn wir hatten uns entschieden, entlang der Türkis-Küste nach Cherchell und Tipasa zu fahren, um zwei Orte zu besuchen, die von großer historischer Bedeutung sind. Der Dahra, ein kahler mit viel Geröll überzogener Gebirgsrücken, lag nach 50 Kilometern hinter uns, als es plötzlich grün wurde und wir etwas Frische vom Meer her verspürten. Die Luft wurde allerdings immer feuchter, so dass für uns der Wechsel vom heißen Innern zur etwas kühleren Küste fast keine Erleichterung bedeutete.

Doch wir wurden entschädigt, denn die sogenannte Türkis-Küste ist landschaftlich etwas ganz Besonderes. Man nennt diesen Abschnitt auch das touristische Prunkstück Algeriens, denn an dieser Küste sind die bedeutendsten Touristenzentren wie Perlen an einer Schnur aufgereiht. Hier gibt es malerisch gelegene Feriendörfer, die allen Komfort bieten: weißsandige Strände, bestens ausgestattete Bungalows, Luxusvillen, Nachtlokale und nicht zuletzt auch Stätten, die schon oft internationalen Konferenzen gedient haben. Für den Autofahrer ist die Küstenstraße jedoch eine Qual, denn viele Kilometer sind ungeteert, die Straße ist ungemein eng und windet sich in unzähligen halsbrecherischen Kurven an der Küste entlang.

So kamen mir die 100 Kilometer von Ténès bis Cherchell wie eine Ewigkeit vor, denn hinzu kam noch eine feuchte Hitze, die mir ständig den Schweiß vom Gesicht rinnen ließ. Kurz vor Damous machten wir am Strand Schluss für heute, schlugen an einer geschützten Stelle unser Zelt auf und legten uns nach einem wohltuenden Bad gegen halb neun todmüde auf unsere Liegen.

Cherchell

Am Morgen des 7. Augusts mussten wir erst einmal mit einer herben Enttäuschung fertig werden, denn während der für uns gottseidank erholsamen Nacht hatte man uns die Sporttasche mit Inhalt gestohlen, die wir am Vorabend vergessen hatten ins Auto zu schließen. Schlimm war weniger der Verlust der Tasche, als der ihres Inhalts, denn ab heute hatten wir keinen Bohnenkaffee mehr und auch eine Menge köstlicher Obstbüchsen weniger, alles Dinge, die man bekanntlich in einem sozialistischen Land – wenn überhaupt – nur extrem teuer kaufen kann.

Als wir nach kurzer Fahrt Cherchell erreichten, war es gerade erst acht, also noch früh am Tag, der heute für uns möglichst ergiebig werden sollte. Die aus Richtung Westen kommende Straße setzt sich nach dem Passieren eines stattlichen Römertores als Hauptstraße von Cherchell fort, so dass wir keine Mühe hatten, ohne Zeitverlust gleich zu den wichtigsten Sehenswürdigkeiten zu gelangen.

Unser erstes Ziel war das berühmte Museum, in dem römische Kunstwerke ganz besonderer Art aufbewahrt werden, die mit der Geschichte dieser Stadt auf ungewöhnliche Art verknüpft sind: Cherchell geht auf die phönikische Handelsniederlassung Iol zurück, deren Blüte in die Zeit des Königs Juba II. (König von Roms Gnaden) fiel, der hier von 25 v. Chr. bis 24 n. Chr. residierte. Juba II. heiratete Cleopatra Séléne, die Tochter der ägyptischen Königin Cleopatra und kam dadurch in ein enges Verhältnis zur ägyptischen Kultur. Diese Interessen führten schließlich dazu, dass die Stadt mit Kunstwerken aus mehreren mittelmeerischen Kulturräumen geschmückt wurde, doch diese Werke waren meist Kopien berühmter, inzwischen verlorengegangener Werke. Sie sind heute der Ruhm Cherchells und in diesem Museum zu bewundern. Dass ich am Eingang meine Kamera abgeben musste, ärgert mich diesmal besonders, denn allzu gern hätte ich beispielsweise die Kolossalstatue des Apollo (Nachbildung des griechischen Originals aus dem 5. Jahrhundert v. Chr.) und die des Kaisers Augustus fotografiert. Selbstverständlich enthält dieses Museum auch noch eine Vielzahl kleiner Statuen, eine Unmenge gefundener Gebrauchsgegenstände und viele schöne Mosaiken.

Begleitet wurden wir hier von ein paar Jugendlichen, die uns vor dem Museum in gebrochenem Englisch höflich darum gebeten hatten, für sie die Eintrittsgelder zu bezahlen, da ihnen das Taschengeld ausgegangen sei. Da die Preise nicht hoch waren, erfüllte ich ihnen diesen Wunsch, war jedoch ziemlich enttäuscht, dass sie uns nach dem Museumsbesuch ohne jeden Dank einfach den Rücken kehrten und weggingen, als sei ihnen von einem Deutschen nicht soeben ein finanzieller Dienst erwiesen worden.

Die freigelegten, nicht besonders gut erhaltenen Reste des altrömischen Siedlungskernes von Ceasarea, wie Cherchell um die Zeitenwende einmal hieß, gelten zwar als weniger bedeutungsvoll als die Museumsstücke, aber sehenswert sind sie nichtsdestoweniger. Zu finden war Alt-Cherchell von uns schnell, zumal der Ort nur 17.000 Einwohner zählt. Hier durften wir uns frei mit der Kamera bewegen und uns ohne Aufpasser das Ausgestellte von allen Seiten betrachten.

Das Gelände ist nicht groß, aber es wies eine erstaunliche Vielfalt historischer Dinge auf, die teilweise wohl besser in einem Museum untergebracht wären. Dies gilt insbesondere für reich ornamentierte Säulenköpfe und Brunnen, ebenso für Mühlsteine, steinerne Getreidetöpfe, lateinische Inschriften und wertvolle Bodenmosaike. Die umgebenden hohen Mauern mit großen Durchlässen sind allerdings schon stark verfallen.

Den Abschluss unseres Besuches in Cherchell bildete ein Besuch des kleinen Fischerhafens unweit der großen römischen Ausgrabungsstätte, dessen optischer Mittelpunkt ein alter weiß getünchter Leuchtturm ist, der am Ende einer Mole steht und vermutlich nicht mehr benutzt wird. Im Hafen befand sich zur Zeit unseres Besuches nur ein uralter, kaum mehr seetüchtiger Fischerkahn. Selbstverständlicher Anziehungspunkt für uns war die kleine Hafenkneipe, in der es ziemlich derb zuging: Es fehlte weder der Lärm aus der Musikbox, das reichlich fließende eisschrankgekühlte

Flaschenbier noch fehlten vergilbte Fotos über der riesigen Flaschenwand oder die seebärigen Gestalten. Was fehlte, waren die in solchen Kneipen üblichen Animiermädchen, doch die dürfte der sozialistische Staat Algerien von hier schon vor langer Zeit verbannt haben.

Tipasa

Nicht weit von Cherchell entfernt liegt an der wunderschönen Mittelmeerküste das mindestens ebenso berühmte Tipasa, ein kleiner Ort mit weniger als 8.000 Einwohnern. Auch diese Siedlung geht auf einen phönikischen Handelsplatz zurück, der im 1. Jahrhundert n. Chr. römische Kolonie wurde. Gegen Ende des 3. Jahrhunderts fand hier das Christentum Eingang, und zu Beginn des 4. Jahrhunderts erlitt die heilige Salsa hier den Märtyrertod. Zur Zeit der Eroberung Nordafrikas durch die Araber war Tipasa verfallen und unbewohnt. Erst 1854 siedelten sich zwischen den Ruinen französische Kolonisten an, die einen Park schafften, der heute ein einzigartiges Freilichtmuseum ist, dieser Park war unser Hauptziel in Tipasa.

Abermals war es kein Problem, sofort die parallel zur Küste verlaufende Hauptstraße zu finden, um unser Auto vernünftig parken zu können, doch jetzt wurde es etwas schwierig, denn wir hatten weder auf unserer Fahrt in die Stadt noch in der Hauptstraße irgendeinen Hinweis auf die historischen Stätten gesehen. Nachdem wir ein paar angesprochene Passanten mangels ausreichender Französischkenntnisse nicht verstanden hatten, versuchten wir's bei einem Verkehrspolizisten, der uns dann tatsächlich in die richtige Richtung schicken konnte.

Bevor wir uns in das durch einen großen Zaun umgebene historische Gelände begaben, machten wir in der Nähe des Einganges erst einmal Pause in einem strohgedeckten, seitlich offenen Restaurant und genehmigten uns je ein kleines Bier, das uns trotz seines gesalzenen Preises von umgerechnet zwei Mark ausgezeichnet schmeckte. In unmittelbarer Nähe dieses Restaurants befinden sich ausgegrabene ziegelsteinerne Gebäudekomplexe, die in ihren Ausmaßen beachtlich sind, aber wohl doch nicht so bedeutsam, dass man sie hätte einzäunen müssen, das ließ ahnen, was sich hinter dem großen Zaun befinden würde.

In der Tat sahen wir eine römische Siedlungsstätte von großer Ausdehnung und in teils bestem Zustand, deren Bedeutung selbst dem ahnungslosen Laien sofort unter die Haut geht. Inmitten riesiger alter Laubbäume befinden sich fast unübersehbar viele Bauwerke, die man sich an einem Tag kaum vollzählig ansehen kann. Bebaut sind mehrere Hügel, zwischen denen glasklares Wasser in malerischen Buchten steht.

Doch wie überall im Mittelmeerraum, wo es römische Baukunst zu bewundern gibt, kann man sich auch hier auf Wesentliches beschränken, um einen ausreichenden Gesamteindruck zu erhalten. Eines der bedeutendsten Bauwerke ist das große Amphitheater, das man durch intakte Steintore betritt und dessen Sitzstufen ebenfalls noch in gutem Zustand sind. Das Oval der Arena ist schätzungsweise 50 Meter lang und 40 Meter breit. Nicht weit weg dieses Theaters befindet sich ein weiteres, allerdings nur noch zu einem Drittel vorhandenes Theater; dessen Bedeutung mag angesichts der bescheidenen Ausmaße wohl auch entsprechend geringer gewesen sein.

Wir begingen die von vielen Säulen und Säulenresten flankierten Römerstraßen, die sehr grob bepflastert sind und an Torstellen sogar tiefe Fahrspuren aufweisen – Hinweise darauf, dass jahrelang reger Wagenverkehr stattgefunden hat. Was mag sich damals wohl alles hier abgespielt und zugetragen haben!? Eine dieser alten Straßen führt hinunter in die dicht bebaute Küstenregion, wo wir nicht nur gut erhaltene Torbögen und andere Bauwerke mit reizvollen Ornamenten sahen, sondern auch eine uns umgebende Küstenlandschaft von besonderer Schönheit. Ausgrabungsstellen waren zu sehen, die noch nicht abgeschlossen waren, die aber für uns doppelt interessant waren, denn jeder Winkel war frei zugänglich – auch jene Stellen, an denen unübersehbar viele Tonscherben teils noch so herumlagen, als wären die Gefäße erst gestern und nicht schon vor 2.000 Jahren zu Bruch gegangen. Mehrere solcher Vorratsbehälter hatte man bereits wieder zusammengesetzt und in sicherer Ecke aufgestellt, sie haben Manneshöhe und fassten einst einige Zentner Getreide. Hier wird man noch viele Jahre mühsame Puzzlearbeit leisten müssen, bis sämtliche Scherben wieder zu stolzen Riesenkrügen zusammengesetzt sein werden.

Imposant waren für uns auch die hervorragend erhaltenen Mosaikfußböden ehemaliger Häuser vornehmer reicher Leute und nicht zuletzt die zahlreichen Tier- und Schmuckornamente freigelegter Säulen und Steinplatten. Wir hielten uns hier länger auf als vorgesehen war, denn die Anlage war angenehm schattig, einen lästigen Führer gab es nicht und andere Touristen waren ebenfalls nicht zu sehen. So kamen wir uns ein bisschen wie Entdecker vor, die etwas benommen von einer inmitten urwäldlicher Landschaft gefundenen historischen Stätte zur anderen wanderten und kaum merkten, wie schnell dabei die Zeit verging. Auch Lothar äußerte sich geradezu begeistert von dieser schönen Anlage, und ich musste ihn deshalb mehr als einmal davor warnen, nicht zu unbekümmert über die häufig noch ungesicherten Ruinen zu klettern und zu viel zu fotografieren.

Kbor Roumia

Auf der Fahrt von Tipasa in Richtung Algier ist eines der merkwürdigsten Bauwerke unübersehbar: das Kbor Roumia, ein über 200 Meter über dem Meeresspiegel auf einem abgeflachten Berg liegender Steinkoloss, dessen Geschichte noch weitgehend im Dunkeln liegt. Auf einem Hinweisschild war Folgendes zu lesen: Tombeau de Cleopatrè Séléne epouse de Juba II." Das klingt zwar definitiv, doch streiten sich in Wirklichkeit schon seit Jahrzehnten die Gelehrten darüber, was nun tatsächlich an Geschichte hinter diesem Monument steckt.

Auf ungeteerter steil nach oben führender Straße kamen wir bis zu einem kleinen Parkplatz, auf dem kein einziger Baum Schatten spendete. Unbeschreiblich, wie heiß es im Wagen war, als wir nach einer Stunde wieder zurückgekehrt waren! Den Steinkoloss kann übrigens jedermann frei besuchen, es gibt keinen Führer und kein Ticketoffice. Umgeben ist das „Grab der Christin", wie dieses Grabmal auch genannt wird, von alten schattenspendenden Bäumen und ungepflegten Wegen, als wenn hier jahrelang niemand mehr gewesen wäre.

Auf mich hat dieses legendenumwobene Baudenkmal einen tiefen Eindruck gemacht, denn steht man unmittelbar davor, erkennt man erst dessen Riesenhaftigkeit. Das Volumen beträgt nicht weniger als 80.000 Kubikmeter, der Durchmesser wird mit 65 Metern und die Höhe mit 34 Metern angegeben. Als Bauzeit gilt neuerdings das 2. Jahrhundert v. Chr. und man meint, dass es sich dabei nicht um das „Grab der Christin“, sondern um das eines numidischen Königs handelt. Andere behaupten nach wie vor, dieses Bauwerk sei das Mausoleum der Cleopatra-Tochter Séléne. Was nun wirklich den Tatsachen entspricht, wird wohl nie geklärt werden können.

Das mächtige Kbor Roumia gilt als Séléne-Grabmal – der Tochter Cleopatras, aber das ist umstritten.

Imponierend ist der zylindrische Unterbau mit einer Höhe von schätzungsweise fünf Metern. Gestützt wird dieser Unterbau von zahlreichen mächtigen leicht nach innen geneigten Steinsäulen, zwischen denen riesige Steinquader zu sehen sind, die offenbar das Fundament bilden. An der Vorder- beziehungsweise Nordseite befindet sich der säulenflankierte Eingang, der allerdings mit übergroßen Steinplatten zugemauert ist, so dass der Besucher die dahinterliegenden beiden leeren Grabkammern nicht betreten kann. Eine Antwort darauf, warum es sich um zwei Kammern handelt, wurde bis heute nicht gegeben. Der Oberbau wurde in Form eines

Kegelstumpfes errichtet, der von Weitem ziemlich gleichmäßig aussieht, näher betrachtet jedoch große Unebenheiten aufweist, denn diesem Koloss dürfte im Prinzip das gleiche Schicksal wie den ägyptischen Pyramiden widerfahren sein: Auch die Leute dieser Umgebung brauchten Baumaterial für ihre Häuser und hatten sich ungeniert bedient.

Wir fuhren der schönen Landschaft und der etwas niedrigeren Temperaturen wegen in Richtung Algier weiter auf der Küstenstraße, obwohl wir eine vermutlich schnellere Straße über Blida hätten benutzen können. In der Nähe von Koléa fanden wir dann auch schnell einen schönen Campingplatz am Meer und nahmen ein erfrischendes Bad, bevor wir unsere müden Glieder langstreckten. Zu hoffen war, dass sich das heute Abend dunkle feuchte Wetter morgen früh verzogen haben würde, denn wir hatten einen wichtigen Programmpunkt zu erledigen, nämlich die Besichtigung der Hauptstadt des Landes Algier.

Algier

Dass es schwülfeucht war, hatten wir ja bereits gestern Abend zu spüren bekommen, doch was sich uns am Morgen des 8. Augusts bot, war doch sehr überraschend. Unser Zelt und die draußen zum Lüften hängengelassenen Kleidungsstücke waren patschnass, ohne dass es auch nur einen Tropfen geregnet hätte. Auch der heutige Tag versprach wieder besonders warm und schwül zu werden – nicht gerade eine ideale Voraussetzung für den Besuch einer 2-Millionenstadt.

Um möglichst viel der relativen Morgenfrische mitzubekommen, starteten wir sehr früh, fühlten uns aber beide alles andere als ausgeschlafen, denn auf dem Zeltplatz am Meer herrschte bis Mitternacht keine Ruhe, so dass wir weniger als sechs Stunden die Augen zu hatten. Bis Algier benötigten wir nur eine halbe Stunde, waren also früh genug in der Stadt, um noch rechtzeitig einen guten, das heißt in Nordafrika schattigen Parkplatz zu bekommen.

Schon bei der Einfahrt nach Algier – wir kamen aus Richtung Westen – sahen wir, dass diese Stadt besonders reizvoll liegt und von oben ein Panorama hat, das ich mit zu den schönsten bisher gesehenen zählen möchte.

Der 2-Millionenriese liegt in einer respektablen Ausdehnung von fast zehn Kilometern entlang einer hervorragend geschützten Bucht, umgeben von baumbestandenen niedrigen Bergen. So weit wir schauen konnten, waren alle bebaubaren Stellen mit weiß getünchten Häusern besetzt, oft waren es Einzelhäuser, meist jedoch standen mehrere Häuser dicht zusammen. Dominierend ist das riesige Häusermeer entlang der Bucht, das einem Angst machen konnte, denn welcher Fremde soll sich da zurechtfinden?!

Wir passierten eine landschaftlich schön gelegene schmale Straße, die sich in vielen Kehren nach Algier hineinschlängelt und stoppten zunächst einmal in einem Stadtrandgebiet, um uns einen ersten Eindruck von oben zu verschaffen. Doch dieser war schockierend, denn so viele Wohnstraßen wir links der Einfallstraße auch sahen – eine war so heruntergekommen wie die andere! Unmittelbar bei dieser Einfallstraße liegen an grünen Hängen villenartige Häuser, die offensichtlich von privilegierten Familien bewohnt werden. Aber linker Hand überkam uns das Grauen, konnten wir doch in Wohnstraßen hineinsehen, deren Zustand ohneweiteres mit den berüchtigten von verarmten Schwarzen bewohnten Straßen New Yorks verglichen werden kann. Hier scheint nichts zu funktionieren, weder die Verwaltung und Instandhaltung, noch die Müllabfuhr. Die Fahrbahnen und Fußwege liegen voller Abfälle, die man einfach aus den Fenstern wirft und somit den auch tagsüber sichtbaren Ratten ausreichend Futter gibt. Der äußere Zustand kann also nur mit „katastrophal“ bezeichnet werden: keine Farbe, kein Verputz, sämtliche Balkone verrostet, jedes Fenster behangen mit Fetzen, kaum eine Tür funktioniert. Ich habe es kaum gewagt, diesen miesen Zustand zu fotografieren.

Bedrückt fuhren wir bis in die Nähe des Stadtzentrums, hoffend wenigstens hier auf einigermaßen ordentliche Verhältnisse zu stoßen. Dieses Zentrum wird zunächst markiert von einer breiten abschüssigen Straße, die diese Bezeichnung allerdings nicht ganz zu Recht trägt, denn sie ist eigentlich eine riesige Treppe. Rechts und links eines parkähnlichen Grünstreifens führen breite Stiegen entlang ansehnlicher alter Stadthäuser, die ausnahmslos aus französischer Zeit stammen. Diese Häuser, wie auch die umliegenden Zentrumsstraßen, sind in leidlichem Zustand, obwohl wir sie mit unseren Maßstäben gemessen eher als heruntergekommen bezeichnen würden. Was hier wirklich in Ordnung ist, ist der genannte „Straßenpark“

und ein am unteren Ende befindliches Heldendenkmal – typisch für ein sozialistisches Land! Wer sich hier nachts bewegt läuft Gefahr, sich auf Fußwegen die Beine zu brechen, denn viele Baustellen sind völlig ungesichert und zudem schon seit Monaten oder gar Jahren brachliegend.

Der Autoverkehr in Algier ist eher mäßig. Menschenmassen, wie in anderen orientalischen Städten dieser Größenordnung, gibt es hier nicht, im Gegenteil, mir kam das Stadtzentrum vergleichsweise entvölkert vor. Aber auch hier tief verschleierte Frauen, die ins Stadtbild nicht passen wollen. Immer wieder drängte sich mir der Gedanke auf, als würden die Algerier ihre Hauptstadt nicht lieben, als seien sie hier nur Fremde, die sich lediglich vorübergehend dieser Stadt bemächtigt hätten. Auffallend ist, dass alles, was Uniformen trägt – insbesondere das Militär – offensichtlich privilegiert ist, denn deren Kleidung ist von bester Qualität, deren Fahrzeuge sind in hervorragendem Zustand und deren Waffen modernster Art. Ich habe bisher nirgends auf dieser Welt so deutlich sehen können, was sich Militär leistet, wenn es – wie in Algerien – alle Macht innehat. Das hiesige Parlament scheint nichts weiter als eine Farce zu sein, ein Feigenblatt, um in dieser politisch verblendeten Welt bestehen zu können.

Als wir die sogenannte Treppenstraße hinter uns hatten, befanden wir uns in der Hafengegend. Auch sie war weniger quirlig, als wir erwartet hatten, obwohl es im Hafen selbst hoch herging: kaum ein Kran, der sich nicht drehte, kein Schiff, auf dem sich nichts bewegte, keiner, der herumstand und vor Langeweile die Daumen drehte. Wir querten eine zum Passagierhafen führende Eisenbahnbrücke, sahen den Hauptahnhof und dahinter die zum Bild Algiers gehörende 15 Meter hohe und 1.500 Meter lange Arkadenkonstruktion. Wir konnten hier nahe an die Kais gelangen und alles einsehen, was sich im Fracht- und Passagierhafen abspielte. Daran sollte sich Casablanca ein Beispiel nehmen!

Schwierigkeiten machte mir plötzlich der Kreislauf, das erste Mal auf Reisen in orientalischen Ländern. Die Ursache lag auf der Hand, denn erstens hatte ich in der letzten Nacht nur schlecht beziehungsweise zu wenig geschlafen, und zweitens lag heute über Algier eine Waschküchenhitze, die nicht nur uns Besuchern aufs Äußerste zusetzte. Ich musste mich an einem Geländer festhalten, sonst wäre ich hier umgekippt, mir rann der Schweiß in Strömen, es flimmerten und brannten mir die Augen. Just in diesem kritischen Moment wurde ich von einem englisch sprechenden Morgenländer angesprochen, der sich als ägyptischer Gastarbeiter in Algerien vorstellte und sich überschwänglich um uns bemühte. Als er merkte, dass mit mir etwas nicht in Ordnung war, packte er mich helfend am Arm und lud mich ein, ihm in ein kühles Restaurant zu folgen.

Der Ägypter schüttete mir seine Sorgen von der Seele, er habe Heimweh zur Familie und fühle sich in Algerien verlassen und ausgebeutet. Im Restaurant, dem ersten und einzigen, in dem es richtige Coca Cola zu kaufen gab, erholte ich mich wieder, doch der ägyptische Gastarbeiter traktierte mich weiter mit seinen Sorgen und drängte mir schließlich seine Wohnanschriften in Algerien und Ägypten auf, ließ aber nicht eher von mir ab, bis ich ihm hoch und heilig versprochen hatte, nach meiner Rückkehr an ihn zu denken – ich sollte unbedingt schreiben. Ich tat es, erhielt aber nie eine Antwort. War es ein Spitzel?

„Jetzt nur nicht den Kopf wegen der Kreislaufgeschichte hängen lassen", war meine Devise, raus aus dem Restaurant und wieder hinein in die Stadt. Wir passierten die Hauptpost, die mir wegen ihres prachtvollen reich ornamentierten Marmoreinganges auffiel und die eher wie eine neue Moschee aussah, an der man nicht gespart hatte. Wir gelangten zur zentralen Busstation in der Nähe des Hauptbahnhofes und sahen, dass auch hier das Menschen- und Fahrzeugaufkommen eher bescheiden war. Relativ ruhig war es auch bei den gegenüberliegenden berühmten Arkaden von Algier, die wir in voller Länge abschritten und dabei unschwer feststellen konnten, dass von den ehemals etwa 400 Geschäften fast keines mehr übrig geblieben war. In französischer Zeit dürfte hier unvergleichlich viel mehr los gewesen sein.

Ich glaube, mein Eindruck ist einigermaßen richtig: Algier ist heute viel weniger, als der berühmte Name vermuten lässt. Als Hauptstadt ist sie glanzlos und im Vergleich zu früheren Jahren geht es sichtbar abwärts. Mir schien, als hätten sich die Algerier diese Stadt nur geliehen, denn nur mit Dingen, die einem nicht gehören, geht man achtlos um. Selbst auf die Gefahr hin als Kolonialist abgestempelt zu werden, erlaube ich mir die Feststellung, dass die französische Zeit wohl die entwicklungsträchtigste und kulturell ergiebigste Epoche war, denn auch davor erfreute sich Algier eines negativen Rufes: Zahllose Europäer wurden in die Sklaverei geführt, und die Piraterie war die Existenzgrundlage der Stadt und ganz Algeriens!

Algerische Seeräuber waren jahrhundertelang die Schrecken des Mittelmeeres, bis 1830 die Franzosen diesem unzivilisierten Spuk ein Ende bereiteten.

Gegen Mittag verließen wir Algier in Richtung Sétif und wurden nun abermals Hitzegraden ausgesetzt, die schier zum Verzweifeln waren. Je weiter wir uns von der Küste entfernten, desto höher kletterten die Temperaturen, die für uns in der Sonne absolut nicht mehr erträglich waren. So hatte ich meine liebe Mühe, wenigstens die schönsten Landschaftsbilder mit der Kamera einzufangen, denn jeder Stopp, jeder Handgriff war mit größerer Anstrengung verbunden. Wir durchfuhren ein schönes schluchtartiges Flusstal, querten die Große Kabylei und passierten dabei den über 2.300 Meter hohen Djurdjura, einen landschaftlich besonders reizvollen Gebirgszug. Aber auch die hiesigen Berge waren eigentlich nur Schutthügel, wenn auch sogenannte Leckerbissen für die Farbkamera.

Nach einer eher qualvollen als angenehmen Fahrt von 300 Kilometern erreichten wir in den Abendstunden die Gegend von Sétif, landschaftlich wieder sehr schön, aber feucht-heiß. So wunderte es mich nicht, dass wir einen hoffnungslos mückenverseuchten Zeltplatz in Kauf nehmen mussten und zudem Hitzegrade, die einem ständig den Schweiß aus allen Poren trieb. Lothar war jetzt denkbar schlechter Laune, denn auch er hatte kaum geschlafen und musste ja ebenfalls mit dieser verdammten Backofenhitze fertig werden. Wir befanden uns nun zwischen der Großen Kabylei und den Hodwa-Bergen, eine riesige Talgegend, in die kaum mal ein kühlendes Lüftchen hineinweht.

Djemila

Dennoch war die Nacht auf den 9. August windig, aber dieser Wind brachte absolut keine Kühle, sondern – so schien es – immer noch mehr Hitze. Es ist einfach unvorstellbar, wie heiß es zu dieser Jahreszeit weiter im Süden jenseits der Gebirgszüge in der Sahara sein muss! Wiederum wollten wir so viel „Morgenfrische“ wie möglich nutzen, weshalb wir bereits gegen halb acht Richtung Djemila, einer historisch hochinteressanten alten Römerstadt, aufbrachen.

Um nach Djemila zu gelangen, mussten wir von der Hauptdurchgangsstraße Sétif – Constantine abbiegen und zunächst mit einer überwiegend ungeteerten schmalen Nebenstraße vorlieb nehmen, die – durch eine reizvolle Gegend führend – direkt bis Djemila geht. Djemila ist eigentlich der arabische Name dieser Gegend und bedeutet „Die Schöne". Darüber, warum der alte römische Name Cuicul nicht beibehalten wurde, gab es zu jener Zeit noch keine Informationen. Heute dient Djemila zu 100 Prozent dem Tourismus, ebenso die in der Nähe gelegenen anderen wichtigen Altertumssiedlungen Tiddis, Medracen und Timgad, die wir aus Zeitgründen aber leider nicht besuchen konnten.

Die Römer machten gegen Ende des 1. Jahrhunderts n. Chr. aus dem numidischen Dorf Cuicul unter Beibehaltung dieses Namens eine Militärkolonie, die schnell zu einer reichen Stadt mit 10.000 Einwohnern anwuchs. Sie wurde überwiegend von Großgrundbesitzern und wohlhabenden Kaufleuten bewohnt und dürfte gegen Ende des 6. Jahrhunderts zerstört worden sein. Die Franzosen fanden hier 1838 nur noch wenige aus dem Boden ragende Ruinen vor, und umso erstaunter war man, was ab 1909 bei den Ausgrabungen wieder ans Tageslicht kam: Eine ganze Stadt wurde freigelegt, deren Ruinen noch den ehemaligen Glanz und Reichtum erkennen ließen.

Wir betraten Djemila vom Süden her ohne Führer und ohne Ticket, was mich angesichts der Bedeutung, Größe und des relativ guten Zustandes dieser alten Römerstadt ziemlich verwunderte. Uns war das gerade recht, denn hier am Gängelband eines eiligen Führers zu hängen, würde natürlich nur halbe Freude bedeuten. Djemila ist sehr weitläufig und erfordert angesichts der Sommerhitze ein gutes Stehvermögen.

Gleich am Eingang konnten wir gefundene Marmorbüsten unverkennbar römischer Herkunft bewundern sowie ausgezeichnet erhaltene Mosaikplatten, wie man sie nur selten sieht. Von hier überblickten wir die ganze Anlage: ein riesen Wirrwarr historischer Säulen, Mauer- und Gebäuderuinen. Auf grob gepflasterter schnurgerader Straße, die beidseitig von einer Vielzahl hoher Säulen mit kunstvoll ornamentierten Säulenköpfen gesäumt ist, gelangten wir ins Zentrum Djemilas, wo der berühmte Caracalla-Bogen dominiert. Dieser prächtige weitgehend erhaltene Triumphbogen prägt das

Bild des heutigen Djemila, denn alle anderen Bauwerke sind zerstört, auch wenn hier und da noch erhaltene Steinbögen vorhanden sind.

Wir besichtigten in Ruhe noch erhöhte Terrassen, breite Treppen, schöne Säulen, gut erhaltene Nebenstraßen, Stadttore, ein relativ gut erhaltenes Theater, dessen Giebelseite noch steht, sowie die Ruinen des christlichen Viertels mit zwei Basiliken – dem jüngsten, aber ebenfalls vollständig zerstörten Teil Djemilas. Zudem gibt es noch eine Fülle beschrifteter Steinplatten und steinerne Ornamente zu sehen, die sich meist noch in gutem Zustand befinden.

Und immer wieder mussten wir die herrliche Berglandschaft bewundern, in der sich diese einst blühende Stadt befindet, so dass es nicht schwer fällt, sich den früheren Zustand und das rege Leben von damals bildlich vorzustellen. Djemila muss seinerzeit eine quirlige Oase gewesen sein.

Der Caracalla-Bogen des im 1. Jh. AD entstandenen römischen Cuicul – heute Djemila –, das einst 10.000 Einwohner gehabt haben soll.

Constantine

Nachdem Djemila „uns gehörte“, entschlossen wir uns für die Weiterfahrt nach Constantine, um eine Stadt kennenzulernen, die seit über zwei Jahrtausenden große Bedeutung in Nordafrika hat. Ich sah diesem Besuch mit einer gewissen Spannung entgegen, war jedoch angesichts enttäuschender Eindrücke, die wir bisher in Algier gewannen, eher skeptisch. Leider hatte sich diese Skepsis auch bestätigt, wenn auch nicht in Bezug auf die sich bietenden Anblicke aus gebührender Entfernung.

Constantine, eine Stadt mit über einer Viertelmillion Einwohnern, ist hauptsächlich wegen ihrer einzigartigen Lage sehenswert. Der Rumel, einer der wenigen größeren Flüsse Algeriens, hat in jahrtausendelanger Arbeit eine tiefe Schlucht geritzt, dessen Nordsüd-Diagonale über 1.000 Meter misst. Die Schlucht ist 100 Meter tief, weshalb es seit jeher ein Problem war, sie mit geeigneten Brücken zu überwinden.

Auch die Geschichte dieser algerischen Stadt, die 80 Kilometer von der Mittelmeerküste entfernt liegt, geht auf eine phönikische Ansiedlung zurück und wurde spätestens im 3. Jahrhundert v. Chr. Residenzstadt numidischer Könige. Der numidischen Zeit folgte die römische unter den Kaisern Maxentius und Konstantin des Großen; zu Ehren des letztgenannten Herrschers wurde die Stadt schließlich Constantina genannt. Nach vielen Wirren, verursacht durch Vandalen, Hafsiden, Arabern und Türken, fiel Constantine 1837 schließlich an die Franzosen, doch der Widerstand gegen diese Kolonialmacht konnte hier nie ganz unterdrückt werden. Kein Wunder, dass der entscheidende Kampf gegen die Franzosen hundert Jahre später durch die FLN von hier ausging.

Wir parkten in einer breiten direkt ins Zentrum – dem Place du 1er Novembre – führenden Geschäftsstraße und erledigten hier erst einmal unsere Kartenschulden und kauften ein paar handgefertigte Landeserzeugnisse. Ins Auge stach vor allem eine große Kupferplatte beziehungsweise der Aufsatz eines Teetisches, den ich unter allen Umständen zu erhandeln trachtete. Doch – wie überall in Algerien – war auch hier mit Handeln nicht viel zu machen, denn die Preise sind entweder fest oder lassen sich nur um unbedeutende Nuancen verändern: Statt 255 DA brauchte ich schließlich nur 250 DA bezahlen, eine stolze Summe selbst für unsere Verhältnisse. Übrigens fehlen auch in Constantine die typischen orientalischen Straßengeschäfte, ohne die der Orient eigentlich kaum vorstellbar ist. Oran, Algier und Constantine – alles nur „geliehene“ Städte!?

Das Zentrum hatten wir zu Fuß schnell erreicht, doch war die Enttäuschung perfekt, denn was hieß hier Zentrum! Rechter Hand liegt zwar ein ansehnliches Hotel, in dem wir ein paar gute teure Bierchen zu uns nahmen, aber die übrigen an sich schönen Gebäude machen einen unsauberen stark vernachlässigten Eindruck. Das Café mit großer Terrasse war geschlossen, die Häuserfronten angesichts fehlender Farbe und verputzloser Stellen deprimierend, und der Straßenverkehr floss nur spärlich – alles keine Zeichen großer wirtschaftlicher Aktivität. Die sozialistische Gleichmacherei und schlampige Verantwortung hat also auch Constantine erfasst, eine Stadt, die das sicher nicht verdient hat.

Im erwähnten Hotel, wo es ein gutes, wenn auch verflixt teures Bier gab, traute ich meinen Augen nicht, als ich neben uns plötzlich zwei junge Frauengesichter sah, die eine derartige Ähnlichkeit mit Terroristengesichtern auf Fahndungsfotos besaßen, dass ich meinen Herzschlag bis zum Halse spürte. Durfte es wahr sein, hier auf gesuchte deutsche Terroristinnen zu treffen? Für eine der beiden fiel mir hier sogar der Name ein, bei der anderen war ich mir zumindest sicher, dass sie auf den Plakaten war. Sie tranken anscheinend unbeschwert Bier und unterhielten sich zwanglos, aber sehr aufmerksam um sich schauend mit hier tätigen deutschen Monteuren, jedenfalls sahen diese Männer nach Handwerkern aus. – Mein erster Weg nach der Rückkehr führte mich ins Münchener Polizeipräsidium, wo ich beide Frauen auf vorgelegten Fotos sofort wiedererkannte und Aussagen zu meinen Beobachtungen machte. Kein Zweifel: Das waren international gesuchte deutsche RAF-Terroristinnen!

Zu den Sehenswürdigkeiten von Constantine gehört selbstverständlich die Djama el-Kebir, also die Große Moschee, die an der Stelle eines römischen Tempels errichtet worden sein soll. Sie liegt inmitten des Häusermeeres und war nicht auf Anhieb zu finden, denn die Straßen sind eng, so dass das Minarett nicht weithin sichtbar ist. Umgeben ist die Moschee von lückenlos bebauten Flächen und macht deshalb eher den Eindruck eines vergessenen Heiligtums. Auch auf dem kleinen Vorplatz waren wir fast die einzigen Menschen. Selbstverständlich waren hier auch keine Touristen zu sehen, wie sie sich überhaupt in diesem Land außerhalb der Badeorte an der Türkis-Küste sehr rar machen. Dass diese Moschee, immerhin religiöser Mittelpunkt von Constantine, fest verschlossen war und ebenfalls in nur mäßigem äußeren Zustand, hat mich nicht mehr überrascht. „Religion ist Opium fürs Volk“, meint man offensichtlich auch hier.

Wir durchliefen viele schmale Einkaufsstraßen und hielten Ausschau nach gutem möglichst preiswertem Schmuck, doch leider waren hier keine Käufe zu tätigen, auf die wir hätten etwas stolz sein können. Handel war unmöglich, die festen Preise waren sehr hoch, und die Verkäufer dachten nicht daran, uns wie gute devisenbringende Kunden zu behandeln. Nachdem wir die Sidi-el-Kettani und die Sidi Lakhdar passiert hatten, gelangten wir zum Kasbah-Viertel am nördlichen Ende von Constantine und von hier aus zur Sidi M'Cid-Brücke, die in einer schwindelerregenden Höhe von 175 Metern die Rumel-Schlucht überspannt.

Hier mussten wir zunächst eine Zwangspause einlegen, denn es entlud sich plötzlich ein derart heftiges Gewitter, so dass ich fürchtete, mir würde es die Trommelfelle zerreißen. Die Donnerschläge schienen sich in der tiefen Schlucht zu vervielfältigen, der Platzregen ließ im Nu Sturzbäche entstehen, die sich von allen Seiten her in die Schlucht ergossen, und die bis dahin schwüle Luft wurde plötzlich wieder erträglich.

Nach diesem heftigen Gewitter, das eine Viertelstunde angehalten hatte, setzten wir entlang der Schlucht bis zur El-Kantara-Brücke unseren Fußmarsch fort, welche die Schlucht in 125 Metern überspannt und nicht weniger eindrucksvoll als die M'Cid-Brücke ist. Weiter ging es an der Fußgängerbrücke vorbei bis zur Sidi Rached-Brücke, von wo aus wir einen schönen Blick auf das eigentliche Wahrzeichen Constantines hatten: auf die 247 Meter lange und 27-bogige Viaduktbrücke, die den Anfang der Rumel-Schlucht markiert und diese in 105 Metern Höhe überspannt. Nur gut, dass Constantine noch seine berühmten Brücken hat und in landschaftlich reizvoller Umgebung liegt – kein Tourist hätte sonst Veranlassung, dieser sonst nichts bietenden Stadt einen Besuch zu machen.

Gegen Abend verließen wir Constantine Richtung Annaba, dem früheren Bône, das an der Mittelmeerküste liegt und das – so hofften wir sehnlichst – nicht mehr so heiß sein würde. Wir campierten bei herrlichem Vollmond auf einem Stoppelfeld, doch begann mir jetzt Lothar Sorgen zu machen, denn er war angesichts tagelanger großer Hitze und nur unzureichendem Schlaf kaum mehr fähig, beim Zeltaufschlagen zu helfen und vernünftige Sätze zu sprechen.

Annaba

Wir hatten auf den 10. August zwar eine ruhige Nacht, doch sie war wieder feucht-heiß und voll peinigender Mücken. Es war nachts um zwei, als wir das letzte Mal im Schein unserer Taschenlampen diese gemeinen Plagegeister im Zelt jagten. Wem wundert es, dass wir gegen sechs schon wieder auf den Beinen und bald nach Annaba unterwegs waren.

Nach wieder unerträglich heißer Fahrt erreichten wir diese wichtigste Hafenstadt des algerischen Ostens nach 150 Kilometern, waren aber so erledigt, dass wir uns erst einmal in ein primitives Restaurant im Zentrum zurückziehen mussten, um hier bei reichlich Bier wieder zu uns zu kommen. Dieses Restaurant, wo stündlich ein paar hundert Flaschen Bier umgesetzt werden, war das einzige derartige Verschnaufplätzchen im Stadtzentrum, das uns zu noch annehmbaren Preisen das kühle Nass verkaufte. Wie mir nämlich bald gemerkt hatten, ist Annabas Bier – und nicht nur das – normalerweise sehr teuer.

Mit genügend Gerstensaft im Magen gingen wir zunächst ins Stadtzentrum – einer großzügig angelegten Parkstraße, die sich als Mittelpunkt einer Hafenstadt sehen lassen kann. Die von hohen eigenwillig aussehenden tannenähnlichen Bäumen, geschnittenen Sträuchern und vielen Blumen bestandene Parkstraße wird von Menschen bevölkert, die im Allgemeinen einen sauberen und relativ wohlhabenden Eindruck machen. Dabei fielen mir die jungen Leute besonders auf, denn sie tragen saubere mitteleuropäische Kleidung und benehmen sich anständig und zurückhaltend, was sie allerdings in ganz Algerien taten (im Gegensatz zu Marokko und Tunesien). Werden die hier noch „richtig“ erzogen?

Auch das Stadtbild als solches schien mir hier im Vergleich zu Constantine und selbst Algier gepflegter zu sein, obwohl es auch hier manchmal an Farbe fehlt. Ich hatte das Gefühl, als würde es sich bei den hiesigen Einwohnern um einen anderen, eher in Richtung europäischer Zivilisation neigenden Menschenschlag handeln, was wohl auf die hier ansässige Industrie und nicht zuletzt vielleicht auch auf die Nähe des wohlhabenderen Tunesien zurückgehen mag.

Die Stadt selbst weist keine Sehenswürdigkeiten im touristischen Sinne auf, doch gibt es am Stadtrand zwei besuchenswerte Stätten: die Basilika St. Augustin und das historische Hippone, Ziele, die wir ohne viel Suchen erreichen konnten, denn die doppeltürmige Basilika liegt auf einem alles überragenden Hügel und ihr zu Füßen befindet sich das römische Hippone.

Die Basilika St. Augustin in Annaba. Hier befindet sich der Sarkophag des Heiligen Augustin, der Berber war.

Als wir die Kirche vor uns hatten, durften wir uns nach längerer Zeit wieder einmal freuen, stellt sie doch ein um 1880 entstandenes Bauwerk von eindrucksvoller Größe dar. An dieser Kirche, die den Namen des hier ansässig gewesenen Bischofs und späteren Heiligen Augustinus trägt, sollte kein Besucher Annabas vorübergehen, denn sie ist ein weithin sichtbares Zeichen lang zurückreichender christlicher Tradition. Oben angelangt, bot sich uns ein schöner weiter Blick auf die Stadt, der uns klar machte, dass es sich bei Annaba nicht um eine Kleinstadt handelt, sondern um eine 200.000 Einwohner zählende Industrieansiedlung von Rang.

Dass die Basilika verschlossen war, bedauerte ich und suchte deshalb nach einem Weg doch noch ins Innere zu gelangen. Angesichts mangelnder Französischkenntnisse klingelte ich nur zögernd den anwesenden Pastor heraus, doch wie sich zeigte, konnten wir uns auf Englisch gut verständigen. Als er hörte, dass wir aus München kämen und unbedingt diese Kirche auch innen kennenlernen wollten, ließ er uns bereitwillig hinein und erklärte alles, was es drinnen zu erklären gab. Offensichtlich erfreut ob unseres Interesses knipste er sämtliche Lichter an und ließ so seine Kirche nur für uns erstrahlen.

Das Innere ist überwiegend in Grün gehalten, nur der Vorderteil hat blauen Hintergrund, ein sichtbares Zeichen für die zentrale Bedeutung dieses Teils: Hier ruhen in einem gläsernen Schrein die Gebeine des Heiligen Augustinus, der 34 Jahre lang Bischof dieser Stadt war (396 bis 430 n. Chr.). Ich durfte ungehindert meine Dias vom Schrein, der Kanzel und den bunten Kirchenfenstern machen und bedankte mich schließlich mit einer anständigen Spende. Der hiesige Pastor war übrigens Franzose.

Hippone, das von der Basilika aus überblickt werden kann, war unser nächstes Ziel – das letzte historische Ziel in Algerien. Auf diesen Besuch legte ich großen Wert, denn Hippone soll früher als Karthago (nördlich von Tunis) gegründet worden sein. In römischer Zeit wurde die Ansiedlung Hippo Regius genannt. Im 7. Jahrhundert wurde Hippone von den Arabern geplündert und sodann von den Bewohnern verlassen.

Hippone liegt am unmittelbaren Stadtrand von Annaba und ist demzufolge von Straßen und Wohnhäusern umgeben. Wir betraten das Ruinenfeld von einer breiten Straße aus und mussten feststellen, dass es hier strenger zuging, als beispielsweise in Djemila, Tipasa oder Cherchell. Der Ticketverkäufer wollte mir tatsächlich die Kamera abnehmen, denn fotografieren sei hier streng verboten. Ich versicherte ihm hoch und heilig, dass ich keinen Film mehr hätte und deshalb ganz bestimmt nicht knipsen könne. Dass ich dennoch meine Bilder von Hippone gemacht habe, möge mir verziehen werden. Hier nicht fotografieren zu dürfen, ist Nonsens.

Wir durchstreiften wieder einmal alte Römerstraßen, die hier aber gröberes Pflaster aufweisen als anderswo, und die zudem unterhöhlt sind, was an mehreren Stellen, wo die großen Steinplatten fehlen, zu sehen ist. Sonst das übliche Bild: schöne große Steinsäulen in geringer Zahl, Straßen, Wege, Plätze und eine Unmenge Ruinen, die kaum erkennen lassen, um welche Prachtbauten es sich einst gehandelt haben mag. Imponierend ist zudem das Ausmaß dieser Stadtanlage, die erahnen lässt, welche Macht vor 3.000 Jahren von hier einmal ausging.

Bevor wir uns zur Weiterfahrt Richtung tunesischer Grenze entschlossen, genehmigten wir uns noch einmal ein kühles Bier und statteten dem Hafen einen kurzen Besuch ab. Doch zu sehen war leider so gut wie nichts, denn durch das Hafentor gelangen nur Leute mit Ausweis, zu denen wir ja nicht zählten. Unweit des Hafens befindet sich der Bahnhof Annabas, der uns beiden sehr gefiel, denn äußerlich macht er den Eindruck einer gepflegten soeben erst geweißelten Moschee. Übrigens konnten wir hier erstmals auch ein paar Straßengeschäfte sehen, typisch orientalische Kleinstläden, die handgeknüpfte Teppiche, bunte Stoffe und sonstige Dinge für den täglichen Gebrauch anboten. Auch insofern spürten wir bereits die Nähe des Nachbarlandes Tunesien. Dass wir hier das erste Mal in Algerien auch ein paar Bettelfrauen mit Kleinkindern auf dem Arm antrafen, die ziemlich hartnäckig an uns hingen, musste bei uns natürlich negativ zu Buche schlagen.

Es war erst gegen 17 Uhr, als wir zur Weiterfahrt starteten. Weit außerhalb der Stadt fanden wir nach längerer Suche in einem bergigen Waldstück endlich unseren Platz für die letzte Nacht in Algerien. Da wir noch über eine Stunde Tageslicht vor uns hatten, opferten wir viel Trinkwasser, um uns nach langer Zeit wieder mal gründlich Schweiß und Staub vom Leib zu waschen – eine Wohltat für Körper und Seele!

Die Nacht auf den 11. August war wiederum sehr feucht, aber gottseidank ruhig und insgesamt erholsam, trotzdem ich gegen ein Uhr nachts plötzlich von unverkennbaren Geräuschen geweckt wurde: Wildschweine! Diese Biester umschnüffelten unser Zelt, aber deren Umrisse waren nur vage durch das vom Mond beschienene Zelt zu erkennen. Mir klopfte angesichts der angsteinflößenden Größe dieser hier häufigen Wildtiere das Herz beinahe hörbar, ich wagte mich nicht nach draußen, denn es bestand die Gefahr, dass sie sich erschrecken und angreifen würden. Erst als ich annahm, dass sie sich weit genug verzogen hatten, ging ich nach draußen, klopfte laut mit einem Stock auf die Kofferraumhaube unseres Autos und hörte dann, wie sie sich fluchtartig durch die Büsche schlugen. Lothar hatte von diesem Abenteuer nichts mitbekommen, er schlief den Schlaf eines Gerechten.

Nun lag Tunesien zum Greifen nahe, ein Land, das wir 1971 besucht hatten und das damals auf uns einen bleibend positiven Eindruck machte, so freuten wir uns auf Tunesien. Ob es die Erwartung war, der bevorstehende ungewisse Grenzübertritt oder die Erleichterung, nun endlich das ungeliebte Algerien hinter uns zu wissen – ich weiß es nicht, jedenfalls trieb mich etwas schon morgens fünf Uhr hoch. Um sieben starteten wir gen El Kala, dem letzten algerischen Ort vor der Grenze zu Tunesien beziehungsweise Tabarka, der ersten Stadt auf tunesischem Gebiet.

Kurz vor acht erreichten wir als zweites Fahrzeug den Grenzposten und hofften deshalb, noch im Laufe des Vormittags Tunis erreichen zu können. Doch da hatten wir uns gewaltig geirrt, denn es gab ja noch die ungemein langweiligen algerischen und tunesischen Grenzorgane, die jedes auch noch so unwichtige Papierchen genau prüften, eine Menge französisch und arabisch gedruckter Formulare ausfüllen ließen und unendlich lange Wartezeiten zwischen den einzelnen Amtstätigkeiten für selbstverständlich hielten. Leider stand an diesem Grenzübergang der tunesische Zoll dem algerischen nicht nach, und als mir endlich der Sichtvermerk mit Autonummer in den Pass gedrückt worden war, zeigte die Uhr bereits zwölf! Kaum zu glauben, dass man sich vier Stunden lang mit zwei Grenzübertritten – vor mir war ja nur ein Fahrzeug – beschäftigen kann. Womöglich war das aber schon mehr, als man an normalen Tagen zu bewältigen hat.

Kurz hinter der Grenze wurden wir noch zweimal von jungen tunesischen Grenzern angehalten und papiermäßig überprüft, konnten aber jeweils schon nach wenigen Minuten die Fahrt ins Landesinnere fortsetzen.

Tunis

Jetzt wurde der Unterschied zwischen dem sozialistischen Algerien und dem eher kapitalistischen Tunesien augenfällig, denn hier sahen wir nach langer Zeit wieder einmal blendend weiße Häuser, intakte Straßen mit weißen Begrenzungspfosten und guter Beschilderung. Es ist nicht übertrieben, wenn ich meine, dass man angesichts solcher und ähnlicher Unterschiede Algerien ohneweiteres als heruntergekommenes Land bezeichnen kann, jedenfalls den nördlichen Teil, den wir ja in voller Länge durchfahren hatten. So war dann auch die Weiterfahrt bis ins 180 Kilometer von der Grenze entfernte Tunis geradezu eine Erholung, zumal auch die Fahrweise der Tunesier etwas ausgeglichener schien, obwohl in dieser Hinsicht natürlich nicht mit mitteleuropäischen Verhältnissen verglichen werden darf, denn auch Tunesier sind Nordafrikaner!

In rascher Fahrt passierten wir den landschaftlich reizvoll gelegenen kleinen Küstenort Tabarka und anschließend querten wir die frisch-grüne Bergwelt der Khroumirie, in der sich Wildschweine besonders wohlfühlen. Auch den nächsten Ort Mateur passierten wir lediglich, denn das Ziel war Tunis, wo ich hoffte, möglichst noch heute in Erfahrung zu bringen, an welchem Tag uns ein Schiff nach Palermo auf Sizilien bringen würde. Die Fahrt war recht unangenehm, denn viele Baustellen behinderten den Straßenverkehr. Dennoch erreichten wir Tunis noch vor Geschäftsschluss.

Zunächst durfte ich für die Stadt als solche kein touristisches Auge haben, denn in erster Linie ging es mir um die Schiffsbuchung zum nächstmöglichen Termin rüber nach Palermo. Wie immer, steuerte ich auch hier eher gefühlsmäßig ins Stadtzentrum und parkte in der Nähe des Place de la République, denn in der Avenue de Carthage hatte ich ein Reisebüro entdeckt, das Vertrauen einflösste und als Generalagent für die Terrenia firmierte. Diese Gesellschaft, das wusste ich, hält im Wesentlichen den Schiffsverkehr zwischen den wichtigsten Häfen Italiens und Tunesiens aufrecht.

Ohne zu zögern betrat ich dieses Büro, um mich nach der nächsten Möglichkeit zu erkundigen zusammen mit dem Auto nach Palermo zu kommen. Da ich wusste, wie kritisch es in der Hochsaison normalerweise ist einen Autoplatz zu bekommen und ich sofort merkte, dass es Probleme geben würde, musste ich leider eine Notlüge auftischen und erzählen, dass wir soeben aus Marokko und Algerien gekommen seien und wegen Krankheit unsere Reise abbrechen müssten. Der sogar gut deutsch sprechende junge Tunesier hatte Erbarmen und versprach mir alles zu tun, um über eine verwandtschaftliche Beziehung (ein Cousin arbeitete angeblich bei der Terrenia) für Sonntag ein Ticket zu bekommen, eine frühere Möglichkeit gebe es bestimmt nicht. Da es ihm nicht möglich war, noch am heutigen

Mittwoch etwas Definitives zu erfahren, musste ich mit Freitag vorlieb nehmen, ein Tag, der hier erstaunlicherweise kein „heiliger Sonntag der Moslems“ beziehungsweise Ruhetag ist wie in anderen muslimischen Staaten. Ich zahlte verlangte 30 DA an und verließ einigermaßen erleichtert das Büro. Irgendwie war ich mir sicher, dass es dieser clevere Bursche schaffen würde, für uns „Erkrankte“ ein Ticket nach Palermo zu besorgen.

Mittlerweile war es spät geworden und Zeit für die Zeltplatzsuche. Wir fuhren wieder aus Tunis heraus und campierten zwischen Sträuchern in der Nähe eines kleinen Sees. Unsere Gäste waren lediglich quakende Frösche und stumme Igel, alles lustige Gesellen, die mithalfen, uns an diesem schönen Platz wohlzufühlen. Bevor wir uns langlegten, berieten wir noch über ein kleines Programm für Tunesien, das ja völlig unvorbereitet auf uns zugekommen war. Mangels Reiseführer orientierten wir uns auf der mitgeführten Michelin-Karte, auf der Tunesien gottseidank noch drauf war beziehungsweise aus der ohneweiteres auch historisch markante Punkte zu ersehen sind. Unser Plan war die Besichtigung Karthagos und von Tunis, ferner Nabeul und Hammamet, Orte also, die wir während des ersten Besuches 1971 leider nicht gesehen hatten. Außerdem hatte ich vor, den Städten Sousse und Kairouan nochmals einen Besuch abzustatten: Sousse, um zu sehen, was sich inzwischen verändert hatte, Kairouan, weil ich Lothar diesen heiligsten Ort Nordafrikas nicht vorenthalten wollte. Selbstverständlich wollten wir uns auch Tunis zu Gemüte führen, eine Großstadt, die ich beinahe als Weltstadt bezeichnen möchte, nachdem ich sie unter die Haut bekommen hatte. Dagegen ist Algier schlicht ein Hohlkopf

Nabeul

Die Nacht auf den 12. August war erholsam, obwohl ich einmal kurz wach wurde, weil Regen aufs Zelt prasselte, doch am nächsten Morgen war davon nichts mehr zu sehen; das Zelt war wieder trocken und die zu diesem Platz führenden Wege staubig wie am Tag vorher. Hatte ich vom Regen etwa nur geträumt? Ausgeruht und wieder gut gelaunt starteten wir zur 70 Kilometer langen Fahrt nach Nabeul, unserer ersten Besichtigungsstation in Tunesien.

Die Straße nach Nabeul führt durch eine landwirtschaftlich äußerst genutzte Gegend mit schattigen Orangenhainen und vielen Gartenanlagen. Auf Schritt und Tritt sieht man, dass zwischen Algerien und dem östlichen Nachbarn Tunesien eine ganze Welt liegt – sehr zum Vorteil des viel kleineren und eigentlich weniger reichen Tunesien. Algerien sollte weniger Öl- und Gasdollar ins Militär und in die Polizei stecken und stattdessen das Wohl der Bevölkerung im Auge haben!

Nabeul, eine kleine Stadt mit nur 16.000 Einwohnern, hat viel mehr zu bieten, als jede andere Stadt drüben in Algerien. Hier quellen die Geschäfte über, sind die Häuser blendend weiß gestrichen und die Straßen sauber. Die Menschen machen ausnahmslos einen aufgelockerten Eindruck, sind für nordafrikanische Verhältnisse überdurchschnittlich gut gekleidet und haben offensichtlich ein ungezwungenes normales Verhältnis zu fremden Besuchern. Das gelegentlich etwas zu aufdringliche Getue mancher Geschäftsleute ist harmlos. Es kennzeichnet lediglich eine uralte arabische Tradition besonderer Geschäftstüchtigkeit, die das politische System Algeriens schon längst „überwunden" beziehungsweise abgeschafft hat.

Bereits der erste Eindruck verrät, dass Nabeul ein Handwerkerort ist, voran die Töpferei. Am Ortseingang weist auf diese weithin bekannte Kunst eine zwei Meter hohe bauchige geschickt bemalte Riesenvase hin, durch die ein großer Laubbaum wächst. Aber auch Stickereien und schöne Korbflechtarbeiten sind hier zu haben. Schon zu Römerzeiten, als der Ort noch Neapolis hieß, wurden aus seinem Hafen Töpferwaren nach Karthago ausgeführt. Wenn auch aus dieser frühen Zeit Nabeuls heute nichts mehr zu sehen ist, leben doch in Formen und Dekors antike Vorbilder weiter. Sie existieren friedlich neben traditionellen arabischen Kunstgebilden, die von europäischen Besuchern liebend gern als Souvenire gekauft werden.

Mittelpunkt von Nabeul ist eine lebhafte Verkaufsstraße, in der alles feilgeboten wird, was Touristen mögen und was Einheimische täglich einkaufen. Das kaum zu überblickende Angebot reicht von zarten Duftsäftchen, die aus Orangenblüten gewonnen werden, über Leder- und Stoffwaren aller Art bis hin zu den allgegenwärtigen Töpfereierzeugnissen und Korbflechtarbeiten. Faszinierend war für uns auch ein Spaziergang durch die kühlen Arkaden dieser Straße, denn auch hier befindet sich ein gefülltes Geschäftchen am anderen. Fremdsprachenkenntnisse sind hier jedenfalls für Deutsche nicht erforderlich, denn fast jeder Kaufmann beherrscht ein frappierendes Verkaufsdeutsch, das gelegentlich auch als „Neckermann-Deutsch“ bezeichnet wird.

Nicht weit von der Hauptstraße entfernt liegt die Altstadt Nabeuls, ein kleines Fleckchen geruhsamen arabischen Lebens. Die Sträßchen sind sauber, das frische Weiß der einfachen Häuser blendet die Augen und die Menschen begegnen dem Besucher freundlich ohne geringste Anzeichen von Misstrauen, Vorurteil oder gar Feindseligkeit.

Selbstverständlich gehörte hier die Besichtigung der neuen Moschee zum Programm, eines stattlichen Bauwerkes, bei dem offenbar 10.000 tunesische Dinare mehr oder weniger keine Rolle gespielt haben. Im Gegensatz zu Marokko und Algerien kann in Tunesien auch von „Ungläubigen“ jede Moschee betreten werden, sofern der Besucher angemessene Kleidung trägt und sich seiner Schuhe entledigt. Da wir nicht wie die Seeräuber aussahen, durften wir ohneweiteres das ornamentierte marmorne Eingangstor passieren und das blendend weiße ungemein saubere Innere bewundern. Selten habe ich eine so schöne neue Moschee gesehen! Fußböden, Wände, Säulen und Decken – alles aus makellosem Marmor! In den Gebetsgängen, die sich um den weiten im Sonnenlicht gleißenden Innenhof herum befinden, hängen dekorative Metalllampen und sind seitlich zahlreiche mit Suren beschriftete Marmortafeln angebracht, deren Umrahmungen allein schon sehenswerte Meisterwerke der Metzkunst darstellen. Vom Innenhof aus bot sich ein freier Blick hoch zum schlanken reich verzierten Minarett, von dem aus in regelmäßigen Abständen der Muezzin die Gläubigen zum Gebet gen Mekka mahnt.

Hammamet

Noch kleiner ist der an einer reizvollen weißsandigen Küste gelegene Ort Hammamet, der lediglich 12.000 Einwohner zählt, der es aber umso mehr in sich hat. Die zwanzig Kilometer auf guter Straße von Nabeul in südliche Richtung bis Hammamet hatten wir schnell zurückgelegt und das immer noch anstandslos funktionierende Auto unter schattigen Laubbäumen vor der Kasbah geparkt. Während uns die weit außerhalb liegende große Ferienstadt nicht interessierte, waren wir umso gespannter auf das, was uns hinter den mächtigen Mauern dieser im 12. und 13. Jahrhundert entstandenen Altstadt erwarten würde.

Hammamet ist nicht Tunesien, aber Tunesien wäre kaum etwas ohne Hammamet – sagen Touristikfachleute, die in diesem Punkt meiner Meinung nach richtig liegen, denn diese Altstadt gehört mit zu den reizvollsten und saubersten, die ich je im Orient gesehen habe. Lediglich das interessante malerische Chechaouen in Marokko kann mit Hammamet konkurieren.

Bevor wir in die Altstadt gingen, besuchten wir den unmittelbar daneben gelegenen herrlichen Sandstrand, wo sich allerdings noch keine Touristen tummeln; die toben sich weiter weg aus und bequemen sich angesichts der Entfernung nur selten oder während eines Urlaubs vielleicht nur einmal bis nach Hammamet hinein. Ich kann nur sagen gottseidank, denn ergössen sich die in komfortablen Strandhotels untergebrachten Touristenmassen über dieses kleine Städtchen, würde es wohl ersticken. An diesem Strand waren nur Fischer zugegen und damit beschäftigt, ihre Netze und Boote für den nächsten Auslauf klarzumachen.

Wir betraten durch ein mehrere Meter tiefes Tor die historische Kasbah, welches erkennen lässt, wie mächtig die Umgebungsmauern sind und wie viele Feinde sich hier schon blutige Köpfe geholt haben mögen. Sogleich wurden wir von einer kleinen reizvollen Altstadt umfangen, die in ihrer Art einmalig ist. Während die bisher gesehenen Kasbahs bis auf jene im marokkanischen Chechaouen schmutzig, stickig und ausgesprochen lebhaft sind, strahlt diese hier Sauberkeit und Ruhe aus. Die Menschen haben ihre Kasbah zu einem wahren Edelstein gemacht, den sie hegen und pflegen! Hier entdeckten wir kaum mal ein Haus, das nach Farbe oder neuem Verputz geschrieen hätte. Die engen Gässchen sind sauber, Abfälle, herumstreunende Haustiere oder lästige Kinder waren nicht zu sehen, und die Menschen verhalten sich den wenigen Besuchern gegenüber absolut neutral. Hier und da biete ein kleiner Laden seine bunten Teppich-, Stoff- und Lederwaren an, Töpfer- und Korbwaren sind zu meist festen Preisen erhältlich. Durch diese Kasbah zu schlendern, hatte uns viel Vergnügen bereitet.

Auch der Blick von oben war ein Augenschmaus. Wir konnten den weiten Golf mit seinem prächtigen Sandstrand überschauen, für den die Tunesier täglich ihrem Allah danken, denn jährlich fließen hier zig Millionen begehrter Devisen aus den Taschen sonnenhungriger Touristen. Im Vordergrund dicht gedrängte blendend weiße Wohnhäuser der Einheimischen, deren winzige Fenster nur soviel Licht in die Räume lassen, wie unbedingt notwendig ist. Dazwischen schlanke dunkelgrüne Pinien, die sich malerisch von den gleißenden Häusern abheben, sowie bunte Blumengärten als romantische I-Tüpfelchen und dahinter das tintenblaue Wasser des Mittelmeeres – kurz ein Bild, das man sich tunesischer und schöner eigentlich nicht mehr vorstellen kann. Kein Wunder, dass Hammamet von französischen Künstlern schon um die Jahrhundertwende als Ort der erhabenen Schönheit, bunten Vielfalt und des faszinierenden Orientlebens entdeckt und geliebt wurde.

Blick auf die Große Moschee inmitten der „weißen Altstadt“ von Hammamet an der Khalij-Bucht.

Sousse

Bevor wir uns für die Weiterfahrt nach Sousse entschließen konnten, kehrten wir außerhalb der Kasbah noch in ein nettes Restaurant ein, ließen uns dort ein kühles Bierchen schmecken und meinten, dass man hier in Hammamet einmal ausgiebig Urlaub machen sollte. Diese Idee werde ich in irgendeinem der kommenden Herbste hoffentlich auch verwirklichen können.

Die Fahrt hinunter ins 80 Kilometer entfernte Sousse verlief ebenfalls glatt, so dass wir schon nach einer Stunde dort waren. Natürlich hatten wir hier kein touristisches Interesse mehr, denn Sousse ist bekanntlich jene Stadt, die wir uns bereits 1971 genau angesehen hatten. Uns ging es heute hauptsächlich darum, nach Jahren noch einmal dort gewesen zu sein. Ob sich in langen Jahren wohl Veränderungen ergeben haben? Wir fuhren direkt bis zum Hotel Justinia, das damals zwei Wochen lang Herberge für uns gewesen war und entschlossen uns, hier erst einmal einzukehren.

Zumindest hier hatte sich absolut nichts verändert, nur die Gesichter der dienstbaren Geister waren mittlerweile ausgewechselt worden. Lothar, der damals erst 9 Jahre alt war, fand sich sofort wieder zurecht, obwohl er mir auf der Fahrt nach Sousse erzählt hatte, sich eigentlich an nichts mehr erinnern zu können. Aber jetzt, als er vor dem Eingang stand und die arabischen Schriftzeichen „Justinia“ wieder sah, als er in der Empfangshalle war, im Souvenirladen nach Karten und kleinen Geschenken für zu Hause suchte, die breite Treppe zum Hochparterre hinter sich hatte, sich im Speisesaal befand und auf den Badestrand hinunter sah – da fiel es ihm wie Schuppen von den Augen, jetzt konnte er sich auf einmal an jedes Detail erinnern. Ich sah es ihm an, wie er sich freute, noch einmal jene Stätte wiederzusehen, an der er als Neunjähriger seine lustigen unbeschwerten Ferien verbringen durfte.

Natürlich genehmigten wir uns hier ein kühles Bier, besahen uns abermals die Neckermänner, Quelles und ADAC-Reisenden und waren doch irgendwie froh, diesmal nicht zu dieser Spezies zu zählen. Wir spazierten durch die Habib-Bourguiba-Avenue und stellten fest, dass sich das Treiben nicht nur hier in fünf Jahren vermutlich verdoppelt hat; denn ganz Sousse ist reger, quirliger und augenfällig wohlhabender geworden. Der Tourismus, der auch heute noch eine hervorragende Deviseneinnahmequelle für das Land ist, hat auch dieser Stadt in den letzten fünf Jahren einen gewaltigen Schub nach vorn gegeben. Wehe diesem Land, wenn die Touristikströme aus dem kalten Norden eines Tages versiegen würden!

Der heutige Tag war erfreulich, angesichts einer stets wehenden Brise nicht zu heiß und auch ergiebig, denn immerhin besuchten wir Nabeul, Hammamet und Sousse, mehr als wir für diesen einen Tag eigentlich vorhatten. Weit außerhalb von Sousse fanden wir bereits nach kurzer Suche einen guten Zeltplatz und freuten uns auf morgen, da stand das heilige Kairouan auf dem Programm.

Kairouan

Die Nacht auf den 13. August war wiederum erholsam, so dass wir im Vollbesitz unserer Kräfte schon gegen acht nach Kairouan starten konnten. Abermals schnelle problemlose Fahrt, die bereits eine Stunde später zu Ende war – Kairouan war erreicht. Ich parkte in der Nähe der Großen Moschee, die ich unbedingt noch einmal sehen wollte und in der Lothar gewesen sein muss, wenn er sich schon mal in dieser heiligen Stadt des Islam befindet.

Diesmal gab es für mich ein Wiedersehen mit dieser Stadt, ein Wiedersehen, auf das ich mich wirklich gefreut hatte, denn schon 1971 war ich von der Freundlichkeit dieser sehr orientalischen Stadt aufs Höchste beeindruckt. Mein erstes Empfinden war, dass sich auch hier das Leben vermutlich verdoppelt hat, überall mehr Menschen, Autos, Geschäfte und neue Häuser. Von der seinerzeit weitgehend ruhigen, beinahe verträumten Stadt war nicht mehr viel zu sehen – Geschäftigkeit scheint jetzt Trumpf zu sein. Ich fürchte deshalb, dass dieser heilige Ort, in welchem seit eh und je das Gebet zu Allah und der Pilger – nicht der Tourist und der Geschäftsmann – Vorrang hatten, über kurz oder lang zumindest in den Saisonmonaten nur noch Business-Stadt sein wird.

In einem maurisch aufgemachten neuen Touristikbüro hatten wir uns die Besuchertickets für die Große Moschee des Sidi Okba erstanden und dankend auf einen Führer verzichtet. Da den Wächtern die etwas zu luftige

Kleidung Lothars nicht gefiel (er trug kurze Hosen und hatte nackte Arme), bekam er einen langen weißen Kaftan übergehängt und wurde somit kurzerhand in einen Araberjungen verwandelt.

Nun stand ich zum zweiten Mal im Hof dieser eindrucksvollen alten Moschee und durfte abermals den Wald der 420 antiken griechischen und römischen Säulen bestaunen, die herrlichen Bögen sehen und vom Hof aus das formschöne gedrungene Minarett fotografieren. Lothar fühlte sich wohl, rannte in seinem wedelnden Kaftan von Ecke zu Ecke und sagte mir spontan, dass er es schön fände hier zu sein. Auch die Araber hier gefielen ihm, denn sie scherzten gern und lachten herzhaft über diesen etwas eigenartig aussehenden jugendlichen Pilger aus dem fernen Deutschland.

Wie bekannt, gibt es in Kairouan noch weitere wichtige Dinge zu sehen, zum Beispiel die Barbier-Moschee und den heiligen Brunnen, doch dies wollte ich meinem Reisebegleiter jetzt nicht mehr antun, zumal die Sonne schon wieder erbarmungslos herunterbrannte und dazu mahnte, uns nicht zu viel zuzumuten. Da Lothar nun das mit Abstand Wichtigste von Kairouan – die Sidi Okba-Moschee – gesehen und erlebt hatte, konnten wir am späten Nachmittag guten Gewissens unsere Fahrt ins Landesinnere fortsetzen.

Thuburbo Majus

Heiß, sehr heiß wurde es jetzt, so dass wir kaum noch Mut hatten, die Besichtigungsfahrt fortzusetzen, aber zurück bis Tunis mussten wir ja nun schließlich wieder – auch bei 50 Grad im Schatten. An der Strecke zwischen Kairouan und Tunis liegt die alte Römerstadt Thuburbo Majus sowie ein imposantes römisches Wasserviadukt, beides Punkte, die wir noch „mitnehmen" wollten, wenn es auch schwerfiel.

Bei Thuburbo Majus handelt es sich um eine der eindrucksvollsten lateinafrikanischen Städte, vor allem wegen ihrer flächenmäßigen Ausdehnung, die sich mit anderen berühmten historischen Stätten dieser Art durchaus vergleichen kann. Auch diese Stadt stammt aus römisch-heidnischer Zeit und unterscheidet sich deshalb prinzipiell nicht von anderen römischen Städten vorchristlichen Datums. Leider mussten wir auch hier unser Auto ungeschützt in der sengenden Sonne stehen lassen und hoffen, dass es während unserer Abwesenheit nicht in Flammen aufgehen würde.

In der Nähe von Port-du-Fahs etwa 60 Kilometer vor Tunis weist ein Schild zur Römerstadt, zu der wir noch ein paar Minuten zu Fuß gehen mussten. Sogleich überrascht waren wir von der Größe Thuburbo Majus', denn so weit das Auge reichte – Ruinen über Ruinen! Wenn auch erhaltene Wohn-, Verwaltungs- und Tempelgebäude nicht mehr vorhanden sind, gibt es dennoch eine Vielzahl stehender Säulen mit prächtigen Säulenköpfen zu sehen, ferner unzählige Mauern mit relativ intakten Fenster- und Türöffnungen sowie gepflasterte Straßen und mit schönen Inschriften versehene Querbalken aus Stein. Sehr eindrucksvoll sind hier insbesondere auch gut erhaltene Mosaikfußböden, die sich durch mehrere Räume ziehen. Mittelpunkt dieser ehemaligen römischen Stadt ist ein Tempel, zu dem eine breite Treppe führt und dessen Plateau von Säulen umgeben ist. Unweit davon – vielleicht noch zu diesem Tempel gehörend – tragen nicht weniger als ein Dutzend bestens erhaltener Säulen noch die mächtigen steinernen Querbalken einer einst riesenhaften Halle.

Auch hier hielten wir uns so lange auf, bis wir einen guten Überblick über das Ganze hatten, obwohl die Sonne wieder erbarmungslos auf uns niederbrannte, doch – das wussten wir – im Auto würde es noch heißer sein. Und in der Tat waren das Blech, das Lenkrad und das Fensterglas so heiß, dass wir das Auto nur mit Taschentüchern anfassen konnten. Ich lenkte schließlich kilometerweit das Fahrzeug tatsächlich nur mit meinen Fingerspitzen!

Aqueduc Romain

Auf der Fahrt von Port-du-Fahs weiter in Richtung Tunis kann man ein riesiges römisches Wasserviadukt nicht übersehen, denn es befindet sich direkt an der Straße. Es gehört zu den vielen historischen Bauwerken in Tunesien und anderen Ländern Nordafrikas, die nicht – oder noch nicht – für den Tourismus erschlossen sind, weshalb es auch hier weder eines Tickets noch eines Führers bedurfte. Hier wäre ich nun ausnahmsweise mal für bestimmte Vorsichtsmaßnahmen gewesen, denn bei etwas genauerem

Hinschauen war zu erkennen, wie baufällig die Konstruktion ist und wie häufig sich in letzter Zeit größere Brocken gelöst hatten und in die Tiefe gestürzt sind. Ich gehöre sicher nicht zu den Ängstlichen dieser Welt, doch riskierte ich's hier nicht, mich unter die Bögen zu stellen.

Das Ausmaß dieses Viadukts ist auf jedem Fall höchst bemerkenswert, denn es ist schätzungsweise bis zu 150 Meter lang und über 25 Meter hoch. Die meisten der technisch einwandfrei konstruierten Bögen waren noch so wie vor 2.000 Jahren, doch einige waren durchgebrochen, so dass ein paar der überhohen Pfeiler ohne Verbindung zum Nachbarpfeiler dastanden. Insgesamt ein durchaus sehenswertes Beispiel altrömischer Viaduktbaukunst, an dem man nicht achtlos vorbeifahren sollte.

Tunis

Die letzte größere Strecke auf unserer Nordafrikafahrt – die zurück nach Tunis – hatten wir schnell hinter uns, so dass ich glaubte noch zu früh im Reisebüro zu sein. Der Leser erinnert sich, dass ich am heutigen Freitag noch einmal vorbeikommen sollte um zu hören, ob sich hinsichtlich der Schiffsbuchung etwas getan hat.

Mir fiel sogleich auf, dass der Straßenverkehr in Tunis heute nur ein Bruchteil des Üblichen war, also doch Sonntag beziehungsweise Ruhetag! Als wir vor dem Büro standen und sahen, dass die Schaufenster und Türen verhangen waren glaubten wir, von dem jungen Mann da drinnen ins Boxhorn gejagt worden zu sein. Dass ich stocksauer war, lag auf der Hand, denn womöglich dachte der junge Herr schon längst nicht mehr an seine „kranken Kunden" und hat die Anzahlung als willkommene Aufbesserung seines Taschengeldes vielleicht schon verbraucht.

„Also morgen früh", dachten wir und fuhren zu unserem alten Zeltplatz zurück, wo wir genau an der selben Stelle unser Dach aufschlugen, wie wir es hier vor zwei Tagen schon einmal getan hatten. Müde, aber glücklich gut wieder in Tunis gelandet zu sein, gaben wir heute mal sehr früh unseren Geist auf.

Abermals war es uns vergönnt, wieder eine ruhige und nicht zu heiße Nacht gehabt zu haben, so dass wir am heutigen 14. August noch etwas unternehmen wollten: Karthago stand auf dem Programm. Doch zuvor galt es, etwas noch Wichtigeres zu erledigen, nämlich die Schiffsbuchung festzumachen. Ich betrat heute Morgen das Reisebüro mit gemischten Gefühlen, doch der junge Mann dachte nicht daran auf mies zu machen. Er kam gleich auf mich zu, schüttelte mir überschwänglich heftig die Hand und berichtete voller Stolz, dass er für uns die Buchung für morgen, Sonntag dem 15. August, erledigt habe. Mir fiel hörbar etwas vom Herzen, denn wer weiß, wie lange es unter Umständen gedauert hätte, wenn nicht für morgen noch ein Wagenplatz frei gewesen wäre. Darauf, dass ich ja schon für gestern hierher bestellt war und vor verschlossener Tür gestanden hatte, ging ich jetzt natürlich nicht mehr ein.

Selbstverständlich muss man in einem Urlaubsland seine Überfahrten mit Devisen bezahlen oder zumindest in Landeswährung offiziell umgetauscht haben. Hier war man wegen des für Tunesien günstigeren Kurses auf Landeswährung erpicht, weshalb ich zusammen mit einer Büroangestellten zur Bourguiba-Avenue in ein großes internationales Hotel ging, um hier den offiziellen Umtausch vorzunehmen (die Banken hatten am heutigen Samstag geschlossen). Insgesamt waren drei Stunden vergangen, bis ich endlich die verlangten 51,50 DA nebst angemessenem Trinkgeld bezahlt hatte und glücklicher Besitzer des Schiffstickets Nr. 237558 der Terrenia war, die mit uns morgen Abend in See stechen sollte.

Tunis als Stadt ist sehenswert, weshalb wir uns in der Mittagszeit aufmachten, wenigstens das Zentrum zu besichtigen, denn Karthago wollten wir auf jeden Fall auch noch sehen. Also gingen wir bei heute erträglicheren Temperaturen zurück zur Bourguiba-Avenue, der mit Abstand wichtigsten, beliebtesten und modernsten Straße von Tunis. Aber nicht nur hier, umgeben von modernsten Hochhäusern, gepflegten Parkstreifen, teuren Geschäften und Cafés spürt man, dass Tunis mit Recht als Hauptstadt bezeichnet wird; denn das ganze Land mit seiner Politik, Infrastruktur und seinem Wirtschaftsleben ist auf diese 750.000 Einwohner zählende Metropole ausgerichtet. Algier, die 2-Millionen-Hauptstadt des westlichen Nachbarn, verblasst dagegen, ist ein riesiges schmutziges Dorf und wird den hohen Standard von Tunis unter sozialistischem Regime vermutlich nie erreichen. Es ist schon sehr aufschlussreich, wenn man auf einer Reise so direkt vergleichen kann!

Die Kathedrale an der Bourguiba Avenue im Zentrum von Tunis, der Hauptstadt des Landes.

Tunis, das antike Tunes, ist eine der ältesten Siedlungen an der afrikanischen Mittelmeerküste überhaupt, wurde allerdings erst nach dem Eindringen der Araber zur bedeutenden Stadt. Als die Araber Tunesien und Sizilien beherrschten, verlegten sie im 9. Jahrhundert n. Chr. ihre Residenz von der Binnenstadt Kairouan in die Hafenstadt Tunis, die sich schon damals zu einer Großstadt entwickelte, sogar Kairo überflügelte und hinsichtlich ihres Reichtums mit der Kalifenstadt Bagdad in einem Atemzug genannt wurde.

Wir nahmen uns gern die Zeit das Zentrum beziehungsweise die schon genannte Habib-Bourguiba-Avenue anzusehen, die wir in ihrer ganzen Länge – etwa 1,5 Kilometer – abgingen, um diese tunesische Spielart des Pariser Champs-Elysées näher kennenzulernen. An dieser Avenue, deren breites, mit vier Reihen Platanen und Palmen bepflanztes Inneres dem Fußgänger gehört, liegen das im Jugendstil errichtete Theater, die Kathedrale im verspielten französischen Kolonialstil des vorigen Jahrhunderts, das große Kunstgewerbehaus und allgemeine Treffpunkte, wie das Café de Paris. Zwar kann man hier die Vielfalt jener Typen studieren, die Tunesiens Bevölkerung hervorgebracht hat – arabische, berberische, europäische, afrikanische, helle und dunkelhäutige Gesichter –, aber dennoch ist unübersehbar, wie modern sich Tunesien heute gibt. Keine der Städterinnen trägt mehr den schwarzen Gesichtsvorhang, den Haik, selbst der nonnenhafte Umhang – der Safsari – ist nur noch selten zu sehen. Natürlich sind auch die Männer weitgehend europäisch gekleidet, doch sieht man ältere eher noch in der typischen weißen Landeskleidung.

Eine Bemerkung zum Straßenverkehr in Tunis: Als Fußgänger lebt man hier gefährlich, denn Gebots- und Verbotsschilder werden selten oder überhaupt nicht beachtet, der Schnellere und Stärkere hat immer Recht! Dies scheint Mentalität der Tunesier zu sein, da heißt es höllisch aufzupassen. Dass man sich hier als mitteleuropäischer Autofahrer oft grün und schwarz ärgert, liegt auf der Hand. Selbst an Ampelkreuzungen wird den Fußgängern von abbiegenden Autos radikal der Weg abgeschnitten. Als Verkehrsteilnehmer in Tunis spürt man allenthalben, dass man sich im Orient befindet, ansonsten erinnert im modernen Tunis kaum mehr etwas ans Morgenland.

Nach einem Besuch in der angenehm kühlen ausgezeichnet unterhaltenen Kathedrale, die sich am westlichen Ende der prachtvollen Habib-Bourguiba-Avenue befindet, entschlossen wir uns für die Besichtigung Karthagos.

Karthago

Jahrelang hatte ich mich mit meinem 1971 begangenen Fehler belastet, damals Karthago nicht besucht zu haben, obwohl es schon seinerzeit möglich war, per Hotelbus eine Fahrt nach Tunis und Karthago zu unternehmen. So musste es diesmal sein, obwohl uns der Sinn nach so vielen Besichtigungen und harten Hitzetagen jetzt eher nach Ruhe und Kühle stand. Die Straße nach Karthago zu finden, war kein Problem, weil es hierfür genügend Hinweisschilder gibt, die ein Verfahren praktisch unmöglich machen. Die Fahrt ging über La Goulette direkt bis Karthago.

Als wir uns – diesmal mit Ticket – zur Besichtigung anschickten, waren wir zunächst etwas enttäuscht, hatten wir uns doch ein viel größeres Ruinenfeld vorgestellt. Wie ich aber später erfuhr, ist dies auch tatsächlich sehr groß, aber heute nicht mehr zur Gänze zugänglich, weil mittlerweile viele Häuser und Straßen gebaut wurden, die zur Einengung der Freiheit von Besuchern zwangen. Also begnügten wir uns mit den übrig gebliebenen beziehungsweise noch zu besichtigenden Resten einer einst überstarken Macht.

Karthago war einst das Zentrum einer sogenannten Weltmacht, bevor es 146 BC von den Römern zerstört wurde.

Karthago war einmal Mittelpunkt einer Weltmacht, die sogar dem römischen Imperium gefährlich geworden war. Von den Ruinen abgesehen präsentiert sich heute Karthago dem Besucher als ein freundlicher heller Ort mit weißen Villen, herrlichen Gärten voll dekorativer Palmen, Zypressen und Zitrusbäumen. Als Jahr der Gründung Karthagos durch die aus dem libanesischen Tyros zugewanderten Phönizier gilt das Jahr 841 v. Chr. Aus dem Namen Kart-Hadascht (Neue Stadt) wurde Karthago, das die Römer Punis nannten. Obwohl Karthago in der Mitte einer befestigten Halbinsel lag, die gegen das Festland durch drei mächtige Wälle abgeschlossen war, wurde es 146 v. Chr. von den Römern erobert und dem Erdboden gleichgemacht. In den ersten nachchristlichen Jahrhunderten als Mittelpunkt der römischen Provinz Africa nach Rom die zweite Stadt des römischen Imperiums, wurde 697 schließlich auch das römische Karthago beziehungsweise Punis durch muselmanisch-arabische Eroberer abermals zerstört. Die Steine Karthagos lieferten Baumaterial für die neue aufstrebende Stadt Tunis und viele römische Säulen wanderten in die Moscheen, wo man sie noch heute sehen kann, beispielsweise in der Sidi Okba-Moschee zu Kairouan.

Auch hier wieder das im Prinzip gleiche Bild antiker Städte Nordafrikas, nur dass der Boden hier besonders historisch ist: Auf einem Hügel eine Vielzahl fast vollständig verfallener beziehungsweise zerstörter Bauten: Wohnhäuser, Verwaltungsgebäude, Plätze, Säulen und selten ein handwerklicher Hinweis in Form von Schriften und Bildnissen auf die Vergangenheit; denn die meisten der hier gefundenen Kunstwerke liegen längst in Museen.

Auffallend schön ist die Hügellage, die einen phantastischen Blick auf den weiten Golf von Tunis gestattet bis zur gegenüberliegenden Halbinsel Bou, der touristischen Zukunft des Landes. Imposant ist natürlich auch die Größe des am Fuße des Hügels von Karthago liegenden Amphitheaters, das zwar zugänglich ist, aber leider nicht des Fotografierens wert, weil es heute Bühnenkulisse ist und mit allerlei störenden technischen Einrichtungen verschandelt wurde.

Wir waren heute wieder früh auf „unserem“ Zeltplatz und freuten uns nun, es bis hierher geschafft zu haben. Wir nahmen uns fürs Abendessen viel Zeit, aßen und tranken alles, was unser Herz und Magen begehrte, denn morgen würde es ja ab nach Italien gehen, in ein EU-Land also, durch das man nicht unbedingt mit Lebensmittelvorräten und gefülltem Wasserkanister fahren muss. Bis heute hatten wir übrigens stolze 5.540 Kilometer zurückgelegt, ohne Mucken des Käfers, ohne jede Schramme, was unter nordafrikanischen Verhältnissen fast einem Wunder entspricht.

Rückreise

Leider war die Nacht auf Sonntag, dem 15. August, wieder sehr schwül, so dass sie als nicht erholsam gelten musste. Dennoch waren wir gut gelaunt, denn heute Abend würden wir ja das brütende Nordafrika hinter uns lassen! Meine Sorge war nur die eine: Hoffentlich klappt das auch, denn man hatte ja schon einmal den Freitag mit einem anderen Tag verwechselt.

Ein Programm für heute hatten wir nicht mehr, so galt es, die Stunden bis zur Einschiffung totzuschlagen. Wir fuhren nach dem Frühstück mit der Absicht an den Strand baden zu gehen, aber die verdammte Hitze war heute derart unerträglich, dass wir nicht einmal Lust fanden uns umzuziehen. So hockten wir uns in einen Mauerschatten, dösten vor uns hin und gingen später in eine primitive Bierbude, um unsere letzten Dinare unters Volk zu bringen.

Gegen 16 Uhr fuhren wir zum Hafen, obwohl das Schiff erst gegen 22 Uhr abgehen sollte, aber erfahrungsgemäß ist es in solchen Ländern immer sicher, wenn man sich Stunden vorher danach erkundigt, ob wirklich alles in Ordnung ist. Es war gottseidank alles okay, so dass wir uns als Zehnte in die Wagenschlange vor dem Schiff einreihen konnten. Überraschenderweise dauerte es keine Stunde mehr, als mit der Abfertigung begonnen wurde, und gegen 19 Uhr waren wir bereits eingeschifft. Wir suchten einen Steward, fanden ihn auch, doch der war nicht in der Lage uns die gebuchte Kabine zu zeigen. Mein Optimismus war also zu weit gegangen, denn der Steward erklärte uns, dass wir gar keine Kabine gebucht hätten. Mir machte der nur achselzuckende uniformierte Italiener unmissverständlich klar, dass dieses Ticket nur zu einem Stehplatz berechtige – stehen bis Palermo!

In solchen Situationen die Nerven zu verlieren, ist natürlich das Ungeeignetste, was einem da einfallen kann, ein solches Schicksal muss man einfach in Kauf nehmen, auch wenn's wurmt. Obwohl ich natürlich Kabine verlangt und wohl auch bezahlt hatte, saßen wir nun auf dem blanken Stahlboden und hatten weiter nichts, als zwei ergatterte Decken unterm Hintern. Mir graute vor dieser Nacht. Ich ließ Lothar in der Nähe von Karten spielenden Arabern zurück, damit uns wenigstens dieser lächerliche Quadratmeter sicher war, und ging auf Suche, um vielleicht doch noch eine einigermaßen akzeptable Schlafstelle zu finden. Welch ein Glück! In der 1. Klasse, wo wir eigentlich nichts zu suchen hatten, waren zu dieser frühen Stunde noch nicht alle gepolsterten Bankplätze belegt. Ich bat ein deutsches Ehepaar für ein paar Minuten zwei Plätze freizuhalten und holte Lothar, der sichtlich erleichtert war, wenigstens nachtsüber weich sitzen zu können.

Die Nacht auf den 16. August war dennoch schrecklich. Wir hatten zwar langgestreckt etwas schlafen können, aber wir waren durchfroren und außerdem dröhnten uns vom stundenlangen gleichmäßigen Motorengeräusch die Köpfe. Es war gegen sechs, als mehr oder weniger alles wach wurde und versuchte, schnellstmöglich einen heißen Kaffee oder Tee zu bekommen, aber zwecklos, die Kantine war geschlossen und hatte zwei Stunden später immer noch nicht auf. Draußen zog schon eine Stunde lang die sizilianische Küste an uns vorbei, der Himmel war behangen und ein mäßiger Wind sorgte für Wellengang, den man stark spürte. Während Lothar weiterhin vergeblich versuchte, auf dem Schiff etwas Ess- und Trinkbares zu bekommen und von Minute zu Minute unausstehlicher wurde, kämpfte ich in einem anderen Stockwerk um die Rückgabe unserer Reisepässe, die wir am Abend zuvor hatten abgeben müssen. An der Passtheke herrschte das absolute Chaos, man schrie sich an und zerrte am Nachbarn herum als gelte es, den Pass vor dem sicheren Abhandenkommen zu retten. Nach über einer Stunde nervenaufreibenden Wartens war ich dann endlich im Besitz unserer abgestempelten Reisedokumente.

Ankunft im Hafen zu Palermo gegen neun Uhr früh. Nun begann abermals ein langes Warten, denn mit der Ausschiffung wurde nicht sofort nach dem Festmachen begonnen, warum, blieb mir verborgen. Mit einem gut deutsch sprechenden Ehepaar aus Jugoslawien unterhielten wir uns noch lange über Reiseabenteuer dieser und ähnlicher Art und schlugen damit eine Stunde nutzlosen Wartens tot. Endlich war es soweit, das Heck des Schiffes wurde aufgeklappt und in rascher Folge verließ nun ein Pkw nach dem anderen den Schiffsbauch.

Ich hatte jetzt nur noch einen Gedanken: So schnell wie möglich weiterzukommen, denn mir begannen vor Müdigkeit die Glieder zu schmerzen, und außerdem war ich angesichts ewigen Wartens und wegen des hungrigen Magens ziemlich sauer. Bevor wir uns auf die Autobahn in Richtung Messina begaben, nahmen wir erst einmal ein kräftiges Büchsenessen und ein paar Becher starken Kaffees zu uns, denn mittlerweile war es Mittag geworden.

Meine Hoffnung, dass wir nun bis München auf Autobahnen würden bleiben können, zerschlug sich leider schon nach einer Viertelstunde, denn bald wiesen Schilder darauf hin, dass die Autobahn zu Ende sei und bis

Messina die Küstenstraße benutzt werden müsse. Das war natürlich alles andere als ein Vergnügen, denn diese Straße war nicht nur in schlechtem Zustand, sondern auch noch äußerst kurvenreich und daher gefährlich. Angesichts meiner Müdigkeit musste ich mich schon sehr zusammenreißen! Lothar neben mir hatte längst seinen Geist aufgegeben.

Gegen fünf hatten wir nach mühsamer Fahrt endlich Messina erreicht und gottseidank mühelos das Ticketbüro für die Überfahrt nach Reggio di Calabria gefunden, wo wir 3.900 Lire für unser Auto und 100 Lire pro Person berappen mussten, das waren für 12 Kilometer Überfahrt immerhin stolze 100 Mark! Halb sieben legte das riesige Fährschiff ab und hinterließ im Westen eine besonders schöne Bergkulisse, die beinahe so unnatürlich aussah, wie ein Bühnenbild. Bei der Vorstellung, hier könnte sich das verheerende Erdbeben von 1908 wiederholen, bei dem damals 80.000 Menschen den Tod fanden, lief es mir kalt über den Rücken. Hier sieht auch der Laie, dass sich die Erdkruste um Messina herum in dicht neben- und hintereinander liegenden Bergketten zusammengeknüllt hat und dass diese Faltung noch nicht zu Ende ist.

Während dieser Überfahrt hätte Lothar beinahe die Fassung verloren, denn er hatte sich in den Kopf gesetzt, belegte Brote zu kaufen, doch die italienischen Bedienungskräfte hinter der umlagerten Theke verstanden ihn nicht. Ich hatte jetzt also Probleme mit ihm, denn seine Laune war mittlerweile auf dem Tiefpunkt. Aber auch ich war froh, als das Schiff auf der anderen Seite festmachte und wir diesmal ohne große Verzögerung von Bord fahren konnten.

Zunächst steuerte ich in Richtung Palmi, ohne auf die erwartete Autobahn gestoßen zu sein, aber das störte mich jetzt nicht, denn es ging mir erst mal um einen Zeltplatz, denn der Tag war zu Ende. In der Annahme, in den Bergen rechter Hand würde sich rasch eine geeignete Stelle finden, befuhr ich einen schmalen ungeteerten Weg, der sich zwar immer höher hinaufschraubte, aber leider nicht in einen erhofften Wald führte. Stattdessen quetschte er sich an steilen Hängen entlang und wurde immer enger. An einem Wendeplatz angekommen, entschieden wir uns für diese Stelle, denn Autos waren hier des nachts nicht zu erwarten. Aber das nächste Pech folgte auf den Fuß, denn der äußerst heftige Bergwind machte das Zeltaufschlagen tatsächlich unmöglich, so etwas hatte ich noch nie erlebt! Also mussten wir wieder umkehren und unten am Strand campieren, dies allerdings mit ungutem Gefühl, denn unser Auto konnten wir heute Abend nicht direkt neben das Zelt stellen.

Trotz innerer Unruhe wegen des weit abseits stehenden Autos schliefen wir gut bis sechs Uhr und atmeten tief durch, als wir unser braves Vehikel unversehrt und noch auf vier Rädern stehend vorfanden – in Süditalien nämlich keine Selbstverständlichkeit! Lothar war heute Morgen besser aufgelegt, so dass wir bald gut gelaunt gen Norden starten konnten.

Italienische Autobahn: schnell, gefährlich, nass und gebührenpflichtig. Unglücklicherweise kamen wir von einem heftigen Gewitter ins andere, es groß in Strömen, so dass ich nur mäßige Geschwindigkeiten fahren konnte. Hinzu kam die Gefährdung durch andere Verkehrsteilnehmer, deren größte Unart darin besteht, voranfahrenden Autos trotz 130 Stundenkilometer und mehr bis auf 15 Meter auf die Pelle zu rücken, mir wurde angesichts dieser Verrücktheit oft schlecht. Außerdem ärgerte ich mich über die Wahnsinnspreise in Autobahnraststätten; denn ein nur äußerst spärlich mit Wurst belegtes Brötchen kostete umgerechnet 2,50 DM! Darauf verzichteten wir, denn womöglich wären uns die Brötchen vor Ärger im Halse stecken geblieben. Aber wir hatten Hunger, weshalb wir irgendwo von der Autobahn abbogen, um Brot einzukaufen. Das war gegen 16 Uhr, aber keines der Geschäfte hatte am heutigen Dienstag geöffnet. Streik? Feiertag? Wir begnügten uns deshalb wieder mit Büchsen, wurden auch so satt und campierten zwanzig Kilometer abseits der Autobahn in einem Wald 200 Kilometer vor Florenz. Ob wir es morgen wohl bis München schaffen würden? Wenn nicht, wäre das auch nicht schlimm, denn jetzt hatten wir ja Zeit.

Wieder erlebten wir eine feuchte Nacht, die Nacht auf den 18. August. Wir hatten zwar gut geschlafen, aber unser Zelt war patschnass, so dass wir es erst einmal so gut es ging trockenreiben mussten, bevor wir es verstauen konnten. Nun setzten wir zum langen Endspurt an. Die weiteren Autobahnstunden glichen im Prinzip den gestrigen: kriminell dichtes Auffahren, absolutes Nichtbeachten der Geschwindigkeitsschilder und ein Platzregen nach dem anderen. Nachmittags hatten wir die Grenze zu Österreich erreicht, ließen uns eine happige Autobahngebühr abknöpfen (die italienischen Autobahnen sind vergleichsweise billig) und konnten dann ohne nennenswerte Staus unsere Fahrt nach genau 7.480 Kilometern unfallfrei in München beenden.

Fazit? Ich bin mir sicher, dass ein Fazit im klassischen Sinn oder in nur einem Satz nicht möglich ist, denn zu unterschiedlich waren unsere Erlebnisse. Marokko: landschaftlich ein Schmaus. Algerien: sozialistischer Einheitsbrei, enttäuschend, sehr sehenswerte historische Stätten, Polizeistaat. Tunesien: sauber, farbig, freundlich, etwas zu teuer. Diese Liste fortzusetzen ist müßig, denn es war einfach zu viel, das sich nun mal nicht auf einen Nenner bringen lässt. Ich wünsche mir jedoch, irgendwann einmal den Maghreb in aller Ruhe, ohne Zeitdruck und ohne Geldsorgen bereisen zu können, um tiefer hineinzuschauen, denn ich gebe zu, leider nur die Oberflächen gesehen zu haben, aber selbst die waren voll neuer interessanter Aspekte.

5. Kapitel
MALTA
Insel Malta

Als wir am zeitigen Morgen des 1. Novembers aufstanden, regnete es sintflutartig, es war windig und kalt – so, wie es sich für einen Start in den sonnigen Süden Europas gehörte. Selten fiel uns ein Abschied von München so leicht! Unsere Absicht war, auch die Republik Malta so individuell wie möglich zu erkunden, uns also nicht per Gruppe verschicken zu lassen, hoffend, dass sich uns auf diese Art und Weise wieder einmal etwas Welt jenseits des Routine-Tourismus' erschließen möge. Da jedoch die Hauptinseln Malta und Gozo sehr klein sind und diese Mittelmeerrepublik jährlich von über einer Million Urlaubern besucht wird, hat man als Individualreisender nur relativ geringe Chancen sich außerhalb ausgetretener Pfade zu bewegen. Doch diese Kleinräumigkeit hat den Vorteil, dass man sich mit wenig Zeitaufwand buchstäblich alle stein- und neuzeitlichen Sehenswürdigkeiten zu Gemüte führen kann, die meist sehr eindrucksvoll sind und manchmal auch total verblüffen.

Schon ein kurzer Blick auf die Geographie macht deutlich, dass sich Malta einer höchst interessanten Lage erfreut. Die Inseln Maltas (247 Quadratkilometer) mit ihren heute 350.000 Einwohnern liegen zwischen Sizilien und dem nordafrikanischen Tunesien, sind also ein Rest der ursprünglichen Landbrücke zwischen Europa und Afrika. Diese erdgeschichtliche Tatsache mag heutzutage zwar kaum mehr interessieren, da diese Zeit bereits fünfzehn Millionen Jahre zurückliegt, und dennoch scheint es zumindest phonetisch diese „Landverbindung" noch immer zu geben. Hört man nämlich in die Sprache der Malteser hinein, glaubt man reines Arabisch zu vernehmen, und tatsächlich ist dort – fast in Sichtweite Nordafrikas – eine semitische Sprache in Gebrauch, die man in Europa zwar als Fremdkörper empfinden mag, doch damit ist bewiesen, wie eng die kulturellen Verbindungen zwischen dem „klassischen Europa" und dem Orient einst waren und teilweise auch heute noch sind. Man wird sich wohl damit abfinden müssen, dass in nicht allzu ferner Zukunft die „semitische Republik Malta katholischen Glaubens" eines Tages EU-Mitglied sein wird, obwohl es durchaus umstritten ist, ob sie geographisch überhaupt zu Europa gehört, historisch wohl sicher, wie ein kurzer geschichtlicher Überblick zeigt.

Die Besiedlung der maltesischen Inseln geht bis in die Zeit um 5000 v. u. Z. zurück, als hier eine der mediterranen Megalithkulturen existierte, deren deutliche Spuren in Form sehr fremdartig anmutender Tempelstätten noch heute zu sehen sind. Hierin sehen nicht nur wir einen der Hauptgründe Malta zu besuchen. Ab etwa 1000 v. u. Z. bis zum Beginn der römischen Herrschaft ab 218 n. Chr. hatten die Phöniker die Inseln im Besitz, also ein semitisches Volk aus dem Vorderen Orient. Gut dreihundert Jahre später übernahmen die Byzantiner die Herrschaft, abermals ein Volk, dessen Wurzeln in Asien zu suchen sind, nicht aber in Europa. Als Eroberer traten schließlich die muslimischen Aghlabiden um 870 auf den Plan, eine nordafrikanische Dynastie, die dem Kalifen von Bagdad Vasallendienste leistete. Erst im Jahr 1091 beendeten die Europäer (Graf Roger I. von Sizilien) das bis dahin rein orientalische Gefüge.

Gut vierhundert Jahre später (1530) gewährte Kaiser Karl V. dem von der Insel Rhôdos vertriebenen Johanniterorden auf Malta ein Bleiberecht, doch es gab 250 Jahre lang andauernde Scharmützel mit den Osmanen beziehungsweise Byzantinern, bis Napoleon Bonaparte 1798 diesem labilen Zustand ein vorübergehendes gewaltsames Ende setzte. Die französische Herrschaft endete bereits zwei Jahre später, als es den Maltesern gelang, mit Hilfe der britischen Flotte die Franzosen zu vertreiben. Ab 1800 bis 1964 blieb Malta britische Kronkolonie, was dieser kleinen Mittelmeerrepublik heute noch anzumerken beziehungsweise anzusehen ist: Die meisten Malteser sprechen auch Englisch, der Straßenverkehr spielt sich auf der „falschen Seite“ ab und allenthalben sind noch die alten roten Telefonzellen und Briefkästen zu sehen.

Mit der Britannia Airways, deren Besatzung jedoch rein deutsch ist, von München nach La Valletta, der Hauptstadt Maltas, zu fliegen, war am 1. November des Jahres 1998 kein reines Vergnügen, denn der Start zum Flug Nummer 924 erfolgte bereits morgens 5.45 Uhr, und zwar in Richtung eines regenverhangenen sehr windigen Himmels. An Bord der nur halb besetzten Maschine befand sich auch eine Reisegesellschaft der besonderen Art: eine Rollstuhlgruppe, die sich natürlich vom Malteser Hilfsdienst betreuen ließ. Außentemperatur über den Alpen: 61 Grad minus, und unter uns eine dicke Wolkendecke, die sich nur selten einmal lichtete und den Blick auf die längst verschneiten Alpen zuließ. Erst ab Sizilien war wieder Meer in Sicht, und bald darauf landeten wir gegen 10.15 Uhr sicher auf dem Luqa Airport nahe La Valletta.

Bereits während des Anfluges war deutlich zu erkennen, was die charakteristischen Merkmale Maltas (nicht unbedingt Gozos) sind: alle Orte haben aufgrund ihres einheitlichen Materials (Sandstein) ein gelblich-braunes Aussehen; praktisch jeder Ort erfreut sich eines auffälligen Kirchenbaues; grüne Wälder, blaue Flüsse und Seen sucht man vergebens, weil es sie nicht gibt. Ausgesprochene Naturfreunde kommen hier also kaum auf ihre Kosten, sofern sie sich nicht zur nördlich von Malta gelegenen Insel Gozo begeben, die noch immer einen eher ländlichen Eindruck macht. Dagegen wirkt die Insel Malta fast wie eine einzige riesige Stadt, zumal es oft keine optisch erkennbaren Grenzen von Gemeinde zu Gemeinde gibt. Diese schon aus der Vogelperspektive zu sehende Charakteristika bestätigten sich spätestens während der Fahrt per City-Bus vom Flughafen nach La Valletta, die am City-Park direkt vor den Toren der Hauptstadt endet. Damit ist angedeutet, dass das primäre Fortbewegungsmittel hier der Bus ist, mit dem man sehr preiswert jedes noch so kleine Dorf erreichen kann (Taxis sind mindestens so teuer wie in Deutschland).

Unterkunft hätten wir im quirligen, das heißt ziemlich lauten La Valletta zwar bekommen können, aber da hatte das benachbarte Sliema gegenüber der Hafen-Bay die Nase vorne, wo wir uns ein ruhiges und im Preis angemessenes Apartment im Pepples Hotel gleich für den gesamten zweiwöchigen Aufenthalt mieteten. Noch am Tag unserer Ankunft gönnten wir uns ausgiebige Spaziergänge entlang der Promenade, die sich The New Strand nennt, wobei die Blicke hinüber nach La Valletta immer wieder faszinierten: Segelboote, Fähren, Burgmauern und aufragende Sakralbauten christlichen Stils. Das sind traumhaft schöne Bilder!

Im Gehbereich befindet sich die zur Nachbargemeinde Gzira gehörende Insel Manoel, die über einen kurzen Damm zu erreichen ist und noch nicht als Touristenziel gilt. Es war Großmeister Manoel, der hier im Jahr 1730 ein riesiges Fort zum Schutz des Hafens errichten ließ, das später den britischen Besatzern als Quarantänestation diente und heute einen völlig verwahrlosten und demzufolge ziemlich abenteuerlichen Eindruck macht, weshalb sich auch kaum Touristen hierher verirren, es sei denn, man will sich außerhalb der Festung den Yachthafen oder eine Glasbläserei ansehen. Wir stiefelten im Festungsinnern durch viel Staub und über altertümliches Geröll, sahen hohe Lehmmauern, höhlenartige Eingänge, hässlichen Müll und entdeckten schließlich auch noch ein paar Einsiedler, die in Mauerhöhlen ihren künstlerischen Ambitionen freien Lauf lassen.

Da wir uns für Sliema als Domizil entschieden hatten, lag es nahe, sich zunächst einmal diese 20.000 Einwohner zählende Stadt zu Gemüte zu führen, die weit davon entfernt ist einen ländlichen Eindruck zu machen, im Gegenteil: Sliema ist beinahe großstädtisch und zu guter Letzt dank „ungeordneter Straßen" auch noch etwas verwirrend, sofern man sich ins nicht besonders sehenswerte Zentrum begibt. Die besuchenswerten Ziele liegen jedoch an den Peripherien der Stadt, die ohneweiteres per pedes erreicht werden können.

Unser erstes Ziel war das Tigne Fort am äußersten Ende der Sliema-Halbinsel, das von den Johannitern (beziehungsweise dem Malteserorden) in den Jahren 1792/93 als Hafenschutz errichtet worden war. Nicht zuletzt diente es als Bollwerk gegen die Türken, die unablässig für Attacken gegen die ihrer Meinung nach zu Unrecht auf Malta ansässig gewordenen Malteser sorgten. Das Fort enttäuscht jedoch, denn es ist verwahrlost, teils Müllkippe und schließlich ein Relikt des Zweiten Weltkrieges – zu erkennen an inzwischen gesprengten Bunkern. Wer sich jedoch bis hierher verirrt hat, genießt einen besonders schönen Blick auf das gegenüberliegende La Valletta. – Entlang der nördlichen Küstenstraße weiter gehend gelangt man zum Fort Il Fortizza, einer Festung aus britischer Zeit, die jedoch im Moment eine riesige Baustelle ist; es wird mit großem Aufwand restauriert. Charakteristisch ist hier der (leere) Wassergraben, die Holzbrücke ins Innere, der gezinnte Turm und nicht zuletzt das massive gelbe Sandsteinmaterial.

Weiter ging es bis zur Nachbargemeinde St. Julian's, deren Beginn durch den St. Julian's Tower markiert ist. Es handelt sich um einen überaus wuchtigen Natursteinquader, von dem aus die ganze St. Julian's Bay zu übersehen ist. Von hier fällt der Blick sowohl auf die hässliche Skyline des Ortes als auch auf das kleine Stadtzentrum mit Barakuda-Restaurant, großer

Kirche (geschlossen) und einem restaurierungsbedürftigen Wohn- und Geschäftsblock von imposanter Größe. Sich im bescheidenen Park mit Blick auf die blaue Bucht und auf einen Großteil der Stadt zu entspannen, ist eine Wohltat. Dabei sollte man jedoch die neben dem stinkigen Autoverkehr joggenden Mitteleuropäer tunlichst übersehen. Fragt nicht warum!

Um das nächste Ziel, die Stadt Msida (13.000 Einwohner) zu erreichen, bedurfte es nur ein paar Hundert Meter quer durch die Häusermasse, und dennoch war zunächst nicht erkennbar, ob wir uns nun bereits am Ziel befanden oder noch in Sliema, in St. Julian's oder schon in La Valletta, denn es gibt keine erkennbaren Lücken zwischen diesen Ortschaften. Msida ist offensichtlich nicht fürs einfache Fußvolk gedacht, denn hier reiht sich eine ausländische Botschaft an die andere und liegen im Hafen die teuersten Yachten. Den optischen Mittelpunkt bildet eine doppeltürmige Kirche, deren Vorderfront mit besonders schönen Steinreliefs versehen ist. Davor breitet sich der Hafen aus, in welchem man außer Yachten auch Maltas typische kleine Fischerboote sehen kann, deren bunte Bemalung charakteristisch ist.

Paola ist seit eh und je ein herausragendes Touristenziel, denn in seinen Mauern befindet sich das berühmte Hypogäum, dessen Eingang – weil inmitten des Häusermeeres – man prompt verfehlen kann, so unscheinbar ist dieser! Als wir ihn entdeckt hatten, gab es eine Enttäuschung, da zurzeit die ganze Anlage restauriert wird und daher für Touristen nicht zugänglich war. Es soll aber dennoch nicht unerwähnt bleiben, dass es sich hierbei um eine dreigeschossige Kulthöhle handelt, deren Alter mindestens fünftausend Jahre beträgt und deren vornehmlicher Zweck darin bestand Verstorbene beizusetzen. Siebentausend Skelette wurden bereits entdeckt, doch man schätzt deren Gesamtzahl auf mindestens dreißigtausend! – Heutiger Stadtmittelpunkt ist eine Kirche mit riesiger Kuppel, die inmitten von ausschließlich einstöckigen Häusern steht, deren Namen auffallend katholisch sind: Ave Maria, Mary, Carmen, Joseph, Lourdes etc. Dass Paola teils aber auch moslemisch ist, beweist eine neue grünkuppelige Moschee, deren Minarett gleich von zwei Halbmonden gekrönt ist.

Es bedurfte nur einer kurzen Busfahrt und Maltas Hauptstadt La Valletta war erreicht, eine Stadt, die zwar nur 15.000 Einwohner zählt, aber nichtsdestoweniger von besonderer kulturhistorischer Bedeutung ist. Sie liegt erhöht auf einer felsigen Halbinsel zwischen zwei Naturhäfen und ist an allen Seiten von hohen Festungsmauern umgeben, die La Valletta zu einer der wehrhaftesten mediteranen Städte des späten 17. Jahrhunderts gemacht hatten. Die Stadtgründung ist dem Großmeister Jean Parisot de la Vallette zu verdanken, der mit tatkräftiger Unterstützung europäischer Königshäuser um 1565 damit begonnen hatte, nach dem Abzug der feindlichen Türken mit dem Städtebau zu beginnen. Sein Prinzip war, die Stadt streng schachbrettartig anzulegen, und dennoch kommt beim Bummel durch die Straßen und Gassen keine Langeweile auf. Jeder Platz, jedes Haus und jeder Kultbau hat Charakteristisches an sich: Zahllose Holzerker schmücken die teils ziemlich verwitterten Fassaden; Kirchen und Paläste stehen im Kontrast zum „kriegerischen Äußeren"; die Plätze sind lebhaft, schattig und meist sehr touristisch – wie praktisch alles in La Valletta.

Die Skyline von La Valletta wird von der Kuppel der Kathedrale St. John's dominiert.

Umgeben ist die Festungsstadt von einer intakten bestens restaurierten hohen Mauer, die im Südosten den Hauptdurchgang aufweist: das mächtige

City Gate. Nach dem Passieren gelang man unvermittelt auf die Republic Street, die sozusagen das Rückrat der Stadt ist, führt sie doch geradewegs durch bis zum Fort St. Elmo, das im Wesentlichen bereits vor der eigentlichen Stadtgründung existiert hatte, später von den Johannitern als Bollwerk gegen die Türken jedoch stark ausgebaut wurde, was noch heute eindrucksvoll zu sehen ist.

Auf dem Weg entlang des „Rückgrates" von La Valletta kann man fast alle nennenswerten Bauwerke dieser mittelalterlichen Stadt bewundern, in der man sich als historisch interessierter Architekturfreund tage- oder gar wochenlang aufhalten könnte – unmöglich, an dieser Stelle detailliert darauf einzugehen!

Von herausragender Bedeutung ist unter anderem die St. John's Cathedral, die in den Jahren 1573 bis 1578 die Hauptkirche des stolzen Johanniterordens war. Hier wurden nicht weniger als vierhundert Ritter beigesetzt, die allesamt unter kunstvoll gestalteten Grabplatten ruhen. Diese Grabplatten bedecken den ganzen Kirchenboden und geben Auskunft über die Namen und Heldentaten der Ritter. Zu sehen sind zudem zahlreiche Marmor-Reliefs: Wappen, Skelette sowie ein Europakarte, die auch Malta aufweist, allerdings überdimensional groß. Viele der höchst kunstvollen Malereien stammen von italienischen Künstlern, aber auch Flämisches in Form wertvollster Teppiche aus dem 17. Jahrhundert erfreut die Museumsbesucher. Doch der wertvollste Schatz ist hier ein Altarbild Michelangelos „Die Enthauptung Johannes des Täufers", das noch viele Generationen tief berühren wird.

Nur wenige Schritte vom St. John's Square entfernt stößt man auf den Queen's Square mit dem berühmten Café Premier, wo wir uns am kühlen Bier labten, und etwas weiter öffnet sich der Palace Square mit zwei dominierenden Bauwerken: dem Libyen Arab Cultural Institute sowie dem gegenüberliegenden Grandmaster's Palace. Während das Kulturinstitut nicht nur die geographische Nähe Libyens anzeigt (die Malteser haben keine Probleme Arabisch zu verstehen!), weist der Palast auf Geistlichweltliches hin. Er wurde in der zweiten Hälfte des 16. Jahrhunderts errichtet und ist heute nicht nur offizieller Sitz des auf Lebenszeit gewählten Großmeisters der Johanniter, sondern auch der des maltesischen Parlaments und des Staatspräsidenten. Außerdem birgt der Palast ein Museum, wo sich der Besucher eingehend mit der nicht immer friedfertigen Johannitergeschichte befassen kann; denn wenn es opportun war, wurden auch mal Schiffe gekapert, vorzugsweise natürlich türkische.

Allgemein lässt sich zu La Valletta sagen, dass die Stadt sauber, lebhaft und teuer ist. Letzteres ist nicht zuletzt daran zu erkennen, dass augenfällig viele Einheimische wie auch Touristen sich ihre Mahlzeiten zum Überleben an irgendwelchen Kiosken erstehen und im Freien verzehren. Die Preise in den Restaurants sind oft astronomisch hoch!

Wir spazierten einige Male durch La Valletta, gibt es doch nicht nur das Erwähnte zu sehen, sondern weit mehr, beispielsweise die Auberge de Castillo (Regierungssitz), die Law Courts (Oberste Gerichte), die Lower Barracca Gardens (einstiger Exerzierplatz der Ritter) und die National Library mit über 300.000 Büchern, Urkunden und Handschriften. Allein für La Valletta sollte man mindestens zwei Wochen einplanen, sofern einem daran lieg, sich mit dem Kulturhistorischen etwas intensiver zu befassen.

In unmittelbarer Nachbarschaft der Hauptstadt liegt Floriana, das auf den ersten Blick ein Teil La Vallettas zu sein scheint, sind beide Städte optisch doch nur durch zwei weite Plätze voneinander getrennt. Der größere Platz dehnt sich vor der mächtigen St.-Publius-Kirche aus, deren Inneres mit ihrem Stuck und den kunstvoll bemalten Deckengewölben samt hoher Kuppel aufs Äußerste imponiert. Leider verlaufen sich hierher nur wenige Touristen. Das Auffälligste des weiten Platzes sind markante Säulenreste, die noch aus der Zeit stammen, als hier Apostel Paulus wirkte und den römischen Kaiser Florianas im Jahr 60 zum Christentum bekehrt hat, aber das ist örtliche Legende, wenngleich wohl Tatsache ist, dass jener Kaiser dadurch zum ersten Bischof Maltas wurde.

Der zweite wesentlich kleinere Platz ist Schnittpunkt zwischen Floriana und La Valletta, es ist der Tritonen-Brunnenplatz, dessen gemeindliche Zuordnung für den Außenstehenden praktisch unmöglich ist. Hier gerieten wir zufällig in die von Böllerschüssen begleiteten Feierlichkeiten zum Gedenken an die Gefallenen des Zweiten Weltkrieges, die ein paar bemerkenswerte Aspekte aufwiesen: Zur Kranzniederlegung erschien der deutsche Botschafter im eierschalenfarbenen Mercedes, Maltas Ministerpräsident im blauen BMW, der Staatspräsident der Insel-Republik im grauen Rolls-Royce, der rumänische Vertreter im abgewrackten Peugeot und der chinesische im teuren Toyota, wobei Letzterer erst kurz vor der Kranzniederlegung merkte, dass er jenes corpus delicti vergessen beziehungsweise noch im Kofferraum liegen hatte, das er im Auftrag Pekings hier niederlegen sollte – eine peinliche Sache!

Eine Stätte der Ruhe und Beschaulichkeit ist Vittoriosa an der gegenüberliegenden Seite des Grand Harbours, der sich südöstlich von La Valletta befindet. Das nur viertausend Einwohner zählende Städtchen ist praktisch frei von Touristen, obwohl es zu den „Drei Städten" gehört, die um 1530 von den Johannitern gegründet worden waren und trotz erheblicher Zerstörung während des Zweiten Weltkrieges noch zahlreiche mittelalterliche Straßenzüge und Plätze aufzuweisen hat.

Wir fanden jedenfalls die alten Stadtmauern in ihren etwas verwirrenden Anordnungen, den Hauptplatz Misrah-ir-Rebha, den einstigen Bischofspalast von 1542 und nicht zuletzt das weitläufige Fort St. Angelo für durchaus besuchenswert. Doch hier zählt nicht nur das Historische, sondern insbesondere auch die noch intakte südländische Atmosphäre – allerdings ohne plärrende Musik und alkoholisierte Touristenhorden. Ziemlich verblüfft haben uns kreisrunde meterbreite Vertiefungen im granitenen Ufergestein des Grand Harbours, die schnurgerade Rillen hin zum Wasser aufweisen. Diese seltsamen Gebilde machen einen geradezu urzeitlichen Eindruck und verlangen nach einer Erklärung, die sich jedoch in keinem Nachschlagewerk finden lässt.

An Ende einer kleinen Bucht (Fischerhafen) liegt das Städtchen Cospicua, die dritte der historischen Three Cities, in der es mit der beschaulichen Ruhe, die in Vittoriosa vorherrschte, allerdings vorbei ist. Die Stadt hat heute wieder 10.000 Einwohner, nachdem sie während des Zweiten Weltkrieges ebenfalls stark in Mitleidenschaft gezogen worden war. Heute dominiert der Werftensektor, das Geschäftige, und dennoch kann man Straßen und Gassen ausfindig machen, in denen der Tourismus noch nicht Fuß gefasst hat, obwohl es sich lohnen würde. Auch Cospicua besitzt nämlich mächtige Wehrmauern, eine imposante zweitürmige Kirche sowie ein schönes mittelalterliches Stadttor.

Von besonderem Interesse ist Traxien, ein Ort mit gut siebentausend Einwohnern, doch als solcher kaum wichtig, wohl aber mit Blick auf seinen fast sechstausend Jahre alten Tempelkomplex, der sich mitten in der Stadt befindet und jährlich von zehntausend Touristen besucht wird.

Das steinzeitliche Areal umfasst sechs Tempel, die aus der Zeit zwischen 3800 und 2800 v. u. Z. stammen, in denen angeblich der Fruchtbarkeitsgöttin Magna Mater gehuldigt wurde. So erinnert gleich hinter dem Monolitheingang ein mittelgroßer runder Stein mit mehreren Abflussrillen daran, dass hier der Göttin offensichtlich blutige Opfer dargebracht wurden – ob Tiere oder gar Menschen, ist nicht eindeutig erwiesen. Augenfällig sind vor allem auch die Altäre in den Tempeln, die zum Teil verschiedene Tier-Reliefs zeigen – Hinweise darauf, dass wohl Tiere und keine Menschen ihre Leben zugunsten der Fruchtbarkeitsgöttin hergeben mussten. Obwohl Laien kaum etwas Realistisches ausmachen können, glauben die Archäologen Schweine, Ziegen und Schafe erkennen zu können. Auffällig sind des Weiteren große runde Steinschalen (für Opferblut?) mit seltsamen Spiralmustern, die als Augen interpretiert werden, die Böses fernhalten sollen. Und die zu sehenden Scheiben werden als „heilige Sonnen" angesehen, womit man eine gewisse Geistesverwandtschaft mit Ägypten zu begründen versucht.

Zejtun, ein Städtchen auf dem Weg gen Südosten, hat kaum etwas Sehenswertes zu bieten, wenn man einmal von der aus dem 11. Jahrhundert stammenden Kirche St. Georg am Ortseingang absieht, die jedoch für fremde Besucher nicht zugänglich ist. Dabei handelt es sich um einen klobigen wehrhaften Bau im Stil jener Zeit (normannisch-romanisch), der jedoch von Leben nicht mehr erfüllt zu sein scheint. Ebenfalls am Ortseingang erinnert die schöne Büste des Mikiel Abela il-Bambi nu Ghanney daran, dass Zejtun die Stadt eines namhaften Musikers war, der erst 1991 verstorben war.

An der tief ins Land hineinragenden St. Thomas Bay liegt die Hafenstadt Marsaxlokk, die in erster Linie ein Ferienort für Malteser ist, also von ausländischen Gruppentouristen weitgehend verschont bleibt. Daher ist der Fischerort als solcher noch ruhig und beschaulich, man kann sich gemächlich den alten Gassen und typisch bemalten Booten der sogenannten Luzzi-Fischer widmen, die zu Hunderten auf den Hafenwellen schaukeln. Belebt ist hier nur die Hafenpromenade mit ihren Nepp-Ständen, an denen der eilige Tourist für inseleigenen Honig glatt bis zum Dreifachen des üblichen Preises zahlen muss. Auch die hier etablierten Restaurants verlangen schwindelerregende Preise!

Verlässt man jedoch diese Promenade hin zur markanten Kirche Tal Madonna Ta'Pompei, deren vergoldeter Stuck und Marien-Vitrine das Mittelalter spüren lassen, wird gespenstische Ruhe gegenwärtig, zumal wenn man seinen Spaziergang in der Mittagszeit absolviert: Kein Mensch, kein Hund und keine Katze läuft einem über den Weg – also Zeit für ein paar besinnliche Minuten in Gedanken an jene ferne Zeit, als hier im Jahr 1565 die kriegerischen Türken landeten und 1798 napoleonische Truppen. Doch der Blick über diese geschichtsträchtige Bucht verheißt auch heute nicht viel Gutes: Rechter beziehungsweise linker Hand eine moderne Hafenanlage (Kalafrana) sowie ein neues Kohlekraftwerk.

Die typisch bemalten Boote der Luzzi-Fischer in Marsaxlokk zählen zu den Wahrzeichen Maltas.

Fast im Zentrum der Insel Malta liegt Mosta, eine Stadt, die auf keinem Ausflugsprogramm insbesondere deutscher Gruppen fehlt. Der Grund: In der Kirche „Maria Himmelfahrt“ von 1666 ist eine deutsche Fliegerbombe zu bewundern, die am 9. April 1942 um 16.40 Uhr vom Himmel fiel, die riesige Kuppel durchschlug und ins weite Rund krachte ohne zu explodieren! Zu dieser Zeit sollen sich mindestens dreihundert Gläubige zum Gebet versammelt haben, ohne dass es Tote oder Verletzte gegeben hätte! Also, so glauben die Malteser fest, habe ein Marienwunder stattgefunden, so dass dieses domartige Gotteshaus mit seiner angeblich viertgrößten Kuppel der Welt seitdem eine vielbesuchte Wallfahrtsstätte ist.

Ein touristisches Highlight Maltas ist südlich von Mosta zu finden: die 12.000 Einwohner zählende Stadt Rabat, von der aus bequem auch das „lebende Freilichtmuseum“ Mdina zu erreichen ist. Im quirligen Rabat ragt die St. Paul's Cathedral in den Himmel, ein dunkler Kirchenbau mit besonders schönem Marmoraltar, vor dem sechs wunderbare Silberkandelaber das sakrale Ensemble vervollständigen. Rechter Hand führt eine Treppe hinunter in die St. Paul's Grotte, eine Wallfahrtsstätte ersten Ranges, denn hier soll der Heilige Paulus gebetet haben oder sogar bestattet sein (Legende). Dass jener Heilige sowie auch Lukas hier eine bedeutende Rolle gespielt haben, kann man dem mehrsprachigen Text (maltesisch, arabisch, griechisch und deutsch) einer Erinnerungssäule entnehmen, der ein Bibelzitat aus Apostel 28 ist: „Als wir (Paulus und Lukas aus schwerer See) gerettet waren, erfuhren wir, dass die Insel Malta hieß. Die Bewohner waren sehr menschenfreundlich und versorgten uns mit dem Nötigsten. Nach drei Monaten fuhren wir weiter.“

Unverständlich, dass von Malta-Touristen die sogenannten St.-Agatha-Katakomben nur selten besucht werden, gehören sie doch zu den interessantesten der Insel, jedenfalls ist das unsere Meinung. Aber warum „sogenannt“? Wir lesen zwar, dass die Katakomben den Namen der Heiligen Agatha tragen, aber die zentrale Heiligenfigur ist hier die Heilige Katharina, deren tragische Geschichte mit dieser Stätte aufs Engste verknüpft ist. In der Mitte des 3. Jahrhunderts hatte sich Katharina auf der Flucht vor einem römischen Wüstling aus Catania hier verborgen, der sie unbedingt zur Frau haben wollte, doch sie fühlte sich mit Christus vermählt, sie kehrte aber zurück und fiel prompt jenem Wüstling wieder in die Hände, der ihr die Brüste abschneiden und sie dann im Kerker verenden ließ.

Die Katakomben sind dunkel und unheimlich, nicht zuletzt wegen der noch vorhandenen Skelette aus der frühen Christenheit. Von besonderem Interesse sind die vielen Wandmalereien, die angeblich aus dem 12. Jahrhundert stammen oder vielleicht noch viel älter sein sollen. Berühmt ist vor allem die Darstellung „Die stillende Muttergottes", ferner sind – leider schon sehr ramponiert – Wandmalereien zu sehen, welche Christus und die Heiligen Agatha, Paulus, Margaretha, Anthonius und andere darstellen.

Die etwas höher gelegene Schwesterstadt Mdina gehört zweifellos zu den historischen Besonderheiten Maltas, denn die ganze Stadt gilt als open-air-Museum, ist aber noch von etwa tausend Menschen bewohnt. Diese gehen fast ausnahmslos nur einer Beschäftigung nach: dem Tourismus. Die sogenannte Perle Maltas sich ausgiebig zu Gemüte zu führen, sollte Pflicht eines jeden Besuchers sein, zumal er hier das findet, wonach er normalerweise sucht: Ruhe und Beschaulichkeit, warum Mdina auch „die stille Stadt" genannt wird (fast kein Autoverkehr).

Die schönen Kirchen, Klöster und Paläste gehörten einst dem maltesischen Adel und stammen zum größten Teil aus dem 17. Jahrhundert. Alle Kleinode befinden sich innerhalb einer mächtigen Stadtmauer, wozu auch viele höchst romantische Gassen, Plätze und Aussichtspunkte gehören. Über dem Haupttor ist ein bezeichnendes Steinrelief zu sehen: Ein Kreuzritter hält in seiner Rechten einen Dolch und in seiner Linken das Symbol der Christenheit – ein Kreuz, als wollte er sagen: „Willst du nicht Christ werden, bekommst du meinen Dolch zu spüren!"

Im Zentrum des historischen Interesses steht die eindrucksvolle Kathedrale Peter und Paul, deren Böden mit schönen farbigen Grabplatten bedeckt sind, doch hier ruhen keine Ritter, wie in der Kathedrale zu La Valletta, sondern maltesische Adelsangehörige und Bischöfe, das jüngste Grab trägt die Jahreszahl 1963. Den Besuchern wird ein neben dem Hauptaltar befindliches Kreuz gezeigt, das Kreuzritter Gottfried von Bouillon im Jahr 1099 bei der Eroberung Jerusalems getragen haben soll. Dieses heilige Relikt wurde von den Johannitern über Zypern und Rhôdos nach Malta gebracht. Des Weiteren ist auch hier eine stillende Muttergottes zu bewundern (Ikone, 15. Jahrhundert), ein Motiv, das übrigens aus koptischen Kirchenkreisen Ägyptens stammt.

Steinzeitlich wird es in Hagar Quim, einer ab zirka 3500 v. u. Z. errichteten Tempelanlage an der Südküste der Insel Malta, die zu den besuchenswertesten althistorischen Stätten der Republik zählt. Die Anlage steht völlig frei an einem Hang, so dass der Besucher einen unverbauten Blick auf das blaue Mittelmeer hat.

Der Haupteingang ist noch gut erhalten und besteht aus drei rechts und links aufrecht stehenden Megalithquadern sowie einer riesigen Deckplatte. In den sieben Tempelräumen, die allerdings keine Abdeckungen mehr aufweisen, stehen verschiedenartige Altäre, die auf mehrere Bauphasen hinweisen, wobei ein Altar mit seinem Punktedekor besonders auffällig ist. Sehr eindrucksvoll sind auch die sogenannten Fenstersteine; das sind aufrecht stehende Megalithe mit ovalen Löchern, durch die sich gerade ein Mensch zwängen kann. Noch mehr Rätsel gibt ein nur handgroß durchlöcherter Stein auf, durch den ein Priester den im großen Nachbartempel wartenden Pilgern angeblich diverse Orakel hatte zukommen lassen. Doch das sind Spekulationen, denen manchmal auch Archäologen zum Opfer fallen.

Eine weitere steinzeitliche Anlage befindet sich fünfhundert Meter unterhalb von Hagar Quim, es ist der erstaunlich gut erhaltene Tempelkomplex von Mnajdra. Im Gegensatz zu Hagar Quim steht der Komplex auf einem ein Meter hohen Sockel, auf den Stufen führen. Im Innern befinden sich vier oval angelegte Tempel mit Opfertischen. Übrigens hat man hier eher Muße sich der Steinzeit zu widmen als oben in Hagar Quim, weil sich nämlich die meisten Touristen den nach unten führenden Weg sparen; denn sie müssten ja wieder hoch und das bei ordentlichen Hitzegraden ohne Schatten!

Zum Ort Siggiewi, der nur fünf Kilometer von diesen steinzeitlichen Stätten entfernt liegt, gingen wir in Ermangelung eines Busses zu Fuß, zumal ein Verlaufen nicht möglich ist: Siggiewis barocke St.-Nikolas-Kirche ist weithin zu sehen! Der Weg führte durch eine Landschaft, die für Malta absolut typisch ist: Baumlos, trocken und endlos ummauerte Felder und Gehöfte. Spätestens hier bestätigte sich unser Eindruck, dass auf Malta offensichtlich alles eingemauert ist: Menschen, Tiere, Gärten, Felder, ja sogar Wege und Straßen. Die Stadt Siggiewi als solche ist trotz mittelalterlichen Aussehens kein touristischer Anziehungspunkt, und selbst das Glockenspiel der doppeltürmigen Kirche lädt nicht gerade zum aufmerksamen Hinhören ein, weil es unmelodisch beziehungsweise kaputt ist.

Salinen an der brandungsstarken Küste der St. Paul's Bay.

Ein Stadtgebiet, das mehrere Gemeinden umfasst, erstreckt sich entlang der St. Paul's Bay. Zunächst besuchten wir Qawra, einen Ort, der als sogenanntes Urlaubsparadies gepriesen wird, doch das bezieht sich offensichtlich nur auf das teure Hotel Qawra Palace mit Swimmingpool, Liegestühlen und der Möglichkeit, sich von Animateuren auf Trapp bringen zu lassen. Die Stadt selbst ist nichts weiter als eine unansehnliche Steinwüste mit einer Küstenpromenade, die diese Bezeichnung eigentlich nicht verdient, ist sie doch ungepflegt und baumlos, stink langweilig. Die Küsten sind felsig, die Brandungen hoch, und ein beschauliches Zentrum ist auch nicht auszumachen. – Per pedes erreichten wir schließlich den Ort St. Paul's, dessen Zentrumskirche zwar imposant groß ist, aber eingequetscht. Doch hier gibt es wenigstens einen klotzigen Wehrturm zu sehen, der jedoch nicht unbedingt ein Grund ist St. Paul's zu besuchen.

Recht romantisch ist dagegen der kleine Ort Bugibba, allerdings nur in unmittelbarer Nähe des Hafens. Hier schaukeln wieder die typischen bunt bemalten Fischerboote, und es gibt eine erhöht stehende Ortskirche ohne Turm, von der aus man einen schönen Blick auf den winzigen Hafen hat. Diese Kirche besitzt Außenarkaden und das dürfte ein Novum auf Malta sein. Ein über dem Eingang befindliches Malteserkreuz zeigt an, welchem Orden dieses Gotteshaus gehört.

Über der blauen Bucht von Mellieha liegt die gleichnamige Stadt, die allen Besuchern etwas zu bieten hat: den Badeurlaubern ebenso wie den historisch Interessierten. Die heute etwa viertausend Einwohner zählende Kleinstadt wird von der doppeltürmigen Wallfahrtskirche St. Marija dominiert, die zwar erst 1948 errichtet wurde, deren Geschichte jedoch bereits im frühen Mittelalter begonnen haben soll. Das Ziel der Pilger ist ein Altarbild, das die Muttergottes mit Kind zeigt. Es dürfte tatsächlich aus dem 12. Jahrhundert stammen, aber die Malteser glauben fest, dass es vom Evangelisten Lukas höchst persönlich gemalt wurde! Zu sehen sind viele wertvolle Votivgaben, die zum Zeichen erhörter Gebete der Kirche gestiftet worden sind. Von der hoch gelegenen Wallfahrtskirche aus bietet sich ein herrlicher Blick auf die weit unten liegende Ferienbucht, in der im Jahr 1565 eine langersehnte achttausend Mann starke Befreiungstruppe landete, um die von Türken belagerten Ordensritter zu erlösen. Sie hatten die Türken endgültig zum Abzug von der Insel gezwungen.

Kaum ein Tourist verirrt sich nach Zabbar, bestenfalls hält hin und wieder einmal ein Tourenbus am „Stadttor ohne Funktion" beziehungsweise am Hompesch-Tor, doch die Stadt als solche – besonders das Zentrum – ist sehenswert. Wie der Name bereits vermuten lässt, handelt es sich bei Hompesch um eine (1744) in Düsseldorf geborene deutsche Persönlichkeit von außergewöhnlichem Format. Ferdinand Freiherr von Hompeschs Büste ist zwischen der überaus mächtigen Hauptkirche und seiner Residenz zu finden, in der er in den Jahren 1797/98 als Großmeister des Johanniterordens wohnte. Von Hompesch war der erste Deutsche, dem diese hohe Würde zuteil geworden war, doch in Europa berühmt gemacht hat ihn eine heldenhafte Tat: Er verweigerte keinem Geringeren als Napoleon Bonaparte, der sich auf dem Weg nach Ägypten befand, mit Hilfe seiner Ritter die Einfahrt in den Hafen, doch kurze Zeit später fiel er dem Verrat einiger seiner Ritter zum Opfer, die dem Franzosen in die Hände spielten. Der deutsche Großmeister musste schließlich kapitulieren und zog sich protestierend zunächst nach Triest zurück und ging später nach Montpellier, wo er im Jahr 1803 starb.

Die Insel Malta ist klein, weshalb es uns gewundert hätte, wenn wir jene Behindertengruppe, mit der wir eingeflogen waren, nicht irgendwo wiedergesehen hätten. Dies geschah im Ferienort Marsacala, dessen Zentrum zwar am Ende einer riesigen Bay liegt, doch inzwischen dehnt sich die Bebauung entlang der ganzen Hafenbucht aus. Die Stadt ist sowohl für Einheimische als auch für ausländische Besucher ein beliebter Ferienort, weshalb es besonders hier kein Problem ist private Unterkünfte zu finden; freie Kapazitäten gibt es hauptsächlich an Wochentagen.

An der hiesigen Promenade spazieren zu gehen, ist ein Vergnügen, ist sie doch sauber und gewährt unentwegt schöne Blicke über die Bay hinüber zum Zentrum, das von einer markanten Kirche typisch italienischen Stils dominiert wird. In Richtung Meer weitergehend kommt man an fotogenen Salzsalinen vorbei und gelangt schließlich zum Fort St. Thomas, welches das Ende der Stadt markiert. Hierbei handelt es sich um einen unansehnlichen riesigen Steinklotz, der aber restauriert wird und deshalb zum Zeitpunkt unseres Besuches nicht zugänglich war. In Sichtweite dieses mittelalterlichen Bauwerkes steht das Superhotel Jerma Palace. Hier nun trafen wir unsere deutsche Rollstuhlgruppe wieder, die man also „am Ende der Welt" einquartiert hatte, aber durchaus zum Wohlgefallen der Teilnehmer, wie wir hörten.

Auch die Stadt Hamrun ist optisch kaum von La Valletta beziehungsweise Floriana getrennt, doch befindet man sich erst einmal im Zentrum, ist dieser Ort als solcher erkennbar. Zunächst stößt der Besucher auf ein großkuppeliges Gotteshaus mit einer weithin sichtbaren Christusstatue als krönenden Kuppelabschluss. Im unmittelbaren Zentrum, das von der hiesigen Geschäftswelt bereits jetzt weihnachtlich geschmückt war, stößt man auf die Pjazza St. Paul's, die eine erst in diesem Jahr aufgestellte Papststatue ziert. Hier steht Hamruns zweitürmige Hauptkirche gleichen Namens, deren barockes Innere mit viel Stuck zum Verweilen zwingt. Auch beeindrucken hier lebensgroße Heiligenfiguren in Vitrinen, Säulen mit kunstvollen Kapitellen sowie wertvolle Ölgemälde und Deckenmalereien. Das Übrige der Stadt ist typisch: alte Laternen, oft miserabel unterhaltene

Häuser, stinkender lauter Straßenverkehr und viele sich drängelnde Fußgänger.

Die Stadt Marsa dürfte wohl kaum einmal einen Touristen sehen, denn hier wird fast nur schmutzige Arbeit geleistet: Werftbetrieb! Hafen und Docks sind sehr belebt, hier werden Container-Schiffe be- und entladen, und es ankern die beiden Feuerwehrschiffe „Sea Serve". Auch die ganze Umgebung dieses frei zugänglichen Hafens ist alles andere als einladend, weil heruntergekommen, schmutzig und von schrägen Gestalten bevölkert. Sakraler Mittelpunkt ist die tiefgraue riesige Kirche St. Bernhard, die jedoch nicht zugänglich war.

Attard liegt im Einzugsbereich von Mosta und ist eine angenehme Überraschung, denn hier ist es gepflegt, und es gibt eine Menge interessanter Sehenswürdigkeiten. Ein besonderer Anziehungspunkt ist ein wunderschöner historischer Park mit der Residenz des Insel-Staatspräsidenten (der Amtssitz ist bekanntlich in La Valletta), den man sich zumindest von außen genüsslich betrachten kann. Dieses Bauwerk wurde einst vom französischen Großmeister des Johanniterordens, Antoine de Paul (geb. 1623), errichtet. Heute wehen hier die maltesische Staatsflagge und die des amtierenden Präsidenten Vincent Tabone. Hoch verehrt werden hier offensichtlich zwei britische Monarchen, nämlich die Könige Georg V. und VI., die das Reich von 1910 bis 1952 regierten und denen Malta viel zu verdanken hat. Nicht von ungefähr genoss der Vertreter Großbritanniens bei der erwähnten Kranzniederlegung von der Bevölkerung den mit Abstand stärksten Beifall!

In diesem Park kommen auch die Freunde seltener Bäume und tropischer Pflanzen auf ihre Kosten, die sich hier sogar mit Pinsel und Palette niederlassen, um auf ihre Art und Weise die Natur einzufangen. Besonders auffällig sind zwei ungeheuer große Gummibäume (Ficus benchalensis), deren weit ausladende riesige Wurzeln garantieren, dass kein Sturm des Mittelmeeres sie jemals umwerfen kann. Am Ende des Parks kann man sich eines verspielten Brunnens mit marmornen Kinderfiguren erfreuen. „Lebendige Relikte" aus alten Königszeiten sind die vielen hier frei herumlaufenden Katzen, die sich in diesem Park offensichtlich heimisch fühlen.

Der Ort Lija dürfte nur jenen bekannt sein, die sich entweder nach dorthin verirrt haben oder die ihre Botschaft aufsuchen mussten. Es ist ein historisches Städtchen zwischen Mosta und La Valletta, deren größtenteils wieder intakte alte Häuser durchaus imponieren. So stießen wir zufällig auch auf die deutsche Botschaft, die sich an einem kleinen ruhigen Platz in einem aufwendig restaurierten Gebäude gemütlich eingerichtet hat. Aber musste es wirklich sein, sich mit einer fünf Meter hohen neuen „Wehrmauer“ zu umgeben? Seit wann ist Malta so gefährlich, dass man sich derart einmauern muss?

Insel Gozo

Als wir die riesigen Warteschlangen vor den Fährschaltern sahen, wurde uns fast schlecht, aber nur fast, zeigte es sich doch, dass die Autofähre MV Cittadella imstande war buchstäblich alles zu schlucken: zig Reisegruppen, Lkw und Pkw. Ärgerlich sind dagegen die mehr als dreifachen von ausländischen Touristen zu zahlenden Preise für die Überfahrt nach Gozo, eine Unart, die sich Malta als zukünftiges EU-Mitglied wohl abgewöhnen muss. Die Fahrt zwischen den beiden Hauptinseln dauert nur eine halbe Stunde und endet im malerischen Hafen von Mgarr.

Bereits von der Fähre aus ist die über dem Hafen und der Stadt liegende Kirche Dar Ta'Lourdes zu sehen, die zwar als Wahrzeichen gilt, aber bei fremden Besuchern nur selten auf dem Programm steht. Das Manko: Man muss einen ziemlich steilen Weg nach oben in Kauf nehmen! Das Innere dieses kleinen Gotteshauses beherbergt die blütenweiße „Madonna von Lourdes“, und von hier oben hat man einen tollen Blick auf die gesamte Hafenbucht, die von erstaunlich viel Leben erfüllt ist.

Bequemt sich der Besucher weiter hinauf, kommt er zum Fort Chambray, dessen Größe sehr beeindruckend ist. Hierbei handelt es sich um eine typische Ritterburg, die der gleichnamige Johanniter in der Mitte des 18. Jahrhunderts auf seine Kosten hatte errichten lassen. Es war die letzte maltesische beziehungsweise französische Festung, die im Jahr 1798 ausgerechnet dem Franzosen Napoleon Bonaparte in die Hände gefallen war. Ironie der Geschichte! Da die Einwohner der Insel Gozo in Sachen Tourismus glauben, sich im Vergleich zur Insel Malta im Rückstand zu befinden, wird auch hier oben fleißig restauriert, dies mit dem Ziel, aus dem Fort

Chambray eines Tages ein riesiges Hotel werden zu lassen. Aber vielleicht dauert es bis dahin noch einmal zehn Jahre!

Die Nachbarschaft Mgarrs ist Ghajusielem, ein Ort, den ein Reiseführer kaum erwähnt, obwohl er zu Fuß leicht erreicht werden kann und eine Kirche riesigen Ausmaßes besitzt. Es ist die San Guzepp Church von 1928, deren rötlich-gelber Sandstein den Eindruck eines Neubaues macht. Sie steht an der Pjazza Madonna Ta´ Loreto inmitten eines sauberen Parks und zwar völlig frei, was auf beiden maltesischen Inseln nur selten der Fall ist. Ein Stückchen weiter gehend gelangten wir zum kleinen Unabhängigkeitsplatz, der wiederum eine schöne Kirche aufzuweisen hat, die – im Gegensatz zur erstgenannten – jedoch zwei Turmuhren mit römischen Zifferblättern besitzt. Beide Plätze sind schöne Inseln der Ruhe, die weder von Einheimischen noch von Touristen gestört wird. Von letzterer Spezies erblickten wir in dieser Stadt kein einziges Exemplar!

Xewkija gilt zwar als unscheinbares Dorf, aber diese Charakterisierung wird Lügen gestraft, wenn man sich dem Örtchen per pedes nähert wie wir, denn schon von Weitem ist die gewaltige Kuppel der Kirche St. John The Baptist zu sehen, deren Höhe mit 75 Metern angegeben wird. Es soll sich um die drittgrößte Kirchenkuppel ganz Europas handeln, auf die die Dorfbewohner besonders stolz sind. Ihre Kuppel, die sie aus eigenen Mitteln finanziert hatten (Bau von 1951 bis 1978) überragt tatsächlich weite Teile der kleinen Insel Gozo, ist jedoch im Ort selbst nicht optimal wahrzunehmen beziehungsweise zu fotografieren, sondern nur aus größerer Entfernung mit Tele. Dieses gewaltige Gotteshaus scheint in keinem Verhältnis zum „unscheinbaren Dorf“ zu stehen, auch das Eingangsportal mit seinen riesigen Säulen und dem „Theatergiebel“ nicht. Auf dem Domplatz davor befinden sich noch zwei kirchliche beziehungsweise öffentliche Gebäude, die jedoch keine touristischen Anziehungspunkte sind.

Die Hauptstadt Gozos, Victoria, besticht in vielerlei Hinsicht, weshalb sie auch eines der „top touristic“ Ziele auf dieser Insel ist. Die kleine beschauliche Stadt liegt zentral und ist vor allem wegen ihrer großartigen Zitadelle berühmt, von der man einen besonders schönen Blick auf den Ort hat. Der Tafelberg, auf dem sich das Festungsareal befindet, soll bereits von Menschen der Bronzezeit ab 2500 v. u. Z. besiedelt gewesen sein.

Die ersten Befestigungen errichteten die Karthager um 250 v. u. Z., es folgten die Römer und dann die Türken, die jedoch nicht den weiteren Ausbau, sondern allein die Zerstörung im Sinn hatten. Schließlich obsiegten die Johanniter, für die es Christenpflicht war, zu Verteidigungszwecken die Zitadelle wieder aufzubauen und zu vervollständigen. Was der Besucher heute zu Gesicht bekommt, ist praktisch eine kleine Stadt für sich mit vielen Gebäuden, Mauern, Wehrtürmen, Toren und freigelegten historisch bedeutsamen Fundamenten. Von der begehbaren Festungsmauer aus bietet sich ein herrlicher Blick fast über die ganze Insel bis zu den Küsten des Mittelmeeres, man sieht Dörfer, typisch eingemauerte Felder und in den Himmel ragende Kirchtürme.

Unterhalb der Zitadelle liegt Victoria, eine kleine Stadt, die kaum mehr als tausend Einwohner haben dürfte (täglich wohl mehr Touristen als Einheimische!). Die alten Kirchen St. Francis, St. Augustine und St. Sabina haben zwar alle ihren eigenen Charme, verblassen jedoch im Vergleich zur Basilika St. Gorg (Georg), deren Inneres mit vergoldetem Stuck regelrecht überladen ist. In einer Glasvitrine ruht der Heilige Georg – allerdings nur als anbetungswürdige Holzfigur. Die Stadt fasziniert nicht zuletzt auch aufgrund ihrer romantischen engen Straßen und hübschen Plätze, deren alte Laternen und Brunnen jedes Fotografenherz höher schlagen lassen.

Ein „Dorf von Rang“ ist Xaghra, jedenfalls meinen wir das, denn fremden Besuchern begegnet man hier praktisch nie, weil deren Interesse in erster Linie den steinzeitlichen Relikten in der Umgebung dieses Ortes gilt. Viele werden deshalb weder die noch immer funktionierende riesige Windmühle von 1725 in Augenschein nehmen (errichtet vom Ordensgroßmeister Manoel) noch die mächtige Kirche „Madonna des Sieges“ (über die Türken im Jahr 1565), deren Ausstattung eine Augenweide ist: Mit vergoldetem Stuck überladen, mit weißem Marmor eingerahmte Leidenswegstationen sowie eine mächtige Kuppel.

Unterhalb dieses Dorfes liegt die steinzeitliche Tempelanlage von Ggantija, genannt „Tempel der Riesin“, weil die Legende besagt, dass eine riesige Frau den ganzen Komplex in einer einzigen Nacht errichtet habe. Die archäologische Wissenschaft geht jedoch davon aus, dass die Anlage vor zirka 5.500 Jahren von Menschen gebaut wurde, die weder metallene Werkzeuge noch Flaschenzüge kannten. Tatsächlich ist nicht mit letzter Sicherheit geklärt, wie es möglich war, die zig Tonnen schweren Monolithe aus dem fünf Kilometer entfernten Steinbruch hierher zu transportieren, zu bearbeiten und aufzustellen. Das Areal mit sechs deutlich zu erkennenden nierenförmigen Räumlichkeiten – Tempel und Vorplätze – ist von einem klobigen Steinwall umgeben, der vermuten lässt, dass die Priester sich entweder vor Feinden schützen mussten oder dass Außenstehende auf keinen Fall etwas von den heiligen Ritualen im Innern sehen durften. Verehrt wurde hier, sofern man den Archäologen glauben will, die Große Mutter – die Fruchtbarkeitsgöttin, der Tiere (und Menschen?) geopfert wurden. Zu sehen sind verschiedene Altäre, wovon einer die ungewöhnliche Form eines sogenannten Trilithaltars hat, bei dem eine Querplatte auf zwei senkrecht stehenden Steinplatten ruht. Andere Altäre weisen spiralförmige Außenmuster auf, also die bekannten sogenannten Großen Augen. Dass hier viel Blut geflossen sein muss, beweisen angeblich Steine mit Rillen und Löchern. Aber was spielte sich hier wirklich ab?

Die steinzeitlich anmutende Tempelstätte Ggantija soll von einer Riesin in nur einer Nacht errichtet worden sein.

Unser nächstes Ziel war Ta´Pinu, das wir nach Charb und San Lawrenz zu Fuß erreichten. Das Dorf Charb ist lediglich wegen seiner am Ortseingang tätigen Glasbläser von Interesse, die hier noch ihrer alten Handwerkskunst nachgehen. Die große Hauptkirche dieses Ortes ist imposant, verfügt über zwei Türme sowie über eine mächtige rote Kuppel. Seltsam, dass Menschen hier offensichtlich eine Rarität sind, kaum jemand war zu sehen! Auch der Ort San Lawrenz bietet den Besuchern nichts Aufregendes, ist doch auch hier nur eine der typischen großen Gotteshäuser mit mehreren roten Kuppeln zu sehen sowie ein unifarbenes Stadtbild (Sandstein), das nur hin und wieder durch einen hölzernen Erker aufgelockert wird.

Ta´Pinu ist ein sehr eindrucksvoller Kirchenkomplex in freier Landschaft, der sich Our Lady Ta´Pinu nennt und gewaltige Ausmaße hat. Es handelt sich nicht um einen historisch besonders interessanten Platz, denn der Kirchenbau ist neueren Datums, aber die Geschichte geht über das heutige Äußere weit hinaus. Vor vielen Jahrhunderten soll hier die Muttergottes erschienen sein, deren Gnadenbild das Ziel der Pilgerscharen ist. Und so hatte es sich auch Papst Johannes Paul II. nicht nehmen lassen, am 26. Mai 1990 vor diesem Bild ins Gebet zu versinken. Der hohe Kirchenraum ist im Gegensatz zu den meisten maltesischen Barockkirchen wohltuend hell, die Wände sind mit kunstvollen Mosaikbildern geschmückt, die Bögen zwischen den Säulen sind mit Stuck versehen und darüber befinden sich besonders schöne Mosaike, die für den Betrachter aber leider viel zu hoch angebracht wurden.

Der Ort Zebbug, der ebenfalls von einer unübersehbaren Kirche überragt wird, bildete den Abschluss unserer Exkursionen auf der Insel Gozo. Bemerkenswert ist hier lediglich ein großes, vermutlich römisches Aquädukt aus dem Jahr 49, dessen Bögen noch erstaunlich gut erhalten sind (allerdings restauriert). Von diesem Aquädukt geht eine Mauer ab, die einen verblüffend niedrigen Durchgang von höchstens 1,70 Metern aufweist, Beweis dafür, dass die Menschen der damaligen Zeit alles andere als Riesen waren.

Nun lagen zwei Wochen auf Malta und Gozo hinter uns, die wesentlich ergiebiger als erwartet waren, was natürlich auch mit den kurzen Entfernungen von Ort zu Ort zusammenhängt. Soviel wir auch auf Achse waren

– gestresst haben wir uns kaum, im Gegenteil, denn nach Abschluss dieser Tour fühlten wir uns durchaus erholt, zumindest kehrten wir nicht nach München zurück, um dort „Urlaub vom Urlaub“ zu machen.

Zu den Maltesern lässt sich sagen, dass sie angenehme Zeitgenossen sind, die sich längst an die nordischen Blässlinge gewöhnt haben, wohl wissend, von ihnen mehr oder weniger abhängig zu sein. Im Übrigen scheinen deutsche Touristen heutzutage besonders willkommen zu sein, wohl des reichlich fließenden Geldes wegen. Geld heilt wohl auch Wunden, die gerade die Deutschen den Maltesern beigebracht hatten: Während des Zweiten Weltkrieges flog die deutsche Luftwaffe nicht weniger als 2.000 Angriffe auf Malta und Gozo, dabei gab es 1.500 Tote und 30.000 Gebäude wurden zerstört. Wie gesagt: Geld heilt vieles, aber haben uns die Malteser auch wirklich verziehen?

Am Freitag, dem 13. November, hob unsere Boeing 737-300 der Malta Air um neun von der Piste des Flughafens Luqa gen Norden ab. Über den weiß verschneiten Alpen gleißte die Sonne, bevor wir gegen halb zwölf Ortszeit wohlbehalten auf dem nebelverhangenen Münchener Flughafen landeten. Bayern hatte uns wieder!

6. Kapitel
SYCHELLEN

Menschen, die von sogenannter Inselsehnsucht geplagt werden, wird nachgesagt, sie wollten vor der Welt und/oder vor sich selbst fliehen, weil sie glauben, auf irgendwelchen möglichst einsamen Inseln glücklicher beziehungsweise freier zu sein. Zu dieser etwas merkwürdigen Spezies, die es in allerdings wachsender Zahl stressbedingt tatsächlich gibt, gehören wir gottlob nicht, denn bei uns überwiegt nach wie vor die touristische Neugier auf fremde Kulturen, auf Natur und etwas Abenteuer – auch, was die tropischen Inseln der Seychellen im Indischen Ozean betrifft.

Wir jetteten o. w. fast 9.000 Kilometer und richteten unser Stammquartier in der Hauptstadt Victoria (zirka 25.000 Einwohner) ein und zwar bei Insel-Chinesen, die schon seit ein paar Generationen die République des Seychelles mit ihren insgesamt rund 75.000 Einwohnern bereichern. Amtssprachen sind Englisch, Französisch und Kreolisch. Die Hauptinsel Mahé erlebten wir als einzigartiges Tropenparadies mit urwäldlich bewachsenen Bergen (bis 900 Meter), noblen Urlaubs-Resorts und schönen Badestränden. Außerdem ging es per Bus, teilweise auch per pedes zu insgesamt acht Reisezielen, die allerdings Spektakuläres nicht boten, abgesehen vom einzigen Wasserfall nahe Port Glaude (Fluss L'Isette).

Die Nachbarinsel Praslin wäre unser hauptsächliches Ziel außerhalb Mahés gewesen, aber es sträubte sich alles in uns, als wir den x-fachen Touristenpreis für die Überfahrt per Ferry erfuhren. Da der Tourismus auf den Seychellen, mit dem man schnell und ganz bequem viel Devisengeld verdienen kann, spätestens ab 1972 der wichtigste Wirtschaftszweig ist, hat sich das allgemeine Preisniveau auf wahrhaft weltmeisterliche Höhen geschwungen – sehr zur hellen Freude der in dieser Branche tätigen Insulaner, oft aber auch zum Ärger der touristischen Besucher, denen es deshalb nicht immer leicht fällt, hier unbeschwert ihre wehen Seelen baumeln zu lassen.

Wäre es nach dem prächtigen Herbstwetter gegangen, hätten wir uns die sonnigen warmen Seychellen glatt sparen können – so schön war es an diesem Tag in München! – Wieder einmal Routine: Per Bus und S-Bahn zum Flughafen „Franz-Josef-Strauß“, dann problemloses Check-in am

Lufthansa-Counter beziehungsweise Abfertigung zum Flug LH 985 um 20.25 Uhr zunächst nach Frankfurt und dort erwartungsgemäß „ewiges Nudeln“ im Kreise (Warteschleife), weil FRF wieder einmal hoffnungslos überlastet war.

Weiter ging es mit einer Boeing 767-300 ER (die nächst größere Maschine wäre der Jumbo 747 gewesen) by Condor DE 304 zunächst bis Mombasa (6.800 Kilometer), Abflug 23.45 Uhr, die nicht ganz besetzt war (keine Saison).

Während der Morgendämmerung Flug über die kahlen Berglandschaften Äthiopiens, die wir in denkbar schlechter Erinnerung haben (Individual Tour 2/2000). Auf dem Flughafen von Mombasa, den wir nach achteinhalb Stunden erreicht hatten, verabschiedeten sich Käpt'n Schimmel und seine Mannschaft, doch zuvor hatte er die weiterreisenden Urlauber darauf vorbereitet, dass wegen technischer Unzulänglichkeiten (!) auf dem Flugplatz von Mombasa das Auftanken „etwas länger als gewöhnlich“ dauern würde. Crew-Wechsel. Nun ging es ziemlich genau parallel zum Äquator weiter bis zum Endziel, das waren noch einmal gut zwei Stunden beziehungsweise 1.800 Kilometer.

Die Abfertigung auf dem Flugplatz von Mahé, der mit 145 Quadratkilometern weitaus größten Seychellen-Insel, ging zwar reibungslos über die Bühne, aber erst, als die kategorische Forderung der Stempeldame erfüllt war, am Touristenschalter wenigstens eine Übernachtung gebucht und bezahlt zu haben – in harten Devisen, versteht sich. Uns wurde die angeblich billige Pension Bel Air empfohlen, die „nur“ 80 Euro pro Nacht inklusive Frühstück kosten würde. Kein Problem, daraufhin den begehrten Einreisestempel zu bekommen. Noch bevor wir einen Schritt nach draußen getan hatten, wussten wir also, dass dieses „Paradies“ verflixt teuer ist beziehungsweise fast unbezahlbar, wenn man seine heiß begehrten Euro etwa offiziell gegen SR (Seychellen Rupies) tauscht; da gibt es für einen Euro nur 6 SR, aber buchstäblich überall erhält man inoffiziell 10 SR und geht dabei keinerlei Risiko ein.

Per öffentlichem Bus (billig!) ging es zunächst 10 Kilometer bis ins Zentrum der Hauptstadt Victoria (zirka 25.000 Einwohner), und bereits während dieser Fahrt bei 30 feuchtwarmen Grad Celsius wurde uns bewusst, es praktisch nur mit exotischen Einheimischen zu tun zu haben, die dem Fremden gegenüber zurückhaltend und freundlich sind. Während unseres gesamten Aufenthaltes hatten wir niemals irgendein Belästigungsproblem: keine Bettelei, keine Anmache, keine Schummeleien mit Geld. Insofern lassen sich die Seychellen komplett beispielsweise mit den Malediven vergleichen. Die Bevölkerung setzt sich zu knapp 90 Prozent aus Kreolen, sowie aus Indern und Chinesen zusammen, die meist schon seit Generationen „im Paradies" zu Hause sind.

Die Pension Bel Air liegt hoch über der City und wird von einer alteingesessenen freundlichen indischen Familie geführt, deren Oberhaupt stolz auf sein Frau sein kann, die alle Räume mit außerordentlich viel Geschmack eingerichtet hat. Der Nachteil: Der Weg dorthin ist schweißtreibend, und da wir in Victoria unser Hauptquartier einrichten wollten, zogen wir nach einer Übernachtung wieder aus und quartierten uns für die restliche Zeit unseres Aufenthaltes bei zugänglichen Chinesen in der City ein. Hier stimmte gottlob alles: Chefin und Personal freundlich, ruhige Lage, AirCon, sauber und preislich spürbar akzeptabler als Bel Air. Hilde, das hast du gut gemacht!

Victoria als Hauptstadt eines Staates, der sich offiziell République des Seychelles nennt, gibt natürlich das her, was man von einer Capitale erwartet, wenngleich hier alles einige Nummern kleiner ist. Wichtig ist, dass dieses 25.000 Einwohner zählende Städtchen auf Besucher einen freundlichen neutralen Eindruck macht und es doch Einiges zu sehen gibt, an dem man nicht achtlos vorübergehen sollte.

Dass es hier multikulturell zugeht, gehört seit der Entdeckung der Inselgruppe um 1500 durch portugiesische Seefahrer ganz selbstverständlich dazu. Aber erst ab der Mitte des 18. Jahrhunderts, als die organisierte Besiedlung ihren Anfang nahm, sorgten französische Kolonisten und afrikanische Sklaven für rasche Vermehrung und Vermischung beziehungsweise für das, was man heute als „Volk der Seychellen" bezeichnen kann; denn nahezu 90 Prozent der Bewohner sind Kreolen (Mischlinge), die inzwischen ihre eigene Kultur samt Sprache entwickelt haben. Der Rest setzt sich vor allem aus Indern, Chinesen und ein paar Weißen zusammen, die ebenfalls schon seit etlichen Generationen die Seychellen bewohnen, und zwar zu 90 Prozent auf der Hauptinsel Mahé. Es versteht sich von selbst, dass auch die Briten lange Zeit hier das Sagen hatten (1814 bis zur Unabhängigkeit 1976), es aber – aus welch undurchsichtigen Gründen auch immer – nicht schafften, den Straßenverkehr auf die „falsche/linke" Seite zu bringen. Vermutlich waren sie am Widerstand der Franzosen gescheitert, die übrigens in einigen Gebieten Mahés ihre Sprache gefestigt haben, stellenweise sogar in Victoria – alle Achtung!

Diese Felsformationen nahe Victoria zählen zu den natürlichen Wahrzeichen der Seychellen.

Wie dies im Alltag aussieht, erfuhren wir unter anderem in der Cathédrale de L'Immaculée, in der wir nur französische Gebete hörten, auch sonst ist alles französisch, zum Beispiel alle Aushänge. Dieses Gotteshaus ist relativ neu, von dem alten Bau sieht man nur noch den natursteinernen Turm mit falsch gehender Uhr. Von dort dürfte ein historisches Kirchenfenster stammen, das man hier wieder verwendet hat, es kam einst aus Innsbruck.

Wenn man so will, verkörpert sinnbildlich ein Hindutempel das genaue Gegenteil einer katholischen Kathedrale. Der Tempel Arulmighu Narasakthi Vinayagar mit typisch indischem Gopuram (kleine bunte Figuren und Schlangensymbole und große reich bemalte Ritualhalle) befindet sich in der Nähe des historischen Marktes von 1840, der den eigentümlichen Namen Sir Selwyn Selwyn Clarke trägt. Hier glaubt man sich in einem sogenannten Tropenparadies zu befinden beziehungsweise entdeckt Früchte, die einem noch nie zu Gesicht gekommen waren. Mit bescheidenen (!) 800.000 Euro hat übrigens die wohl im Geld schwimmende EU die Restaurierung dieser Markthalle kräftig mitfinanziert, die erst 1999 abgeschlossen war. Die Seychellen haben's nötig!

Als wir gegen Abend zur Ruhe gekommen waren, ging uns vieles durch den Kopf, vor allem die Tatsache, dass uns unverhältnismäßig viele extrem dünne Menschen aufgefallen waren, auch manche Polizisten muss man zweimal ansehen, um sie als solche zu erkennen. Aids? So wird's wohl sein, zumal überall Verhütungspropaganda betrieben wird. Selbst Kondome gibt es beispielsweise im Post Office gratis!

Zwischen GPO und Supreme Court, einem schönen englischen Kolonialgebäude, steht auf der verkehrsreichsten Straßenkreuzung beziehungsweise am Anfang der geschäftigen Independence Avenue ein silberfarbener Clock Tower, der zur Erinnerung an Königin Victoria (1832 – 1901) als National Monument aufgestellt und 2001 zum 100. Todesjahr von der örtlichen Geschäftswelt restauriert wurde. Wie zu beobachten war, konnten die Briten doch wenigstens eine sichtbare Spur ihrer Tradition hinterlassen: Die hohen Richter tragen alle fein gelockte Amtsperücken und tiefschwarze Roben.

Besuchenswert ist das Natural Museum, dessen großes Messingschild am Eingang zunächst einmal darüber informiert, dass sich am 27. August 1770 auf der Insel Sainte Anne die ersten Siedler niedergelassen hatten. Dann folgen Natursuperlativen: Die größte „Coco de mer" (die sogenannte National-Nuss) wiegt 18,03 Kilogramm, eine Palmenriesennuss, die angeblich nur auf den Seychellen zu finden ist und überall echt oder unecht an Touristen verkauft wird. Der Name ist irreführend, denn diese Nuss kommt natürlich nicht aus dem Meer, sie wächst auf Palmen in Küstennähe. Doch die seinerzeitigen Entdecker fanden diese klobigen Früchte, die oft wie weibliche Unterleiber aussehen, zunächst nur im Wasser, lange bevor herausgefunden wurde, dass es sich um seltsame Palmenfrüchte handelt. Aber der Name „Coco de mer" blieb bis heute erhalten.

Hier sind auch die größten Schmetterlinge (Lepidoptera), die größten Schildkröten (Chelonia mydas, 200 Kilogramm) und die größten Muscheln zu bewundern, zum Beispiel die Tridacna gigas, und zuletzt lernt der Besucher, dass es hier auch den legendären Dodo gab, ein ungelenkes vogelartiges Tier, das aber massenweise abgeschlachtet beziehungsweise ausgerottet wurde. Der Dodo, so lernten wir auch auf Mauritius, ist der eigentliche Ureinwohner der Inseln im Indischen Ozean, der einzig echte! Aber hat es ihn wirklich gegeben? Viele bezweifeln das.

Auch die Geologie kommt hier zu ihrem Recht und man erfährt, dass westlich von Mahé sogar noch Öl gebohrt wird und bei dieser Gelegenheit ein Bohrkern zutage kam, der 180 Millionen Jahre alt ist. Mehr noch: Vor 265 Millionen Jahren waren die Seychellen der Kernpunkt des Urkontinents Gondwana beziehungsweise eingekeilt zwischen Madagaskar, Indien und Afrika, bevor die Kontinentalplatten ihre Wanderung über den Globus begannen. Jetzt wissen wir endlich, warum sich die Seychellen so wichtig nehmen und entsprechend teuer sind, handelt es sich doch um das Herz Gondwanas beziehungsweise um den Mittelpunkt all unserer Kontinente. Toll!

Victoria ist auch Hafenstadt mit Passagier- und Fischerhafen. Hier starten alle Boote zu den übrigen Inseln, werden Frachter gelöscht und Fischernetze entleert. Doch ist von viel Aktivität kaum etwas zu bemerken, vor allem im Fischerhafen und umliegenden Fischfabriken nicht, obwohl – wieder einmal – die Japaner für teure Modernisierung gesorgt haben, aus reiner Freundschaft, versteht sich. Mit dem Tourismus lässt sich eben schneller und leichter mehr Geld verdienen! Übrigens muss man, wie auch auf den Malediven, nach wirklich arbeitenden Menschen regelrecht suchen, da es sie kaum gibt. Zur Erinnerung: Wir befanden uns ja schließlich im Paradies!

Unser erstes auswärtiges Ziel hieß Turtle Bay, weniger ein Ort als ein Gebiet mit schönen Küsten und verstreut liegenden kolonialen Häusern, die es jedoch wert sind aufgesucht zu werden. – Wir sahen das fotogene Gebäude „Lenstiti Kreol“, das sich in einem besonders schönen Tropengarten befindet und das zeigt, was man von einem Kolonialhaus auf den Seychellen erwartet: große Veranda und Dach mit Zierblech. Etwas weiter gehend kommt man zur „Villa Caballero“, in der sich gleich drei konsularische Vertretungen eingerichtet haben: die Schweden, Finnen und Dänen, also Skandinavier unter sich, fernab von allen Unbilden der Zivilisation und stets von einer frischen Meeresbrise umweht. Paradiesisch!

Das sogenannte Craft Village ist ein touristischer Anziehungspunkt, allein schon der im Kreis aufgestellten kleinen Kolonialhäuser wegen. Hier fertigen einheimische KünstlerInnen vor den Augen der Besucher echt Volkstümliches und hoffen natürlich, dass möglichst viel gekauft wird. Heute war hier aber absolut nichts los – Zufall? Gleich nebenan befindet sich die Island Distillery, in der zwei einheimische Pflanzen-Freaks wertvolle Essenzen der Natur entziehen: Pure Organic Essential Oils (Vanelles, Citronelle, Vanille, Parfumes, Diffuseurs et Medicinal). Hildegard roch an einigen dieser Essenzen: Sie stanken abscheulich!

Wir steuerten das Plaine Saint André Eco Musée an, doch hier regiert der Zerfall. Das einst schöne Kolonialgebäude befindet sich in einem erbärmlichen Zustand und ist augenscheinlich schon seit Jahren verlassen. Und dennoch mähen zwei offensichtlich überlastete schwarze Frauen den Rasen und fegen Laub zusammen – so, als hätte man die beiden irgendwie vergessen. – Per Bus ging es wieder nach Victoria zurück, diesmal zusammen mit lebhaften Schulkindern, von denen sich keines anschickte, für ältere Leute aufzustehen. Man hat offensichtlich von Deutschland gelernt! Die Zeiten sind hart, aber modern! – Abends prasselten schwere Tropengüsse nieder, die wir von unserer Veranda aus genießen durften.

Dieser neue stark bewölkte und sehr schwüle Tag begann enttäuschend in einem Laden, in welchem Hildegard um Wechselgeld für die Busfahrten bat. „Nur, wenn du bei uns etwas kaufst, wechseln wir deinen Fünfziger!" – wieder ein kleiner Beweis dafür, dass es auf den Seychellen eigentlich nur ums Geld geht. Wie kann man da eine Gefälligkeit leisten, die nichts einbringt!? Anstandslos gewechselt hatte schließlich ein moslemischer Ladenbesitzer, bei dem Hilde dann immer wieder einkaufte. Auf diese Art und Weise verstehen sich Deutsche und Orientalen übrigens schon seit Jahrhunderten!

Unser Tagesziel hieß Anse Royale, zu erreichen wieder auf landschaftlich sehr schön gelegener, aber gefährlich kurvenreicher Küstenstraße. Dieses kleine Örtchen hat keine touristischen Sehenswürdigkeiten vorzuweisen, befindet sich beispielsweise die kleine anglikanische Kirche, die Soviour's Church, in einem unglaublich miesen Zustand: Regenwasser rinnt an den Innenwänden, Fensterscheiben sind zerbrochen, Wellbleche sind durchlöchert, Fußböden kaputt, und die Gedenktafel am Eingang für die 1914/18 gefallenen Kriegsteilnehmer und verstorbenen Fremdenlegionäre (Ostafrika) ist fast nicht mehr zu lesen. Und dennoch wird dieses Kirchlein benutzt. Einen geradezu komfortablen Eindruck macht dagegen die katholische Church of St. Joseph von 1931, die jetzt von Grund auf teuer restauriert wird.

Vorbei an den für die Seychellen typischen gerillten Granitfelsen, die sehr fotogen sind, kamen wir zu einem der vielen sogenannten Traumstrände, an dem die kaffeebraunen Einheimischen – vor allem Kinder – nur unter sich waren. Schön, sehr schön ist's hier: feinster Sand, glasklares flaches Wasser, wenig Brandung und tropische Vegetation so weit das Auge reicht. Erfreulich auch, dass es den hiesigen Frauen nie in den Sinn kommen würde, sich so ordinär zu zeigen, wie beispielsweise die Kubanerinnen.

Baie Lazare auf der Westseite Mahés war unser heutiges Ziel. Wir benutzten natürlich wieder lokale Busse, was vielen Touristen leider suspekt ist. Sie mieten sich stattdessen für viel Geld – oft aus reiner Unwissenheit – einen Pkw und wundern sich dann über die kurzen Entfernungen hier. Tatsächlich kann man jeden Punkt auf Mahé bequem und billig „by local bus" erreichen, was durchaus auch für sogenannte Reiseanfänger empfehlenswert ist. Im Übrigen fahren alle Busse zum Einheitspreis von 3 SR – egal, wie kurz oder lang die Strecke ist. Dieses intelligente System müssen die sich beim MVV abgesehen haben, wo sonst!?

Die Fahrt ging von einer Serpentine zur anderen quer über die Insel durch eine großartige urwäldlich bewachsene Berglandschaft, deren Schönheit absolut unvergesslich im Gedächtnis haften bleibt. Man müsste schon ein begnadeter Literat sein, um diese phantastischen Szenen in Gottes freier Natur erschöpfend beschreiben zu können!

Zunächst besuchten wir die weithin sichtbar auf einem Hügel liegende Kirche St. François d'Assise, deren Gemeinde im Jahr 1988 als L'èglése est à Anse Gaulette gegründet worden war. Wie wir hörten, ist diese Ecke Mahés nach wie vor französisch geprägt. Dieses Gotteshaus wird gepflegt, aber warum nicht auch der dazugehörige Friedhof, wo die Bernards, Hodouls und Wongs in Ewigkeit ruhen?

Um zu sehen, wo und wie hier namentlich Deutsche ihren teuren Urlaub verbringen, besuchten wir das Resort Baie Lazare und wurden enttäuscht: Das Casino ist tot beziehungsweise der „Plantations Club" geschlossen –

arme Urlauber, die hier nicht einmal Gelegenheit haben, überflüssiges Geld loszuwerden! Im seitlich offenen Rondell wird gespeist und getrunken, im Wasser getaucht, geschnorchelt und gefischt, also Diving, Snorkeling und Fishing – was soll man denn sonst hier tun, denn einen Ort zum Shopping gibt's hier nicht – traurig!

Heute sollte uns ein Bus bis ans „Ende der Welt" bringen, die Tagesziele hießen Port Launey und Port Glaude. Im erstgenannten Ort, der in Wirklichkeit aber kein Ort, sondern nur eine Bucht ist, endet der Bus, der vor allem Einheimische zu ihrem Badestrand transportiert. Dieser befindet sich in einer traumhaft schönen Bucht. Ein paar Kilometer zurück gehend wird es landschaftlich noch schöner, denn dann blickt man in eine urwüchsige Mangrovenbucht und auf immergrüne Urwaldberge, in denen sich eine Besonderheit versteckt hält, nämlich ein zur kleinen Ortschaft Port Glaude gehörender Wasserfall. Nachdem wir der Kirche „Peter und Paul" einen kurzen Besuch abgestattet hatten, schlugen wir einen schattigen Weg hoch zum Wasserfall ein, der jedoch nur erreicht werden kann, wenn man dem Eigentümer der Pigeons Farm die verlangten 25 SR bezahlt hat, ein Ticket gibt's natürlich nicht. Aber dieser sogenannte Eintrittspreis lohnt sich, denn nach ein paar Hundert Metern Urwaldpfad steht man plötzlich vor dem besonders schönen Fall des Flusses L'Isette, der hier fast 100 Meter tief in ein Badebecken stürzt.

Die Kirche „Peter und Paul" in Port Glaude am sogenannten Ende der Welt.

Unsere Rückfahrt durch die zentralen Berge erfolgte über eine andere Straße, die ebenso abenteuerlich wie schön war: Beängstigende Serpentinen, von Schmarotzer- und Würgepflanzen traktierte Laubriesen, tiefe Abgründe und immer wieder herrlich leuchtende Blumen inmitten satten Grüns.

Am heutigen Allerheiligentag war Ausruhen angesagt, zumal sich auch in der City of Victoria kaum etwas bewegte. Wenn drückende Tropenschwüle mit einem Sonn- oder Feiertag zusammenfällt, ist hier erst recht nichts los. So spazierten wir noch einmal zum Hafen, querten den Kinderpark ohne Kids und beobachteten zutrauliche Minitauben und große Fischschwärme, die sich mehr an der Wasseroberfläche zu tummeln schienen, als in tieferen Gefilden.

Ein Regentag und sehr schwül, also kaum etwas für Ausflügler, sondern eher geeignet für einen weiteren Gang in ein Museum, dem National History Museum, integriert in die etwas überdimensionierte Nationalbibliothek.

Hier lernten wir zu unserer Überraschung, dass es wohl nicht die Portugiesen waren, welche die Seychellen als erste entdeckten, sondern dass ab 915 bis um 1500 bereits arabische Händler mit ihren seetüchtigen Dhaws hier waren und zwar anfangs unter Führung von Käptn Sulaiman bin Ahmed bin Sulaiman al-Mahri. Mit wem haben diese Araber hier eigentlich Handel getrieben? Wohl kaum mit dem Dodo! Wahrscheinlich haben sie hier nur Zwischenstation auf ihren Handelsfahrten nach Ostafrika gemacht.

Besser dokumentiert ist die portugiesische (Wieder-)Entdeckung unter Vasco da Gama, der hier zwischen 1502 und 1505 auf seiner zweiten Indienreise Station machte, aber keine Niederlassung veranlasste. Eine portugiesische Karte von 1517 zeigt die Seven Sisters, wie man damals die Inseln noch nannte, ohne zu wissen, dass es sich in Wirklichkeit um nicht weniger als 140 Inseln handelte – meist unbewohnte, wie auch heute noch. Bis 1730 galten in Piratenkreisen die Seychellen als sicherer Platz, bis die Franzosen im selben Jahr den Oberpiraten Vasseur hängten. Aber es dauerte noch bis zum 27. August 1770, bis auf der Insel Sainte Anna die erste dokumentierte Niederlassung entstand, und zwar initiiert von Siedlungswilligen und – fähigen, die von den Inseln Mauritius und Réunion herüber kamen.

Was dann folgte, wollen die Franzosen und Briten heute nicht mehr hören, nämlich Sklaverei der übelsten Art. Ziemlich überraschend auch die Tatsache, dass die Seychellen für viele Prominente Exil-Islande waren.

Beispielsweise wurde Malaysias Sultan Abdullah Sha 1877, der Goldküstenkönig Prempeh 1900 sowie Promis aus Uganda, Somalia, Sansibar, Ägypten und Palästina ebenso „ins Paradies verbannt“ wie – kaum zu glauben – 1942 auch Chief Haile Selassi Gugsa (Äthiopien) und 1956 Zyperns Erzbischof Makarios samt Anhang. Die Seychellen waren Exilinseln von 1798 bis 1963! Und wer gern etwas über deutsche Kriegsvergangenheit wissen möchte, kommt angesichts eines MG 08 (Berlin 1918) und eines Stahlhelmes ebenfalls auf seine Kosten.

Wir hatten gehofft, dass es heute nicht mehr so unerträglich schwül sein würde, aber dem war leider nicht so – also durchbeißen, zumal es sich um die letzte Exkursion auf Mahé handeln sollte. Ziel Nummer eins hieß Bel Ombre auf der Westseite der Insel und abermals per Bus durch die zentrale Bergwelt zu erreichen. Die Route führte unter anderem an der rotchinesischen Botschaft vorbei, die uns zehn Nummern zu groß vorkam und außerdem höchst komfortabel. Diese Protzerei Pekings war uns übrigens auch schon auf Tonga aufgefallen, so dass die Frage berechtigt ist, aus welchen Gründen die Volksrepublik auf so kleinen Inselchen derart große Botschaften errichtet.

Bel Ombre hört sich groß an, ist aber ebenfalls ein Nest, das es jedoch – bei genauerem Hinschauen – in sich hat. Hier residiert unter anderem Seine Exzellenz der russische Botschafter und es gibt ein Resort der Superlative, ganz bescheiden Fisherman's Cove genannt. Hierbei handelt es sich vermutlich um den teuersten Laden der Seychellen: Das billigste Zimmer kostet pro Tag 450 Euro, das teuerste Double 1.200 Euro, aber in der sogenannten peak-season müssen mindestens fünf Nächte gebucht werden, was der ganz bescheidenen Summe von 6.000 Euro plus Steuer entspricht. Und auf welche Spezies trafen wir hier? Auf Russen mit Frau und Kind! Just hier erbat ich mir an der Rezeption eine Kopie, doch da hieß es: „Sorry, unser Kopierer ist kaputt, geht nicht!“ Irgendwie ist die Welt doch verrückt geworden und wir sagen immer öfter: „Netzer hat Recht!“

Bis nach Beau Vallon sind es nur zwei Kilometer zu Fuß, und dieser Ort verdient Ort genannt zu werden, auch wenn er recht klein ist und es außer stillosen Häusern praktisch null zu sehen gibt. Hier dreht sich erst recht alles ums Geld beziehungsweise um harte Devisen, welches vor allem im „Berjaya Beau Vallon Bay Beach Resort & Casino“ den Urlaubern entlockt wird. Diese noble Ferienanlage ist vollgestopft mit sonnenhungrigen Gästen vornehmlich aus Deutschland (Neckermann, Der Tour, Maier's, Bucher, Air Marin etc.), sicher und ruhig gelegen, so sicher, dass sich auch der israelische Botschafter, wie gesehen, hierher zum Essen wagt.

Heute war das Wetter wieder optimal, so dass wir uns genüsslich auf der Veranda aalen konnten, um uns mental auf die anstehende Rückreise einzustellen.

Unsere chinesische Hotel-Chefin genehmigte ohne Zögern ein längeres Verweilen, denn der Flug sollte erst gegen Mitternacht abgehen. Nachdem wir uns gehörig re-zivilisiert hatten, fuhren wir per Bus zum International Airport, auf dem nach und nach die deutschen Resortgruppen eintrafen, die alle den Condor-Flug DE 303 non-stop nach Frankfurt begehrten. Während der Wartezeit von sechs bis sieben Stunden war dies der einzige internationale Flug, den das – natürlich völlig überlastete – Flughafenpersonal zu bewältigen hatte! Unsere Maschine war wieder eine Boeing 767-300, die bis zu ihrem Ziel zehn Stunden in der Luft sein sollte.

Nach ruhigem Nachtflug Ankunft in Frankfurt gegen 6.30 Uhr deutscher Zeit bei gutem Wetter. Weiter ging's mit Flug LH 964 mit Ziel MUC um 8.30 Uhr by Airbus A 300-600, graue Ledersitze. Hier bedauerten wir die Flugbegleiterinnen, die binnen kürzester Zeit auch noch Getränke und Geknabber austeilen mussten – eine völlig überflüssige Serviceleistung! Ankunft in München bei dichtestem Nieselregen und nur 12 Grad Celsius – ein Klimahammer, wenn man soeben von den tropischen Seychellen gekommen war.

7. Kapitel
TUNESIEN

Ein drittes Mal nach Tunesien zu reisen, stellt keine touristische Höchstleistung dar, denn dieses kleine Maghreb-Land hat sich den devisenbringenden Europäern quasi unterworfen und bietet jede nur denkbare Annehmlichkeit. Meidet man jedoch die sogenannten Touristen-Ghettos und hat, wie wir, vor allem das wirkliche Leben auf der Insel Djerba im Blickfeld, erschließt sich viel Neues, und es gibt Überraschendes der recht ungewöhnlichen Art: Töpferhandwerker, die in steinzeitlich anmutenden Höhlen arbeiten und jüdische Exklaven, die angeblich bereits seit der Zerstörung des Salomon-Tempels in Jerusalem im Jahr 584 v. Chr. hier als „Emigranten in der Diaspora" leben, also seit rund 2.600 Jahren inmitten der arabischen Welt! Die Propaganda spricht von einem „Beispiel menschlicher Weisheit und Brüderlichkeit", was Extremisten jedoch nicht daran hinderte, im Jahr des Herrn 2000 einen verheerenden Anschlag auf die Synagoge La Ghriba zu verüben.

Wir richteten uns in der Hauptstadt Djerbas Houmt-Souk ein und unternahmen fast täglich Ausflüge zu insgesamt 13 Reisezielen, waren also ziemlich rastlos unterwegs, um möglichst ganz Djerba näher kennenzulernen, eine 515 Quadratkilometer große und 78.000 Einwohner zählende Insel im Golf von Gabès. Zu den wichtigsten weiteren Zielen zählten zwei jüdische Siedlungen sowie die Städte Zarzis (auf gleichnamiger Halbinsel), Midoun, Guellala, Ajim und Cedouikech – alles erreicht mit lokalen Bussen, denen sich kaum Touristen anvertrauen, wir also fast immer die einzigen Fatalisten an Bord waren. Nennenswerte Probleme gab es nicht, lediglich etwas Ärger mit ein paar frechen Blagen, die auch mal dazu neigten, Steine zu werfen, oder mit Souk-Leuten, die das dumme Angequatsche nicht lassen können.

Da auch diese Tunesienreise alles andere als spektakulär war und ich im Übrigen die nordafrikanischen Länder bereits ausführlich beschrieben habe, beschränke ich mich im Folgenden wieder auf kurzweilige Tagebuchnotizen. Dennoch viel Lesespaß!

Blick in die Geschichte

Angesichts unzähliger historischer Vorgänge, die sich seit Jahrtausenden im Mittelmeerraum ereignet haben, kann es sich hier nur um einen sehr kurzen Blick in die Vergangenheit handeln, zumal es ganze Bibliotheken voll kompetenterer Werke einschlägiger Art gibt, derer man sich ein Leben lang widmen könnte.

Die Geschichte Tunesiens nahm im Jahr 814 v. Chr. mit der Gründung Karthagos durch die Phönizier reale Gestalt an, doch die Kaufmannsrepublik geriet in Widerstreit mit den Interessen des Römischen Imperiums und wurde schließlich im Jahr 146 v. Chr. dem Erdboden gleichgemacht; die Stadt soll 17 Tage lang gebrannt haben. Es war Kaiser Augustus, der „Punis" wieder zu neuem Leben erweckte und Tunesien zur Kornkammer Roms und zu einem kulturellen Mittelpunkt der Antike machte. Zugleich wuchsen auch religiöse Einflüsse aus dem Osten, denn 70 n. Chr. (Zerstörung Jerusalems durch Titus) wanderten immer mehr Anhänger Jahwes (Juden) und Christen ein, so dass deren Anhängerschaft vor allem unter den Berbern ständig wuchs, aber auch unzählige Märtyrer durch römische Verfolgung ihr Leben ließen. Der Kirchenvater Augustinus war ein Berber aus Tunesien!

Verheerende Auswirkungen hatten die Einfälle der Vandalen, die im Jahr 439 aus Spanien kommend am Kap Bon landeten und von dort aus ihre Raubzüge bis nach Rom ausdehnten; sie hatten Karthago eingenommen. Diese Vandalenherrschaft fand erst hundert Jahre später (534) ihr Ende, als eine oströmische Armee landete, die das Land für Kaiser Justinian annektierte, wodurch Tunesien zu Byzanz kam und das 150 Jahre lang. Ihr Ende kam, als 647 die ersten „Reiter Allahs" auftauchten und den byzantinischen Gouverneur samt Garnison niedermachten. 18 Jahre später brandete schließlich eine riesige Welle arabisch-muselmanischer Eroberer über das Land, um die „Grüne Fahne des Propheten für alle Zukunft" zu hissen. Zu Beginn des 8. Jahrhunderts war das Christliche Africa (Tunesien) endgültig ausgelöscht.

Die arabische Herrschaft dauerte acht Jahrhunderte, bis im 16. Jahrhundert die Spanier und Türken ihre Machtansprüche geltend machten, wobei es Karl V. gelang, Africa für die Spanische Krone zu annektieren, um vor allem der Seeräuberei ein Ende zu setzen. Doch bald obsiegten die Türken (1574) und einverleibten Africa, das heutige Tunesien, dem Osmanischen Reich. Aber die Piraterie ging weiter, bis Frankreich auf den Plan trat und Tunesien 1881 den Status eines französischen Protektorates aufzwang. Dies hatte zwar einen gewissen wirtschaftlichen Aufschwung zur Folge, aber gleichzeitig wuchs der Wunsch nach Unabhängigkeit, die Paris im Jahr 1956 gewährte. Seit dieser Zeit (beziehungsweise seit Bourguiba) nennt sich das Land eine Sozialistische Republik, was auch immer das in der Praxis bedeuten mag.

Auf Djerba

Unser Flug AB 2832 ging pünktlich um 10.25 Uhr in MUC mit Ziel Mellita-Airport (auch Djerba/Zarzis Airport) ab. Wir überflogen die völlig freien Alpen, und schon nach 2:15 Stunden landete unsere Boeing 737-800 sicher auf nordafrikanischem Boden, es war bewölkt mit Gewitterneigung, Temperatur 23 Grad Celsius. Per Taxi ging es mangels öffentlichem Bus zehn Kilometer bis ins Zentrum von Houmt-Souk, der kleinen Hauptstadt der Insel Djerba, wo wir im Hôtel Les Palmes d'Or für die Zeit unseres Aufenthaltes preiswert Quartier bezogen (erhandelt).

Wie vorauszusehen war, gab es nachts heftige Gewitter mit schweren Regengüssen, die nichts Gutes ahnen ließen. Überschwemmungen gab es fast im ganzen Land und in deren Folge auch Opfer in Tunis. Auf Djerba waren noch tagelang große Wasserlachen zu sehen, auch der Busbahnhof in unserer Stadt Houmt-Souk stand teils unter Wasser.

Viel Sehenswertes bietet Houmt-Souk zwar nicht, aber doch Einiges, was angemerkt werden muss. Ein Novum ist die Türkische Moschee von 1412, deren eigenartiges rundes Minarett im Gegensatz zu den tunesischen eckigen Minaretten fast wie ein Fremdkörper wirkt und entsprechend fotogen ist. Erst recht fremdartig wirkt die zweitürmige katholische Kirche in der Médina. Sie ist rund 200 Jahre alt und bietet Heilige Messen in der „Sprache der jeweils anwesenden Mehrheit" – so die offizielle Lesart.

Von großer „militärhistorischer Bedeutung“ ist das Fort Ghazi Mustapha (Bordj el-Kébir), eine beeindruckende spanische Festung aus dem 13./14. Jahrhundert, die direkt an der Küste des Golfes von Gabès liegt. Es ist heute ein besuchenswertes Museum. – Auf dem Küstenweg zum Hafen tangierten wir einen Gedenkstein, der an ein dramatisches Ereignis erinnert: Die spanische Garnison hatte 1560 ein schreckliches Ende zu erleiden gehabt, indem eine türkische Flotte unter dem Korsarenführer Dragut die spanischen Schiffe überfiel und mindestens 5.000 christliche Besatzungsmitglieder brutal niedermachen ließ. Aus den Schädeln der Ermordeten errichteten die Türken an dieser Stelle als makabres Siegesmal eine Pyramide, die als „Schädelturm“ bis 1848 stehen blieb. Dann ließ der tunesische Bey den Turm abtragen und die Christengebeine bestatten. – Im Hafen liegen nachgebaute Zweimaster, das sind Ausflugsboote, die im Sommer zur Freude der Touristen wieder zum Einsatz kommen werden. Dann stechen sie wieder in See – die Odyssee, die La Reine, die Piraté, die La Perle und die Carthage.

Die Türkische Moschee von 1412 in Houmt-Souk, der kleinen Hauptstadt Djerbas, ist das beliebteste Fotoobjekt.

Schließlich spazierten wir durch die City, sahen schöne Moscheen, mit Touristen-Schnickschnack vollgepferchte Souks und bemerkten wieder einmal, wie schmuddelig, dreckig, ja vermüllt doch viele Straßen, Wege und Plätze sind, wie viele junge und ältere Männer faulenzend herumhängen oder ihre Zeit in Cafés verbringen – übrigens stets ohne Frauen, für die ja auch die Moscheen tabu sind (der Islam ist eine Männerreligion!). – Der heutige Tag war übrigens der 71. Geburtstag meiner stets fleißigen Tourenbegleiterin, die schon mehr Reisekilometer hinter sich hat, als sie sich je erträumt hätte.

Um zu unserem heutigen Tagesziel Hara Kébira (zirka 1.000 Einwohner) südlich von Houmt-Souk zu gelangen, bedurfte es nur eines zwei Kilometer weiten Spazierganges, und Hara beziehungsweise das sog. Ghetto war erreicht. Seltsam, dass kein Ortsschild zu sehen ist und man sich von Passanten bestätigen lassen muss, sich wirklich in Hara Kébira, der jüdischen Exklave, zu befinden.

Sieht man etwas genauer hin, ist Jüdisches durchaus erkennbar, zum Beispiel sind auch jüngere Leute „jüdisch gekleidet", über manchen Häusereingängen sind Fisch- und Handreliefs angebracht und es gibt die schmackhaften Briks zu kaufen. Das allgemeine Straßenbild ist jedoch längst von arabischem Aussehen, die Häuser sind ungepflegt oder leerstehend, überall liegt Müll herum und Ältere wie Jüngere sind kaum von Arabern zu unterscheiden und machen einen auffallend scheuen Eindruck (keine Fotos möglich).

Besuch einer jüdischen Knabenklasse in Hara Kébira.
Hier werden seit 2600 Jahren mosaische Traditionen gepflegt.

Doch es wollte der Zufall, dass wir in eine Schule voll jüdischen Lebens gerieten: Lehrer pauken den Kindern Thora-Texte ein, und in einer Bibliothek bemühten sich Lehrer und die größeren Kinder darum, durch den schweren Regen der letzten Tage nass gewordene Druckschriften wieder trocken zu bekommen beziehungsweise diese der Sonne zu überantworten. Eine uns stolz gezeigte hebräische Schrift stammt aus Konstantinopel und soll „besonders alt“ sein. Beobachtet man das Leben in dieser Schule und weiß, dass diese Tradition bereits seit rund 2.600 Jahren gepflegt wird, kommt Ehrfurcht, ja ungläubiges Staunen auf; denn wie war es möglich, in dieser so fremden, teils auch feindlichen Welt eine alttestamentliche Religion bis heute am Leben zu erhalten!? Welche Kraft stand beziehungsweise steht dahinter? Ist es die Kraft einer Ur-Religion, die nur wahr sein kann?

Die zweite 3.000 Seelen umfassende jüdische Gemeinde ist Hara Srira beziehungsweise Ville d'Erriadh, die wir zehn Kilometer weiter südlich von Houmt-Souk per Bus erreichten. Dieses Hara beziehungsweise Ghetto ist zwar namhafter als Hara Kébira, aber auch hier weist kein Ortschild auf Hara Srira hin, jedoch auf Erriadh, das ist der arabische Ortsname. Hier wieder das übliche Bild: ziemlich vernachlässigte Gebäude, Gassen und Plätze, die alles andere als einen jüdischen Eindruck machen, wenngleich auch hier über Häusereingängen jüdische Symbole zu erkennen sind. Von nur wenigen gepflegten, meist neueren Wohnhäusern abgesehen befindet man sich auch in Hara Srira in einem „arabischen Ort“ mit viel Unrat, Staub und Kaputtem. Aber es gibt eine „Insel von erlesener Kultur“, nämlich das uns gezeigte Hôtel Das Dhiafa, zirka 150 bis 200 Jahre alt, mit urigen Zimmern, mit Restaurant, Swimmingpool und gemütlichen Sitzecken, in denen man es viele Stunden lang aushalten könnte, wenn die Preise nicht derart horrend wären, wie sie tatsächlich sind.

Das organisierte Ziel praktisch aller Touristen auf Djerba ist die Wallfahrts-Synagoge La Ghriba nur einen Kilometer vom Ort Srira entfernt. Wir tangierten per pedes die modernisierte Moschee Ben Yaaba (Zutritt für uns tabu!), die sich in Sichtweite der oben genannten Synagoge befindet. Da wir bis zur Eröffnung um 15 Uhr noch Zeit hatten, spazierten wir etwas in der Umgebung herum und wurden prompt von frechen Halbwüchsigen bedrängt, die böse gestikulierten, als ihnen Dinare und Zigaretten strikt verweigert wurden. Es flogen sogar kleine Steine – und das zwischen Allah und Jahwe!

Das jüdische Heiligtum, zu dem alljährlich Tausende pilgern, ist heute von einer hohen Mauer mit Beobachtungstürmen und viel Polizei geschützt, macht von außen durchaus den Eindruck eines streng bewachten Gefängnisses. Die Synagoge hinter den Mauern kann nur nach „Flughafenkontrollen" betreten werden, denn die Angst vor einem weiteren Anschlag sitzt tief, der vor allem dem Tourismus sehr schaden würde.

Das Synagogengebäude ist zwar als innen reich ornamentiertes Bauwerk nichts Besonderes, doch deren Historie fasziniert (das Alter des Gebäudes wird mit nur 100 Jahren angegeben). Auf einer Marmortafel ist aber eingraviert, dass die Geschichte bis ins Jahr 586 v. Chr. zurückreicht, als der babylonische König Nebukadnezar (Nabuchodonosar) den Jerusalemer Tempel Salomons zerstörte und eine kleine Gruppe Jahwe-Gläubiger das Land gen Westen verließ, um sich unter anderem hier niederzulassen. Der Gebetsraum ist reich mit Holzschnitzereien ausgestattet, an der Stirnwand befindet sich ein Glasschrank mit Hunderten gestanzter Gedenkplaketten, und darunter ist eine kleine Doppeltür zu sehen, hinter der eine der ältesten Thoras der Welt aufbewahrt wird, die aber nur an Samstagen (Sabbat) öffentlich gezeigt wird.

Nahe Hara Srira befindet sich die namhafte Synagoge La Ghriba, die bereits Anschlagsziel islamischer Terroristen war.

Da die Halbinsel Zarzis immer wieder im Zusammenhang mit der Insel Djerba genannt wird, hielten wir es für richtig, wenigstens deren Hauptstadt Zarzis zu besuchen, 50 Kilometer von Houmt-Souk entfernt. Unser S.R.T.M.-Bus querte Djerba, tangierte El Kantara, passierte den berühmten Römer-Damm und erreichte schließlich Zarzis, nachdem wir vermerkt hatten, dass es hier wohl Millionen von Olivenbäumen geben muss, die also eine wundersame Vermehrung nach der Einführung dieses edlen Baumes durch die Karthager/Phönizier hinter sich haben.

Das Zentrum der 1889 gegründeten Stadt Zarzis ist der Place 7. Novembre mit der auffallend schönen Moschee El Hisar, deren Außenornamentik jeden Betrachter begeistert. Gegenüber diesem „Hause Allahs“ führen zwei gezinnte Torbögen in die Altstadt mit Souks, die wieder einmal typisch für die Touristenwelt sind. Es lohnt sich nicht, sich die oftmals nur chinesischen Produkte zu Gemüte zu führen, zumal sie überall gleich sind. Viel ergiebiger ist der Blick auf das Treiben in der Werft und im Fischerhafen, wo alte Kähne wieder aufgemöbelt werden und Fischersleut mit viel Geschick und Geduld lange Netze flicken und ihre Boote wieder für den nächsten Fang präparieren.

Bis zur zweitgrößten Stadt Djerbas, Midoun, sind es nur zwanzig Kilometer in östliche Richtung. Abermals waren wir, wie eigentlich stets, die einzigen Touristen an Bord unseres öffentlichen Busses, als ob wir als Europäer solo auf Djerba wären. Als wir unser Tagesziel jedoch erreicht hatten, änderte sich das Bild schlagartig, denn Midoun ist die erste beziehungsweise nächstgelegene Stadt mit Shopping-Möglichkeiten, die man von den zahllosen Ferienhotels aus hat; diese befinden sich zu Dutzenden an den nur drei bis fünf Kilometer entfernten Sonnenstränden. Uns schien, als gäbe es in den Souks von Midoun mehr Touristen als Einheimische – das langweilt!

Touristische Sehenswürdigkeiten sind auch in Midoun leider rar, wobei im Souk wenigstens die farbenfrohe Keramik wirkliche Beachtung verdient. Außerhalb des Altstadtbereiches (Médina) stießen wir auf die „Huilerie Traditionnelle Fsili“, also auf einen der typischen historischen Ziehbrunnen, die man überall auf der Insel zu sehen bekommt (meist verfallen). Die neben dem Brunnen liegenden Thermen sind trocken, wie fast alle auf

Djerba, seitdem es die riesige Wasserpipeline vom Djebel Daher gibt, die über den Römer-Damm führt.

Der am Vorabend aufgekommene starke Wind hatte die ganze Nacht angehalten und war auch an diesem Morgen noch unangenehm, als wir unseren Bus nach Ajim bestiegen. Hierbei handelt es sich um einen kleinen Hafenort, von dem aus sogenannte Seelentröster (Fähren) hinüber nach Djorf (Festland) tuckern. Hat man nach nur einem Kilometer den Hafenbereich erreicht, fällt sogleich der riesige Hotelkomplex El Malga ins Auge, eine Anlage der Sonderklasse, aber bar jeglicher Strände und – Gäste! Ein Rätsel, ausgerechnet an dieser unattraktiven Stelle derart Pompöses zu errichten – Fehlinvestition? Fast nicht erwähnenswert ist in der City das moderne Hôtel de Ville und die gegenüberliegende Grand Mosque mit gezinntem Minarett.

Kaum zu glauben, aber wahr: Auf der kleinen Insel Djerba kann man sich sogar per Bus verfahren! Wir zeigten am Busbahnhof auf eine Karte mit der Bezeichnung „Meninx" beziehungsweise auf einen antiken Hafenplatz dieses Namens an der Südküste. „Ja, Bus Nummer 11!", den wir vertrauensvoll bestiegen, aber im äußersten Osten landeten, wo es das „Hotel Meninx" gibt!

Stattdessen disponierten wir nolens volens um und steuerten den Ort Mahboubine weiter im Inselinnern an, wo wir auf die angeblich schönste Moschee von Djerba zu treffen hofften. Tatsächlich machten wir im Zentrum sogleich eine mit weißen Kuppeln bestückte Moschee aus, deren Name sich als El Kateb herausstellte. Unredlich ist's zu behaupten, dass sich diese „schönste Moschee Djerbas" – im Kleinformat – mit der Hagia Sophia in Istanbul vergleichen lässt. Wir behaupten, dass es nicht nur zig andere Moscheen auf Djerba gibt, die um Vieles schöner sind als diese El Kateb, und dass die Autorin dieses Unsinns wohl niemals in Istanbul war und auch die El Kateb nie mit eigenen Augen gesehen hat.

Der heutige Ausflugstag war für El Kantara/Djerba und Meninx vorgesehen, doch auch diesmal war uns der antike Hafen nicht vergönnt, weil wir auf dem Weg Richtung Guellala trotz gebührender Aufmerksamkeit weder ein Hinweisschild noch irgendwelche Ruinen sichteten, die es angeblich noch geben soll.

Also konzentrierten wir uns auf El Kantara (auf der Djerba-Seite) beziehungsweise auf den Römer-Damm (Chaussèe Romain), den die Römer zu ihrer Zeit (2. Jahrhundert v. Chr. bis 5. Jahrhundert n. Chr.) zum Zwecke des Handels mit Sklaven, Elfenbein, Gold, Tierfellen etc. errichtet hatten. Man darf staunen, denn dieser sieben Kilometer lange Damm wird auch heute noch vom modernen Verkehr benutzt; denn am laufenden Band queren Busse, Lkw und Pkw dieses antike Bauwerk, das nur zwei entscheidende Veränderungen erfahren hat: In der Mitte gibt es eine Brücke für durchfahrende größere Boote, und es ist die riesige Wasserpipeline unübersehbar, die vom Djebel Dahar kommend die Insel Djerba mit Trinkwasser versorgt.

Nach sechs Kilometern per pedes war das Örtchen Fahmine erreicht, das sich in erster Linie durch seine Potteries auszeichnet. Diese Keramikwerkstätten produzieren wahre Kunstwerke in Form unzähliger Einzelstücke, die hier jedoch nur hergestellt werden, später aber von Malkünstlern ihr endgültiges Aussehen erhalten. Wir blickten in zwei Erdhöhlen, aus denen die feine Lehmerde geholt wird sowie in Werkstätten, die ebenfalls steinzeitlichen Höhlen gleichen. Wie uns von den Betreibern gesagt wurde, handelt es sich ausschließlich um kleine Familienbetriebe, die bereits seit 300 bis 500 Jahren hier arbeiten, das heißt formen, brennen (bei bis zu 1.200 Grad Celsius) und vertreiben.

Es scheint nicht übertrieben zu sagen, dass unser heutiges Ziel die Keramikhauptstadt Djerbas war, nämlich das der Südküste nahe Guellala, wo es augenscheinlich nur Töpfereien und dazugehörige Geschäfte gibt. Die Attraktion ist jedoch das Musée du Petrimoine beziehungsweise das sogenannte Heimatmuseum Guellalas. Zunächst hatten wir es im Ort vermutet, aber es befindet sich weit außerhalb der City, nämlich auf Djerbas „höchstem Berg“ mit weitem Blick auf den Golf de Bou Grara. Dieser „Bergriese“ misst stolze 52 Meter über Normal!

Das blendend weiße Bauwerk wurde erst im April 2001 als Museum eröffnet und macht den Eindruck einer mittelalterlichen Zitadelle. Da hatte sich der visionäre Architekt Tobji regelrecht austoben können, wodurch nicht nur ein herausragendes Bauwerk entstand, sondern auch ein bedeutendes Privatmuseum, dessen Direktor natürlich Tobji ist. Wer sich stundenlang im Innern die puppigen Musikanten, Färber, Krieger, Hochzeitspaare etc. auf 4.200 Quadratmetern angesehen und erlebt hat, wie ein Kamel eine Olivenmühle antreibt, der kann im gemütlichen Restaurant wieder zu Kräften kommen.

Natürlich kommt man in Guellala erst recht nicht an Töpfereien vorbei. So besuchten wir den ältlichen Sagal, der – von Natur aus freundlich – uns bereitwillig seine vorsintflutliche „Höhlenwerkstatt" zeigte, die bereits in der 11. Generation (seit zirka 300 Jahren) betrieben werde, aber es sei heute schwierig, geeignete Nachfolger zu bekommen; denn man müsse nicht nur künstlerisch begabt sein, sondern auch zur „richtigen Arbeit" willens und fähig. Dem Mann plagen richtige Nachwuchssorgen!

Dass wir heute den „falschen Tag" erwischt hatten, um den sogenannten Dienstagsmarkt des großen Dorfes Ceduikech zu erleben, wussten wir zwar, hatten aber dennoch gehofft, ein paar der Petases zu sehen, das sind strohige Spitzhüte, getragen vornehmlich von Frauen, die sich diese altgriechische Kopfbedeckung zur örtlichen Tradition gemacht haben. Da wir leider keinen einzigen Petases zu Gesicht bekamen, mussten wir uns mit einer entsprechenden Postkarte begnügen.

Fügung oder Zufall, dass wir in einen Kindergarten nebst Jugendzentrum gerieten, der erst seit dem Jahr 2000 besteht und soeben von einer Regierungsdelegation unter Leitung der zuständigen Sozialministerin besucht worden war. Ihre Wagenkolonne entfernte sich gerade und man war noch dabei, die Kleinen mit gespendeten Süßigkeiten zu versorgen. Umschauen, fragen, fotografieren – für uns kein Problem!

Als wir wieder in Houmt-Souk waren und Zeit fürs Herumlaufen hatten, sahen wir sie wieder: die vielen, offensichtlich meist ahnungslosen Touristen, denen man leider nicht gesagt hatte, dass Männer in Shorts aus der Sicht von Arabern „lächerliche Figuren" sind und dass man in der Öffentlichkeit „ordentlich und nicht rauchend" auftreten sollte.

„Gut geschlafen, sehr feucht“ – so lautete der obligatorische Tagebucheintrag heute. Letztes Reiseziel: Das Bordj Jilj oder Jillij an der Nordwestspitze Djerbas. Mangels öffentlichem Bus ließen wir uns auf der autobahnähnlichen Küstenstraße per Taxi bis zum Ziel fahren, das – im 18. Jahrhundert errichtet – einsam nahe einem fast verlassenen kleinen Hafen liegt. Als Fort kaum erkennbar und bestückt mit einem Leuchtturm präsentiert sich dieses historische Bauwerk den seltenen Besuchern, die hier nicht viel Zeit verbringen, da es sich partout nicht lohnt.

Als allgemeiner Eindruck sollte nicht verschwiegen werden, dass es, wie auch heute Morgen wieder, an Tunesiens Schulen ziemlich nationalistisch zugeht: Nach der Sirene wird angetreten und kräftig die Nationalhymne gesungen. Auch sonst erblickt man überaus viele rote Nationalflaggen, erst recht an allen öffentlichen Einrichtungen.

Die letzten beiden Tage dienten der Ruhe und der Erledigung vor allem des Re-confirmings für unseren Rückflug am morgigen Dienstag nach München. Wie uns im zuständigen Reisebüro gesagt wurde, werde der AB-Flug wie geplant durchgeführt. – Um Zeit zu töten, bummelten wir nochmals zum Hafen und querten dann den Markt, der am heutigen Montag mit unglaublich viel Ware – bis hin zu getragenen Schuhen – aufwartete.

Unsere unruhige Nacht war bereits gegen 4.30 Uhr zu Ende, und gegen 5 Uhr ging es schließlich per Taxi zum Airport Mellita, wo wir zusammen mit deutschen Urlaubermassen problemlos zum Flug AB 2833 eingecheckt wurden und überpünktlich gen Norden starteten. Dank starken Rückenwindes verkürzte sich die Flugzeit um fast eine halbe Stunde, so dass wir bereits gegen 9.30 Uhr in MUC bei einer Außentemperatur von nur 6 Grad Celsius ankamen, also war eine gehörige Umstellung gefragt, denn gestern hatten wir noch bei 30 Grad Celsius ziemlich geschwitzt.

Bildnachweise:

Sämtliche Fotos sind aus dem Privatarchiv des Autors und stehen auf Anfrage zur Verfügung.

Weitere Bücher des Autors, erschienen im Engelsdorfer Verlag, Leipzig:

Dresdner Herz und Grips, ISBN 978-3-86901-413-5
Im Jahr des Affen, ISBN 978-3-86901-483-8
Pseudo-Paradiese – Südsee & Karibik, ISBN 978-3-86901-524-8
Fernes geheimnisvolles Asien, ISBN 978-3-86901-657-3
Wo Allah und Jahwe regieren, ISBN 978-3-86901-750-1
Nilgötter, Inselmönche und Beduinen, ISBN 978-3-86901-778-5
Von Dracula bis Korsakov, ISBN 978-3-86901-816-4
Götterberge & Geistesgrößen, ISBN 978-3-86901-883-6
Goldene Buddhas und Tasmanische Teufel, ISBN 978-3-86901-955-0
Auf heiklen Wegen in Europa, ISBN 978-3-86268-002-3
Unter Buddhas und Allahs Augen, ISBN 978-3-86268-038-2
Und ewig lockt der Orient, ISBN 978-86268-057-3